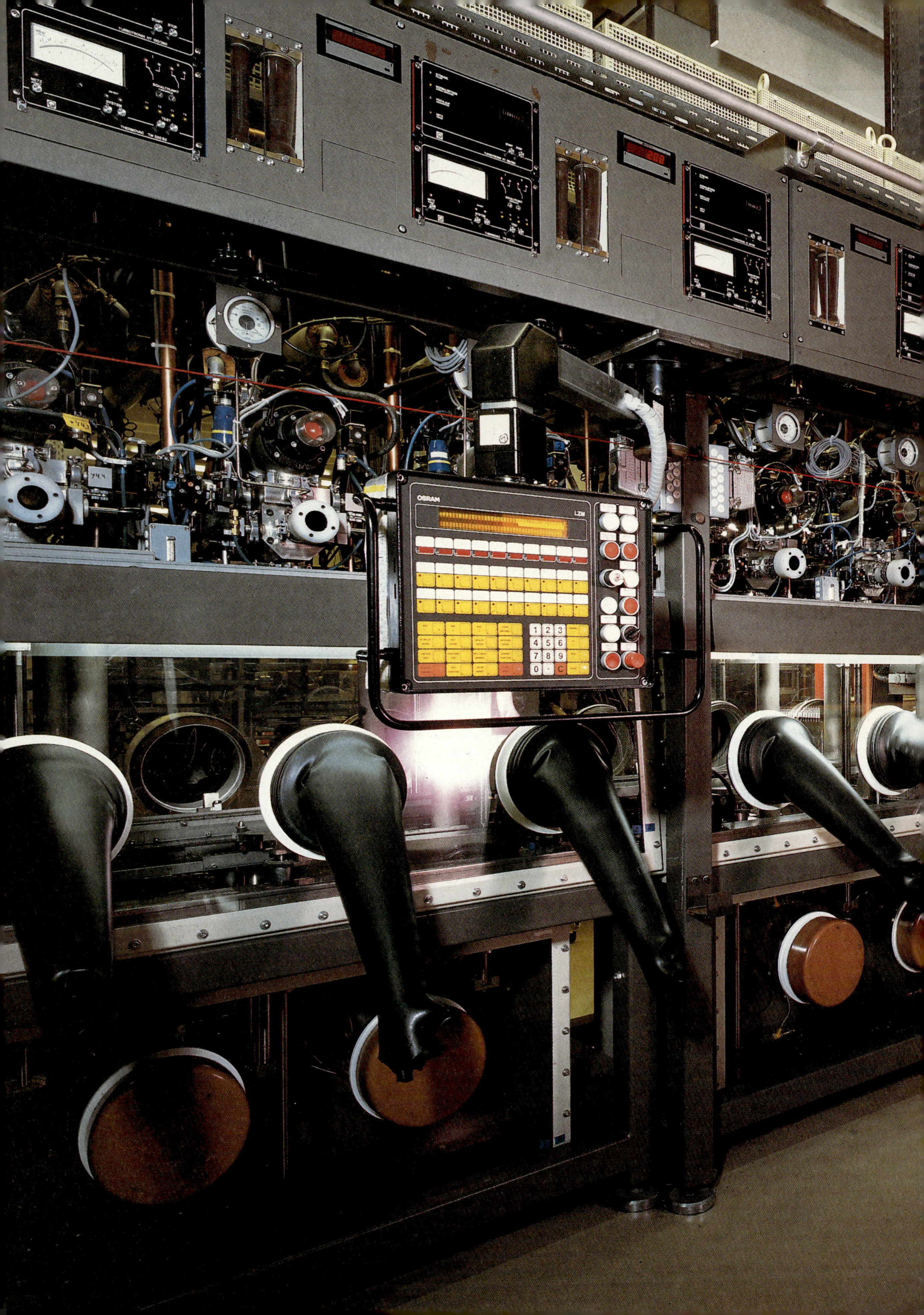
OSRAM

1 Prozessautomatisierung

1.1 Prozess

Der Begriff Prozess (lat. Ablauf, Verlauf) beschreibt grundsätzlich einen Arbeitsablauf.

- Ein **Prozess** (DIN 19 222) ist die Umformung, der Transport und/oder die Speicherung von Materie, Energie und/oder Informationen.

Diese allgemeine Begriffsbestimmung gilt auch für nicht technische Vorgänge z. B. in der Sonne oder in unserem Gehirn.

- Ein **technischer Prozess** (DIN 66 201) ist ein Prozess, dessen physikalische Größen mit technischen Mitteln erfasst und beeinflusst werden können.

Zur Messwerterfassung dienen **Sensoren** und zur Beeinflussung des Prozesses dienen **Aktoren** (Abb. 1).

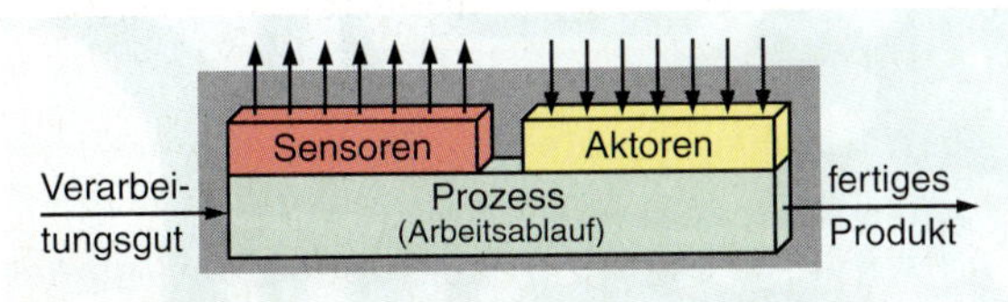

Abb. 1: Prozess

Prozesse mit gemeinsamen Merkmalen lassen sich bestimmten Gruppen zuordnen. Hierbei ähnelt sich das technische Verarbeitungsprinzip, das Verarbeitungsgut oder der zeitliche Ablauf.

Die einer Gruppe zugehörenden Prozesse sind technisch vergleichbar und daher mit ähnlichen Automatisierungs-Systemen beeinflussbar.

Einzelne Prozesse können mehreren Gruppen zugeordnet sein (vgl. Tab. 1.1).

Die kleinste Teilaufgabe in einem Prozess wird als **Elementarprozess** bezeichnet. Mehrere Elementarprozesse in einem geschlossenen Wirkungssystem ergeben einen **Einzelprozess**.

Ein **Verbundprozess** wiederum besteht aus mehreren Einzelprozessen, die zusammen an einer Aufgabe arbeiten. Ein **Betriebsprozess** fasst die verschiedenen Verarbeitungsbereiche eines Betriebes zusammen. Werden alle Betriebsbereiche zu einem Betriebsprozess zusammengefasst und automatisiert, so spricht man von **CIM** (**C**omputer-**I**ntegrated-**M**anufacturing: computer-integrierte Fertigung).

Hier ein Beispiel zur Veranschaulichung dieser Begriffe:

In einer Fabrik werden mehrere Klimaanlagen betrieben. Eine davon regelt die Raumtemperatur und die Luftfeuchtigkeit in der Färberei. Hierbei wäre das Kühlen, Heizen, Befeuchten und Trocknen der Luft jeweils genau ein Elementarprozess. Die Regelung der Raumtemperatur und der Luftfeuchtigkeit wäre jeweils ein Einzelprozess. Beides zusammen ist ein Verbundprozess. Die Klimaanlagen zusammen mit Fertigung, Lager, Versand, Buchführung, Verwaltung, Entwicklung kennzeichnet einen Betriebsprozess.

Tab. 1.1: Unterscheidungsmöglichkeiten technischer Prozesse

Art des Verarbeitungsmaterials	Zustand des Verarbeitungsmaterials	Verarbeitungsart	Zeitlicher Ablauf
Materialprozess Das Bearbeiten von Metall, Papier, Holz, Glas, Flüssigkeiten, Kunststoffen, Lebensmitteln …	**Fließgut- oder Mengenprozess** Er umfasst alle fließfähigen Materialien: Flüssigkeiten, Gase, Schüttgut …	**Bearbeitungsprozess** Drehen, Fräsen, Gießen, Spritzgießen, Destillieren, Färben, Trocknen, Mischen, Rühren, Kleben, Schweißen …	**Kontinuierlicher Prozess** gilt für Anlagen, welche immer in Betrieb sein müssen: Wasserwerk, Kläranlage, Kraftwerk, Klimaanlage …
Energieprozess Die Umwandlung von Energie in Kraftwerken und Umspannstationen oder der Transport von Energie im Energieversorgungsnetz (Wärme, Gas, Elektrizität) …	**Stückgutprozess** Einzelteilfertigung, Montage von Einzelteilen, Verpackung von Einzelteilen oder bestimmten Mengen …	**Verteilungsprozess** Postverteilung, Werkstücktransport, Telefonvermittlung, Datennetzverwaltung, Energieverteilung …	**Diskontinuierlicher Prozess (Stückgut-, Chargenprozess)** Aufzug, Textübermittlung, Rangiervorgang bei Schienentransportsystemen, Arzneimittelherstellung … Chargenprozesse bestehen immer aus Anfahren, Betreiben und Abfahren der Anlage.
Informationsprozess Das Sammeln, Ordnen und Ausgeben von Informationen in Datenbanksystemen …		**Ordnungs- oder Aufbewahrungsprozess** Hochregallager, Datenbanken, Verkehrsleitung, Postsortierung …	

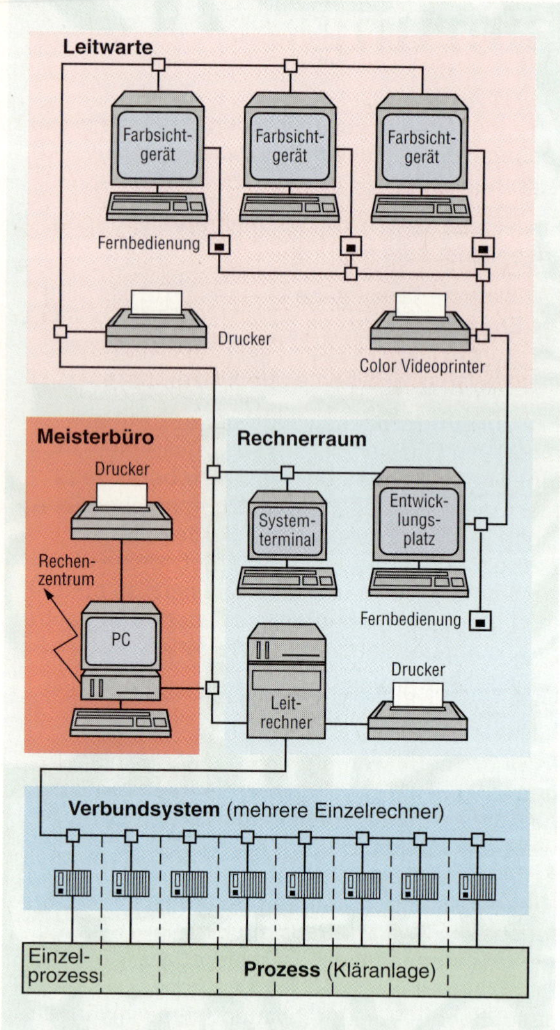

Abb. 1: Prozessleitsystem Kläranlage „Alte Emscher"

Abb. 2: Großklärwerk

1.2 Prozessrechensystem

■ Ein **Prozessrechensystem** dient zur **E**rfassung, **V**erarbeitung und **A**usgabe von Prozessdaten (Prinzip: **E-V-A**).

Ein Prozessrechensystem ist mittels Prozessperipherie (Ein/Ausgabebaugruppen) direkt an einen technischen Prozess gekoppelt. Es leitet den Prozess bestimmungsgemäß. Man spricht auch von einer **Prozessleiteinrichtung** (DIN 19 222).

Einsatzgebiete eines Prozessrechensystems sind dort zu finden, wo das E-V-A-Handlungsprinzip gefordert ist (Abb. 3).

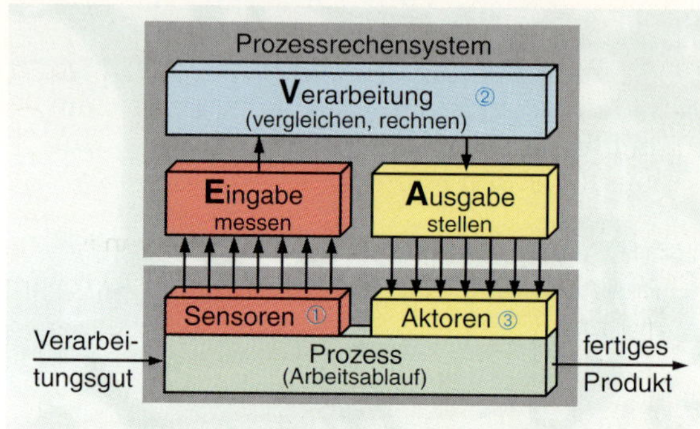

Abb. 3: Handlungsprinzip eines Prozessleitsystems

Die Sensoren ① liefern die im Prozess gemessenen physikalischen **Prozessgrößen** (z. B. Temperatur in °C, Druck in bar, Energie in kWh, Volumen in m³, Durchflussmengen in l). Über Eingabebaugruppen werden die Prozessgrößen erfasst und als **Prozessdaten** zur Verarbeitungseinheit ② geleitet.

■ Prozessdaten sind das Abbild der physikalischen Prozessgrößen in analoger oder binärer Form.

In der Verarbeitungseinheit werden die Prozessdaten mit Soll- und Grenzwerten sowie zeitlichen Vorgaben verglichen. Abhängig vom Ergebnis werden neue Stellgrößen errechnet. Diese werden über Ausgabebaugruppen den Aktoren ③ im Prozess übermittelt, welche dort wiederum die Prozessgrößen nachstellen. Dieser Eingabe-Verarbeitungs-Ausgabe-Zyklus wiederholt sich periodisch.

Für viele Prozesse reichen **E-V-A-Zykluszeiten** im Millisekundenbereich. Mit steigender Taktfrequenz der Rechensysteme und neuen, schnelleren Peripheriekomponenten wird die Zykluszeit laufend verkleinert.

Die praktische Ausführung eines Prozessrechensystems wird durch den zu leitenden Prozess bestimmt. Für einen Elementarprozess, also zum

Ermitteln einer Stellgröße, wird eine Verarbeitungseinheit benötigt. Eine Verarbeitungseinheit kann aber auch für die Ermittlung mehrerer Stellgrößen benutzt werden. Es verlängert sich dann die Zykluszeit. Sollen mehrere Einzelprozesse zu einem Verbund- bzw. Betriebsprozess verschaltet werden, dann sind mehrere Einzelrechensysteme zu einem Gesamtsystem zu vernetzen (Abb. 1 u. 2).

In Abb. 4 ist das allgemeine Prinzip eines Prozessrechensystems (DIN 19 222) dargestellt. Hier werden die wichtigsten, in der Praxis vorkommenden Komponenten eines Prozessleitsystems gezeigt. Fast alle Rechensysteme lassen sich in ein ähnliches Schema fassen.

Aufgaben einer Leiteinrichtung

- **Messen:** Die physikalischen Prozessgrößen werden mit Sensoren, Grenzwertgebern und Schaltern im Prozess ermittelt (wird dem Prozess zugeordnet).
- **Zählen:** Ereignisse, Mengen Stückzahlen, Umdrehungen usw. werden mit Hilfe von Impulszählern im Prozess ermittelt.
- **Daten erfassen:** Die durch Messen und Zählen ermittelten Prozessgrößen werden als Prozessdaten dem Prozessrechensystem übergeben.
- **Daten verarbeiten:** Die Prozessdaten werden mit Hilfe eines Programms bearbeitet.
- **Daten ausgeben:** Die verarbeiteten Prozessdaten werden an die Stellglieder der Aktoren wieder ausgegeben, gespeichert oder zu anderen Geräten übertragen.
- **Steuern:** Bestimmte Teilabläufe im Prozess werden gesteuert, wenn keine unmittelbare Messung im Prozess die Steuerung beeinflusst (offener Wirkungsablauf).
- **Regeln:** Die Regelstrecken im Prozess werden geregelt. Dazu gehört das Messen der Regelgröße, das Vergleichen mit dem Sollwert und das Stellen des Stellgliedes mit dem Ziel, die Differenz zwischen Regelgröße und Führungsgröße klein zu halten.
- **Stellen:** Die Prozessgrößen werden mit Hilfe von Stellgliedern und Aktoren verändert (wird dem Prozess zugeordnet).

Zum bestimmungsgemäßen Leiten des Materie-, Energie- oder Informationsflusses eines Prozesses ist in vielen Fällen eine Anzeige- und Bedieneinrichtung nötig.

Damit kann der Mensch den laufenden Prozess überwachen um gegebenenfalls eingreifen und optimieren (verbessern) zu können. Das vorrangige Ziel hierbei ist, den Menschen und die Anlage vor schädigenden Auswirkungen zu **schützen**.

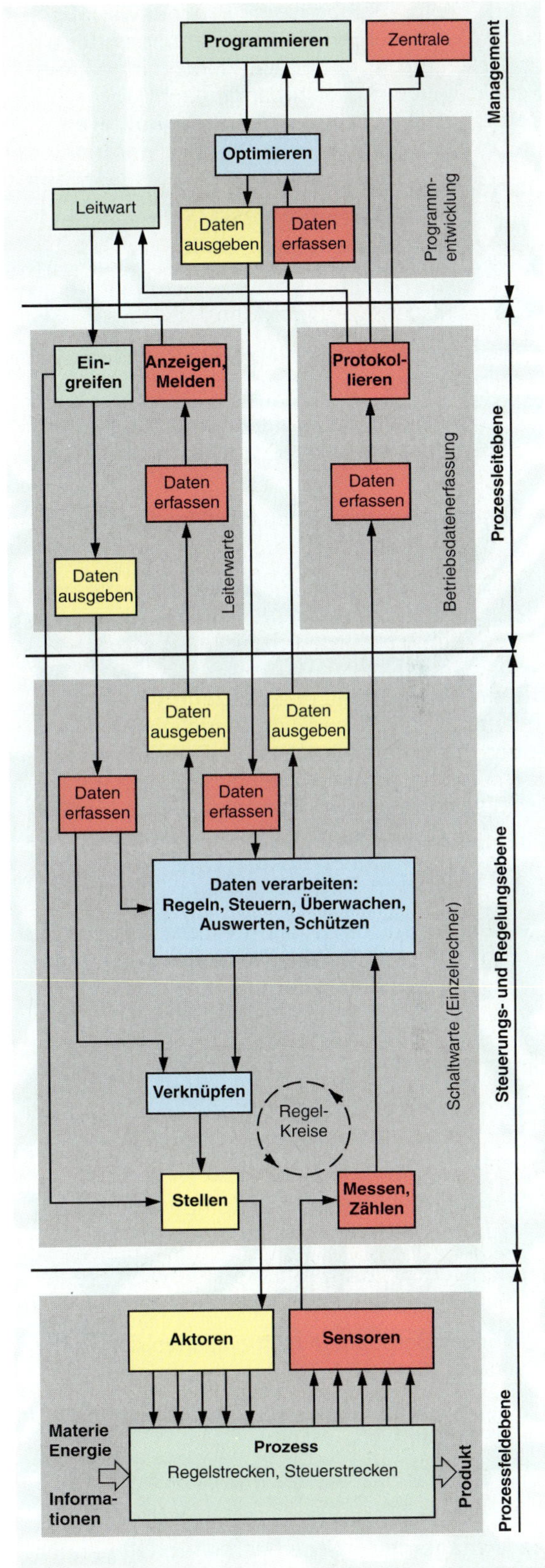

Abb. 4: Prozessleitsystem

Eine weitere Aufgabe ist die **Prozessvisualisierung**. Dabei werden die Informationen über die erfassten Prozessgrößen auf Bildschirmen und Schalttafeln direkt sichtbar gemacht. Die Betriebsdaten können durch **Protokollieren** (in Dateien oder auf Papier) erfasst werden.

Die **zentrale Prozessleitung** wird in Anlagen eingesetzt, in denen folgende Merkmale von untergeordneter Bedeutung sind:

- langsame Bearbeitungszyklen (je mehr Aufgaben um so länger die Zyklen),
- geringe Betriebssicherheit (bei Rechnerstörung fällt die gesamte Anlage aus),
- geringe Flexibilität (neue Komponenten können in der Regel nur bei angeschalteter Anlage zugefügt werden),
- hohe Verdrahtungskosten bei langen Kabelwegen zum Zentralrechner.

▪ Werden alle Aufgaben eines Prozessleitsystems von einem Rechner übernommen, so liegt eine zentrale Prozessleitung vor.

Die einzelnen Geräte eines dezentralen Prozessrechensystems lassen sich bezüglich ihrer Aufgaben in mehrere Ebenen einteilen. Jede Ebene verwaltet die darunterliegenden Ebenen mit jeweils mehreren Einzelgeräten. Die Verbindung zwischen den einzelnen Ebenen übernehmen Datenbus-Systeme, welche auf die jeweiligen Anforderungen zugeschnitten sind.

▪ Sind die Aufgaben eines Prozessleitsystems auf mehrere Rechner verteilt, so liegt eine dezentrale Prozessleitung vor.

Kennzeichnend für die dezentrale Prozessleitung sind:

- Schadensbegrenzung bei Komponentenausfall (die ausgefallene Komponente im System bestimmt den Ausfallschaden),
- hohe Flexibilität (einzelne Komponenten sind leicht modifizierbar und austauschbar),
- Datenverarbeitung am Entstehungsort (keine Übertragungsfehler),
- geringer Datenaustausch zwischen den Komponenten,
- Einsparung von Kabelkosten durch eine Bus-Verdrahtung.

Ein mögliches dezentrales Prozessleitsystem zeigt Abb. 1.

Die **Managementebene** bearbeitet den Bereich der Unternehmensleitfunktionen mit administrativen, betriebswirtschaftlichen und vertriebsori-

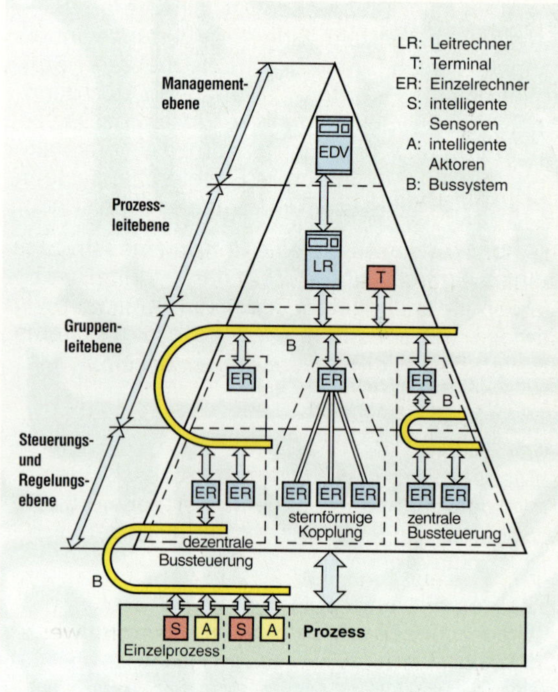

Abb. 1: Dezentrales Prozessleitsystem

entierten Aufgaben sowie den Bereich der Produktionsleitebene mit logistischen und technischen Aufgaben. Diese Aufgaben werden von EDV-Anlagen übernommen. Die drei unteren Ebenen umfassen den Bereich der **PDV** (**P**rozess**d**a-ten**v**erarbeitung).

Die **Prozessleitebene** übernimmt Prozessüberwachungsaufgaben. Hierzu gehört die Leitwarte mit der Bedienungs- und Beobachtungsstation sowie die Betriebsdatenerfassung zum Protokollieren und Archivieren.

In größeren Anlagen werden mehrere Einzelprozesse zu einem Verbundprozess zusammengefasst. Diese werden von so genannten Gruppenleitrechnern in der **Gruppenleitebene** überwacht. Hier findet eine Vorverarbeitung der Prozessdaten statt.

In der **Steuerungs- und Regelungsebene** werden die Einzel- und Elementarprozesse bearbeitet. Hier werden die Messwerte aufgenommen und Stellgrößen ausgegeben.

Die **parallele und serielle Verarbeitung** von Elementar- und Einzelprozessen muss in dezentralen wie zentralen Prozessleiteinrichtungen möglich sein. Zum Beispiel müssen mehrere Einzelteile parallel, d. h. zeitgleich zu einem Montageplatz geführt werden. Montieren, Verpacken und Lagern erfolgen danach seriell, d.h. zeitlich nacheinander.

1.3 Dokumentationsformen

Die Beschreibung von Prozessrechenanlagen geschieht mittels Sinnbildern und Schaltsymbolen in Anlagen- und Schaltplänen. Die Darstellungsart ist eng verknüpft mit dem Entwurf oder der Ausführung einer Anlage. Zunächst werden Übersichtspläne für Mess- und Stellorte in so genannten Verfahrensfließbildern (DIN 19 227) erstellt. Diese Pläne werden z. B. im Team von Verfahrenstechnikern, Chemikern, Konstrukteuren, Elektro- und Bautechnikern erstellt und sollen für alle Sparten eindeutig lesbar sein.

Verfahrensfließbilder

Abb. 2 a zeigt das Fließbild einer Durchflussanzeige (FI) und einen Handeinsteller (H) für den Stellort 306, beide montiert in der zentralen Leitwarte (vgl. Umschlagseite).

Abb. 2 b zeigt das Fließbild einer elektrischen Heizung mit Temperaturregelung. Die Regelgröße vom Messort 304 und die Führungsgröße werden in der Leitwarte angezeigt. Bei Ausfall der Hilfsenergie für den Regler schaltet das Stellgerät die Heizung ab.

Ein Fließbildbeispiel für den Verbundprozess der Essigherstellung zeigt Abb. 3. Hier wird ein vollständiger Herstellungsvorgang dokumentiert. Das Verarbeitungsgut ist Wein und Luft. Im Prozessbehälter befindet sich eine Filterschicht aus Buchenholzspänen mit Essigbakterien. Durch diese Schicht wird von unten Luft geblasen. Im Umlaufverfahren wird die Filterschicht von oben mit Wein (später Essig) berieselt. Die Flüssigkeit wird dazu aus dem unteren Teil des Behälters nach oben gepumpt. Zehn Tage lang muss der Flüssigkeitsumlauf, bei konstant gehaltener Temperatur, durchgeführt werden. Danach kann als Endprodukt Essig abgezogen werden.

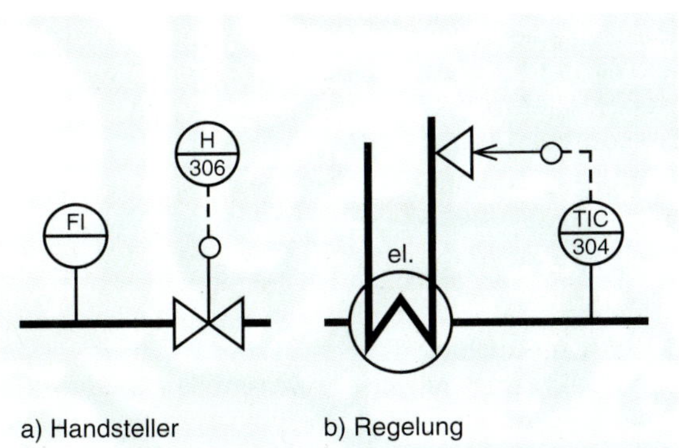

Abb. 2: Verfahrensfließbilder

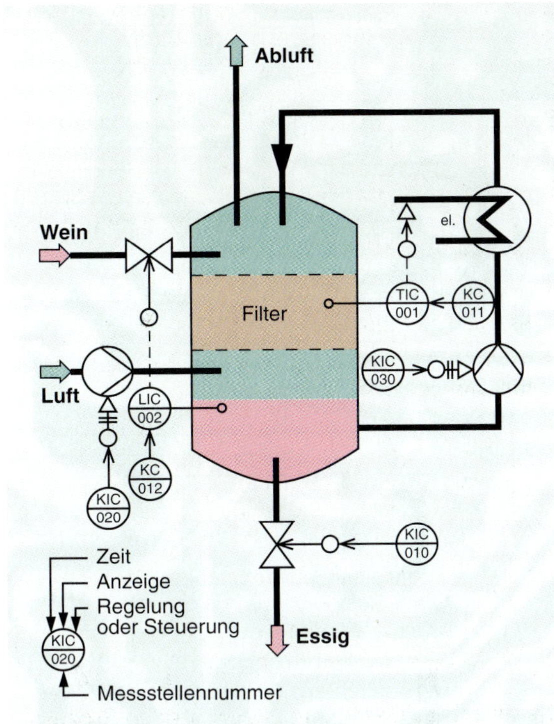

Abb. 3: Fließbild (Essigherstellung)

Zwei Regelkreise befinden sich im Prozess. Ein Temperaturregelkreis und eine Füllstandskontrolle. Die Temperatur wird über TIC 001 gemessen, im Leitstand angezeigt und als Regelgröße mit einem Sollwert verglichen. Der Sollwert wird von einer inneren Zeitplansteuerung KC 011 des Prozessrechensystems vorgegeben. Die Regeldifferenz steuert die elektrische Heizung.

Der Füllstand wird über einen Füllstandsmelder LIC 002 gemessen, im Leitstand angezeigt und als Regelgröße ebenfalls mit einem inneren Sollwert KC 012 verglichen. Bei unterschrittenem Sollwert wird über ein selbstschließendes Ventil Wein nachgefüllt.

Während der gesamten Herstellungszeit wird Luft durch das Filter gepumpt. Die Luftpumpe wird durch eine innere Zeitplansteuerung KIC 020 gestellt.

Über eine Umwälzpumpe wird das Filter mit dem zu Essig werdenden Wein berieselt. Diese wird für die gesamte Herstellungszeit betrieben und ebenfalls über eine Zeitplansteuerung des Prozessrechensystems gestellt. Die Abluft wird nicht kontrolliert.

Nach Ablauf der gesamten Prozessdauer wird das fertige Endprodukt Essig über ein selbstschließendes Ventil KIC 010 einem anderen Verbundprozess (z. B. einer Flaschenabfüllanlage) übergeben.

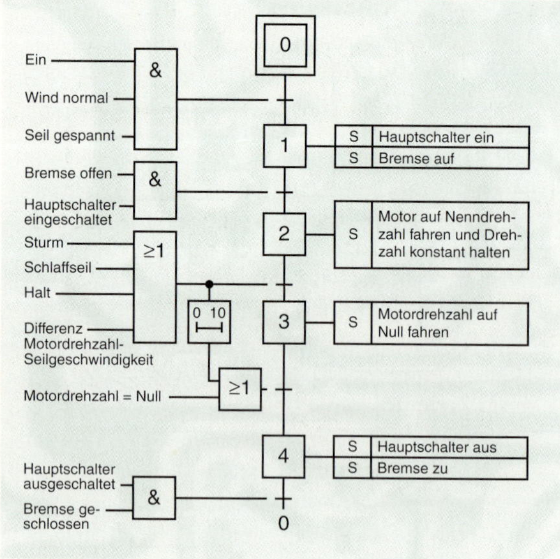

Abb. 1: Funktionsplan (Seilbahnsteuerung)

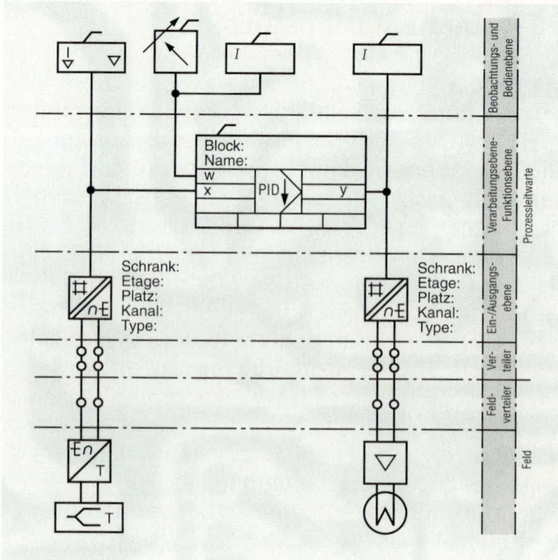

Abb. 2: EMSR-Stellenplan (Temperaturregelung)

Funktionsplan

Eine weitere Möglichkeit die gesamten Belange der Prozessautomatisierung zu erfassen und gleichzeitig auch Details darzustellen bietet der Funktionsplan.

- Der **Funktionsplan** soll eine **M**ess-, **S**teuer- oder **R**egel-Funktion je nach Verwendungszweck übersichtlich oder vollständig beschreiben.

Im Funktionsplan sind keine Geräteangaben enthalten. Es sollen enthalten sein die:

- MSR-Funktion,
- Ein- und Ausgangsvariablen,
- Wirkung der Eingangsgrößen als Ablauf,
- Abbruchbedingungen und die
- Bezeichnung der MSR-Stelle.

Erlaubt sind auch schriftliche Hinweise.

Die Darstellung erfolgt mit Symbolen aus DIN EN 60 617 und DIN 19 227, welche um einige Symbole erweitert wurden (vgl. Umschlagseite). In Funktionsplänen lassen sich sowohl einfache Übersichten als auch ausführliche Schaltungsdetails darstellen.

Abb. 1 zeigt den Funktionsplan eines geregelten Seilbahnantriebes. Dieser Plan dient zur Übersicht. Er enthält nicht alle Detailangaben. Der Funktionsablauf ist dafür deutlich zu erkennen. Er verläuft in Abhängigkeit der Eingangsgrößen von oben nach unten. Die Geräte und Klemmbezeichnungen, die z. B. zur Wartung nötig wären, werden nicht eingetragen.

EMSR-Stellenplan

Zur Darstellung von einzelnen elektrischen Mess-, Steuer- und Regelungsstellen mit allen dazu gehörenden Geräten und Funktionen wird häufig der EMSR-Stellenplan (DIN 19 227) verwendet. Es handelt sich dabei um einen Übersichtsschaltplan, in dem zusammengehörende Funktionen in Blocksymbolen (vgl. Umschlagseite) auf einem Blatt dargestellt werden. Dieser Plan enthält auch Angaben über den Einbauort. Er kann so vereinfacht werden, dass er als Montage- und Wartungsdokumentation dienen kann, hierzu sind alle Anschlussklemmen der verwendeten Geräte anzugeben.

Abb. 2 zeigt einen EMSR-Stellenplan für die MSR-Einrichtung TIC 304 (Temperaturregelung) aus Abb. 2b, S. 9. Die Anzeige und die Regelung wurden softwaremäßig realisiert (⌐).

Aufgaben zu 1.1 bis 1.3

1. Wie ist der Begriff Prozess definiert?
2. Was ist ein technischer Prozess?
3. Nennen Sie mindestens vier Unterscheidungsmöglichkeiten technischer Prozesse!
4. Wie unterscheiden sich Elementar-, Einzel-, Verbund- und Betriebsprozesse voneinander?
5. Was kennzeichnet das E-V-A-Prinzip?
6. Wie unterscheiden sich Prozessgrößen von Prozessdaten?
7. Nennen Sie Aufgaben einer Leiteinrichtung!
8. Was kennzeichnet eine zentrale und was eine dezentrale Leiteinrichtung?
9. Welche Dokumentationsform ist für die Wartung eines Prozessanlagenteils geeignet?

1.4 Aufbau von Prozessrechensystemen

Für zentrale oder dezentrale Prozessrechensysteme werden unterschiedliche Geräte eingesetzt. Die Praxis zeigt den vermehrten Einsatz von dezentralen Systemen. Sie bieten ein hohes Maß an Flexibilität in der Anlage.

Grundsätzlich unterscheidet man **pneumatisch** und **elektrisch** arbeitende Komponenten.

In pneumatisch arbeitenden Systemen ist für staubfreie und trockene Druckluft zu sorgen. Elektrisch arbeitende Systeme sind empfindlich gegen elektromagnetische Störstrahlungen. Außerdem muss mit Explosionsgefahr durch Funkenbildung an Kontakten gerechnet werden. Es können in einem System elektrische und pneumatische Komponenten zusammenarbeiten, wenn sie über geeignete Schnittstellen verfügen.

Die elektrischen Komponenten lassen sich in analog und digital arbeitende unterteilen. Die analogen Systeme werden vermehrt durch digital arbeitende Mikrocomputerbaugruppen ersetzt. Die Analogtechnik findet überwiegend dort Anwendung, wo digital arbeitende Baugruppen zu langsam reagieren (z. B. in Reglern).

Die Komponenten werden meist als Einschübe gefertigt, sodass sie in handelsübliche Aufbausysteme passen (Abb. 3).

1.4.1 Prozesssignale

Zwischen den Baugruppen auf der Prozessfeldebene sind analoge Signale auf Leitungen und Bus-Systemen zu transportieren. Viele Hersteller haben sich hier auf die analogen Signale im Bereich von **0 ... 20 mA**, **4 ... 20mA** oder **0 ... 10 V** festgelegt.

Abb. 3: Prozessrechensystem

Konstantstromsignal

- Konstantstromausgänge sind kurzschlussfest. Der Lastwiderstand darf den angegebenen max. Widerstand nicht überschreiten.

Abb. 4 zeigt die Verbindung zweier Prozessmodule mittels einer Stromschnittstelle. Ein potentialgebundener Sensor als Konstantstromquelle liefert den Istwert der Regelgröße zum Reglereingang über eine Zweidrahtleitung.

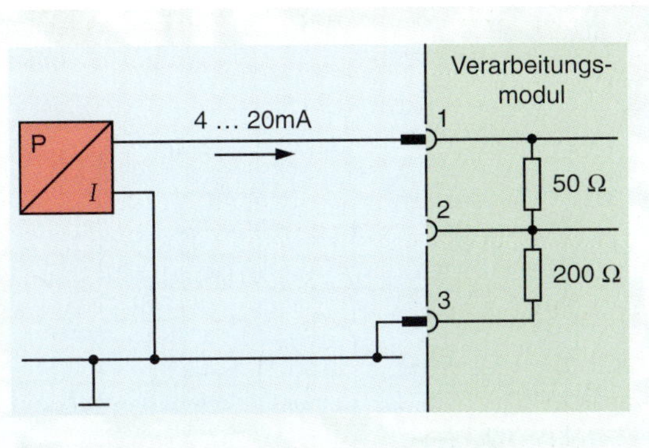

Abb. 4: Konstantstromsignal

Der Maximalwert des Konstantstromsignals 20 mA ist ein Kompromiss zwischen Explosionsschutz (EX, Abb. 5) und Störsicherheit. Der Minimalwert 4 mA liefert eine zusätzliche Information über den Leitungszustand. Kein Strom zeigt eine Leitungsunterbrechung an. Der Sender eines Stromsignals ist eine steuerbare Konstantstromquelle.

Signalempfänger lassen sich ohne gemeinsames Massepotential in Reihe schalten. Bei einem Anschlusswiderstand von 50Ω pro Gerät ließen sich dann bei einem maximal möglichen Senderlastwiderstand von 750Ω insgesamt 15 Geräte anschließen (Abb. 3).

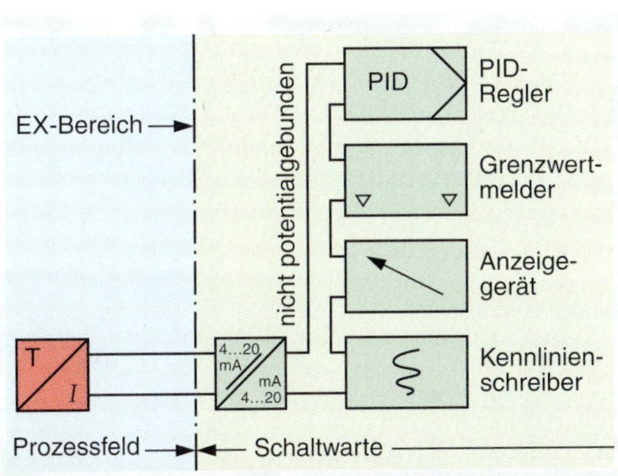

Abb. 5: Reihenschaltung von Stromsignalempfangsmodulen

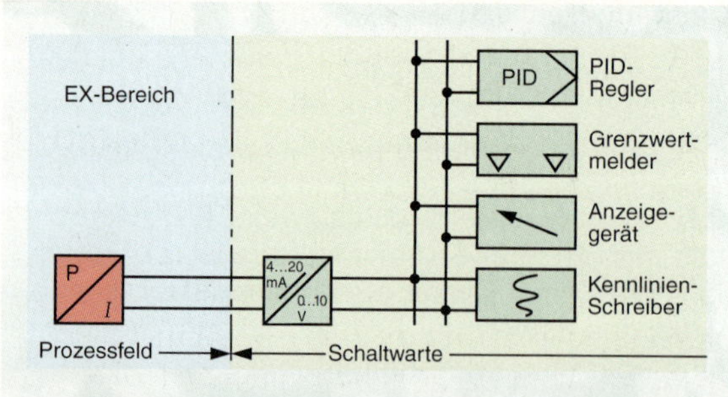

Abb. 1: Parallelschaltung von Spannungssignalempfangsmodulen

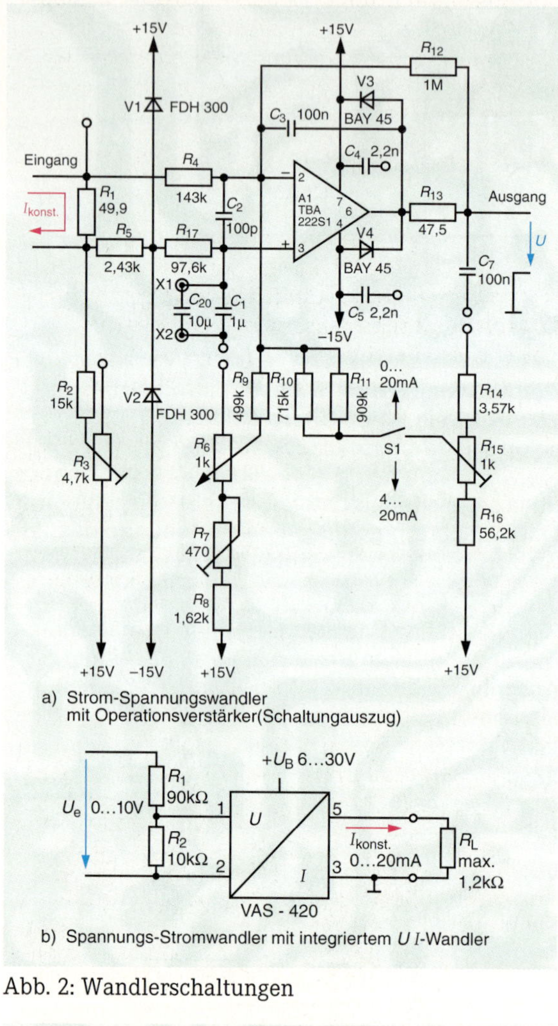

Abb. 2: Wandlerschaltungen

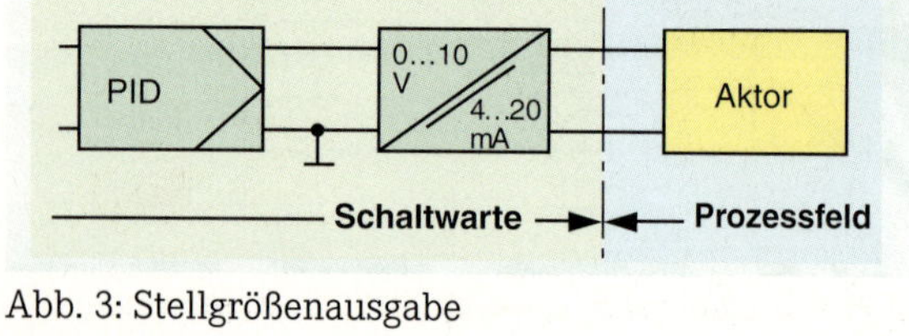

Abb. 3: Stellgrößenausgabe

Spannungssignal

Ein Spannungssignalausgang (0 ... 10V) ist in der Regel mit 1,5 ... 2 kΩ belastbar. Bei Eingangswiderständen von 100 kΩ können bis zu 50 Prozessmodule parallel geschaltet werden (Abb. 1). Derart hohe Eingangswiderstände haben den Nachteil, dass sie empfindlich auf eingestreute Störspannungen reagieren.

Viele Hersteller bieten in den Geräten Spannungs- und Stromsignale für Ein-/Ausgänge optional an, sodass ein Umrüsten problemlos erfolgen kann. Einen typischen Wandler zeigt Abb. 2.

Besonderheiten bei Stellsignalen

Auch bei den Stellgrößen gelten die Prozesssignalvereinbarungen. Da bestimmte Stellglieder (z.B. elektropneumatische Ventile) eine Kraftreserve zum vollständigen Öffnen oder Schließen benötigen, gelten hier die Stellsignalgrenzen von -10% bis +110%. Ein Stellsignal am Regler von 0% ≙ 0 V kann, hervorgerufen durch den P-, I- oder D-Anteil, auf -10% ≙ -1 V sinken. Ebenso kann ein Konstantstromstellsignal von 100% ≙ 20 mA auf 110% ≙ 22 mA steigen (Abb. 3).

Manche Prozesse oder Stellglieder vertragen keine Spannungsstöße. Aus diesem Grund ist für Stellgrößenausgänge oft die stoßfreie Stellgrößenausgabe garantiert. Bei solchen Geräten sind keine sprunghaften Veränderungen der Stellgröße möglich. Stellungssprünge werden kontinuierlich, innerhalb einer zu bestimmenden Zeit, nachgeführt. Diese Funktion wird bei digital arbeitenden Geräten in der Regel softwaremäßig realisiert.

Prozesssignalleitungen

An Prozesssignalleitungen im Explosionsschutzbereich werden besondere Anforderungen gestellt:

- Der Mindestaderdurchmesser beträgt 0,8 mm.
- Die Induktivitäten und Kapazitäten der Leitungen dürfen bestimmte Werte nicht überschreiten. Bei Leitungsunterbrechung oder Kurzschluss können sich gespeicherte Energien über Funkenstrecken entladen. Hierbei kann die Zündgrenze für explosive Stoffe überschritten werden.
- Elektrische und magnetische Felder sollen das Signal möglichst nicht beeinflussen. Gegen elektrische Felder lässt sich eine Leitung durch eine einseitig geerdete Abschirmung (Faraday-Käfig) schützen. Gegen magnetische Störfelder verwendet man z. B. paarweise verdrillte Leitungen.

Die langen Signalwege zwischen den Sensoren bzw. Aktoren im Prozessfeld und dem Prozessrechensystem in der Schaltwarte und die damit verbundenen Kosten möchte man möglichst reduzieren. Man bedient sich deshalb unterschiedlicher Datenübertragungsverfahren.

Feldmultiplexer

Mit Feldmultiplexern (FMUX) werden auf einem Signalweg im Zeitmultiplexverfahren mehrere Sensor- und Aktorsignale zwischen Feld und Warte übertragen. Die in Abb. 4 dargestellte Lösung erfordert jeweils ein FMUX-Gerät in der Schaltwarte und im Prozessfeld. Die angeschalteten Geräte arbeiten mit den üblichen Prozesssignalen 0 ... 10 V bzw. 0 ... 20 mA oder 4 ... 20 mA.

Prozessfeldbus

Der Prozessfeldbus (PROFI-Bus, DIN 19 245) dient zur Vernetzung von digital arbeitenden Prozessfeldgeräten wie z. B. Sensoren, Aktoren, Messumformern, Reglern, SPS, CNC, lokale Bedien-, Beobachtungs- und Programmiergeräte (Abb. 5). Eine typische Anwendung ist die Anschaltung von mehreren Prozessfeldgeräten an eine zentrale Leitstation.

- Auf dem Prozessfeldbus werden die Daten seriell übertragen.

Der Datenaustausch erfolgt z. B. über eine verdrillte, abgeschirmte Zweidrahtleitung. Sie ist beidseitig mit 120Ω abgeschlossen. Ohne Verstärker darf diese bis zu 1,2 km lang sein und 32 Teilnehmer bedienen. Die Übertragungsgeschwindigkeit ist abhängig von der Leitungslänge. Bis 1,2 km können 90 kbit/s und bis 200 m können 500 kbit/s erreicht werden.

In einem Feldbusverbund unterscheidet man aktive und passive Teilnehmergeräte. **Passive Teilnehmer** dürfen nur senden, wenn sie dazu aufgefordert wurden (z. B. Sensoren oder Aktoren). Sie dürfen Nachrichten quittieren oder Daten senden. **Aktive Teilnehmer** können, wenn sie im Besitz der Zugriffsberechtigung (Token) sind, Nachrichten ohne Aufforderung senden (z. B. Regler oder SPS).

Der Buszugriff erfolgt nach dem Token-Passing-Prinzip (vorübergehende Zugriffsberechtigung). Sind mehrere aktive Teilnehmergeräte auf den Bus geschaltet, so zirkuliert der Token in einem logischen Ring zwischen den aktiven Geräten.

- Über den Feldbus können nur Geräte verfügen, die im Besitz des Tokens sind.

Ein aktives Gerät gibt ein Token erst dann zum nächsten Teilnehmer weiter, wenn das interne Programm den Bus nicht mehr benötigt. Nach Abgabe des Token muss das Teilnehmergerät warten, bis alle anderen aktiven Geräte den Token einmal empfangen und weitergereicht haben.

Der Nachrichtenaustausch findet somit zyklisch statt. Die Initiative der Kommunikation geht immer von einem aktiven Teilnehmer mit Token aus.

Sollen mehr als 32 Teilnehmergeräte vernetzt werden, so sind max. 3 bidirektionale Leitungsverstärker (Repeater) erlaubt (Abb. 5).

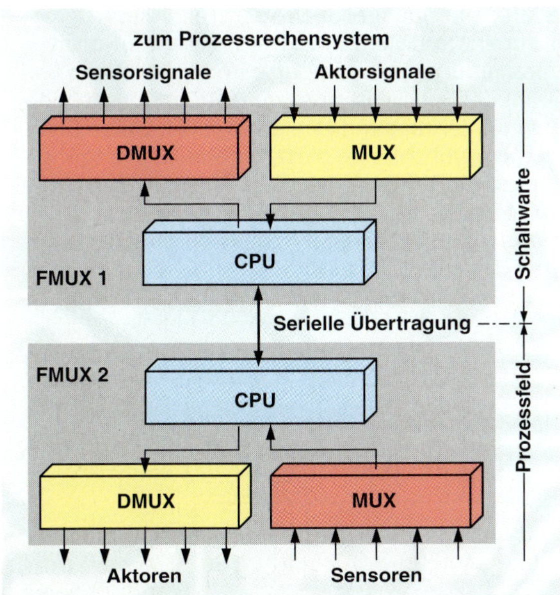

Abb. 4: Feldmultiplexer

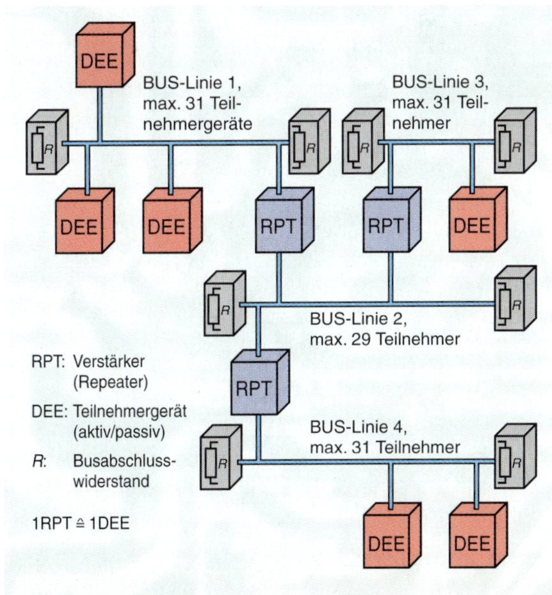

Abb. 5: Prozessfeldbussystem (DIN 19 245)

1.4.2 Sensoren

Die Automatisierbarkeit von Prozessen ist abhängig von der Messbarkeit der physikalischen und chemischen Größen. Nur wenn diese als Spannungssignal analog oder digital zum Prozessrechensystem geführt werden, können sie dort auch bearbeitet werden.

- Sensoren wandeln die Prozessgrößen in analoge oder digitale Prozessdaten um.

Es werden **aktive** und **passive Sensoren** unterschieden.

- Aktive Sensoren erzeugen eine Spannung in Abhängigkeit von der physikalischen Größe.
- Passive Sensoren liefern eine Impedanzänderung in Abhängigkeit von der physikalischen Größe.

Erfassbare physikalische Größen sind z. B. Temperatur, Lichtstärke, Schalldruck, Kraft, elektrische und magnetische Feldstärke.

Über entsprechende technische Anordnungen können weitere physikalische Eigenschaften bzw. Größen wie Füllstand, Durchflussmenge, Stückzahl, Masse, Drehzahl, Wegstrecke, Geschwindigkeit, Farbart usw. bestimmt werden. Auch chemische Größen wie stoffliche Zusammensetzung von Flüssigkeiten, Feststoffen und Gasen, pH-Werte usw. können mit Sensoren bestimmt werden.

Die Signalübertragung zwischen Sensor und Auswerteeinheit (Regler, Anzeige, o.ä.) erfolgt normalerweise über eine verdrillte Zweidrahtleitung, die bis zu 1 km lang sein kann.

- Die Stromversorgung von passiven Sensoren erfolgt in der Regel über die Datenleitung.

Da in einigen Anlagen die Messsignale von mehreren Auswerteeinheiten gleichzeitig benötigt werden, sind an die Stabilität des Sensorsignals besondere Anforderungen gestellt. In der Prozesstechnik sind mikroprozessorkompatible Sensoren gefordert. Das heißt, die Signale neuerer Messfühler sind so aufbereitet, dass auf weitere Analogelektronik verzichtet werden kann. Üblich sind reine Messfühler sowie Sensoren mit aufwendiger Signalaufbereitungselektronik, analogen, digitalen und optischen Schnittstellen.

Temperatursensor

Temperaturen lassen sich aktiv, mit Thermoelementen oder passiv, mit PTC-, NTC-Widerständen und temperaturabhängigen Schwingquarzen bestimmen.

Breite Anwendung findet z. B. Platin (Pt) als Sensormaterial. Platin-Messwiderstände können als PTC-Widerstände Temperaturen reproduzierbar, wirtschaftlich, präzise und langzeitstabil von -200°C bis +850°C messen. Der Platin-Messwiderstand wird auf ein flaches Aluminiumoxidplättchen aufgedampft und mit einem Laserstrahl abgeglichen. Die Typenbezeichnung orientiert sich am Nennwiderstand bei 0°C, z. B. Pt 100: 100Ω bei 0°C.

Zwei typische Anwendungsschaltungen zeigt Abb. 1. Der Strom durch den Messwiderstand erzeugt durch Selbsterwärmung einen Messfehler. Aus diesem Grund sollten die Messströme möglichst klein gehalten werden.

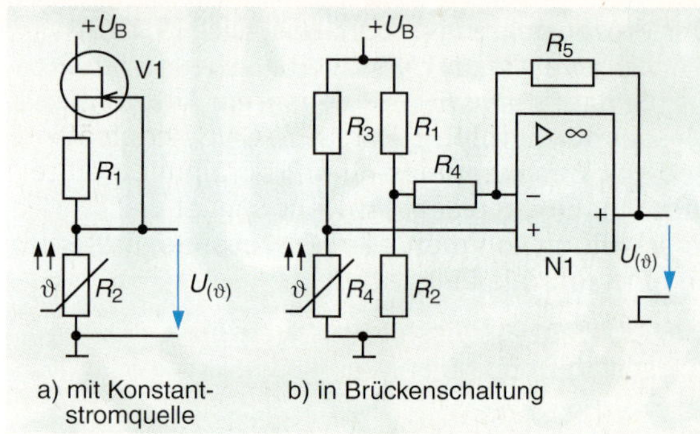

Abb. 1: Temperatursensor Pt 100

Das Blockschaltbild eines Temperatursensors mit mikroprozessorlesbarem Ausgangssignal zeigt Abb. 2. Ein temperaturabhängiger Quarzoszillator mit nachgeschaltetem Teiler liefert eine Frequenz von 2...32 Hz. Der Pulsformer formt daraus kurze Stromimpulse im Abstand von 0,03...0,5 s. Die Temperaturinformation befindet sich im Zeitabstand zweier Impulse. Diese Signalform garantiert eine extrem hohe Übertragungssicherheit. Im Gegensatz zur Pulsbreite ist der Pulsabstand kaum durch äußere Einflüsse zu verändern. Der Pulsabstand kann durch einen üblichen Prozessor mit Timer über Distanzen von 1 km zuverlässig gemessen werden.

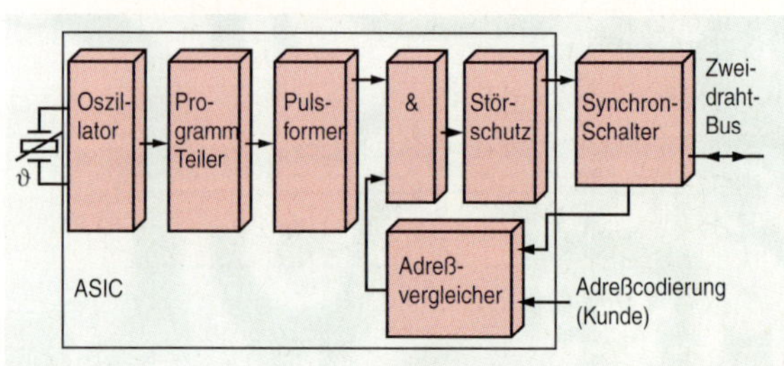

Abb. 2: Temperatursensor (Blockschaltbild)

Lichtabhängige Sensoren

Zur Lichtmessung lassen sich Fotowiderstände, Fotodioden, Fototransistoren, Fotothyristoren und Fotoelemente einsetzen. Exemplarisch sei hier der Cadmiumsulfid-Fotowiderstand LDR 03 beschrieben. Abb. 3a zeigt die Abhängigkeit des Widerstandes R von der Beleuchtungsstärke E. In der Schaltung (Abb. 3b) werden bei Dunkelheit der LDR und damit auch V1 hochohmig.

Lichtabhängige Bauelemente in Lichtschranken (nicht verwechseln mit Optokopplern) arbeiten im Impulsbetrieb. Sie eignen sich zur Bestimmung von Stückzahlen, Geschwindigkeiten und Drehzahlen. Abb. 4 zeigt die Anwendung einer Reflexlichtschranke.

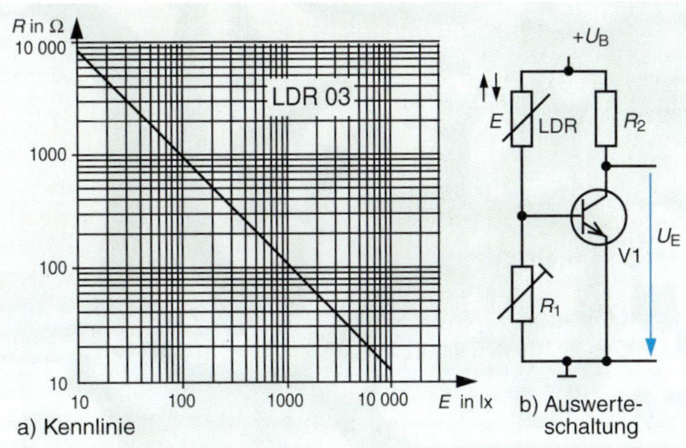

Abb. 3: Lichtsensor

Lichtwellenleiter als Messwertaufnehmer

Der Einsatzbereich optischer Messverfahren wird mit Lichtwellenleitern (LWL) erheblich erweitert. Diese lassen sich auch bei hohen Temperaturen, in explosionsgefährdeten Bereichen und in ätzenden Flüssigkeiten anwenden.

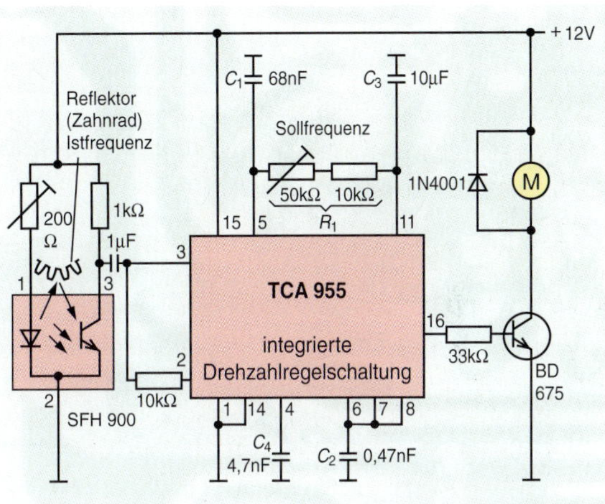

Abb. 4: Reflexlichtschranke für Drehzahlregelung

LWL in Lichtschranken

Bei dieser Sensorart übernimmt der LWL (Abb. 5) die Führung des Lichts. Die Vorteile sind kompakte Bauweise, Krümmungen des Lichtweges sind möglich, geringerer Fremdlichteinfluss, keine teuren Linsensysteme.

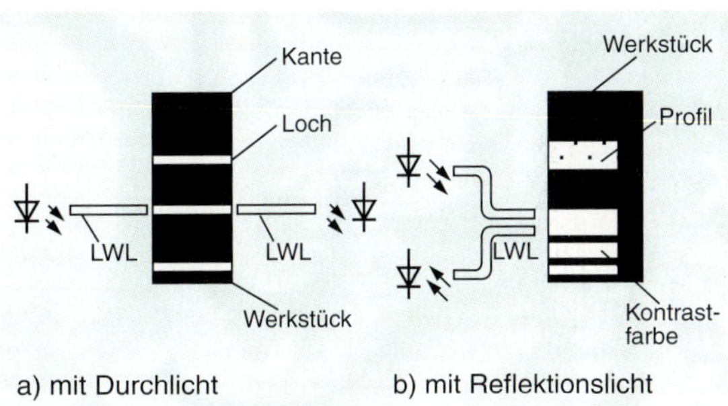

Abb. 5: LWL-Lichtschranken

LWL zur Messung der Dichte

In Flüssigkeiten bestehen zwischen der Dichte und der Lichtbrechzahl physikalische Zusammenhänge. In Abb. 6 ist eine Messanordnung gezeigt, in der die Brechung an der Oberfläche des Lichtleiters zur Dichtebestimmung der Flüssigkeit benutzt wird.

LWL zur Temperaturmessung

LWL können mit verschiedenen Materialien ganz oder nur an der Schnittstelle dotiert werden um sie auch für nichtoptische Messgrößen sensibel zu machen.

Mit speziell dotierten (Lanthaniden) Faserspitzen verschiebt sich die Wellenlänge des abgegebenen Lichts in Abhängigkeit der Temperatur. Die Temperaturmessung wird im Bereich von -50°C bis +250°C mit einer Genauigkeit von 0,1°C möglich. So können z. B. Temperaturen in Ätzbädern oder in elektronischen Bauelementen punktgenau gemessen werden.

Ähnliche Messeffekte lassen sich im Bereich des magnetischen und elektrischen Feldes erzielen.

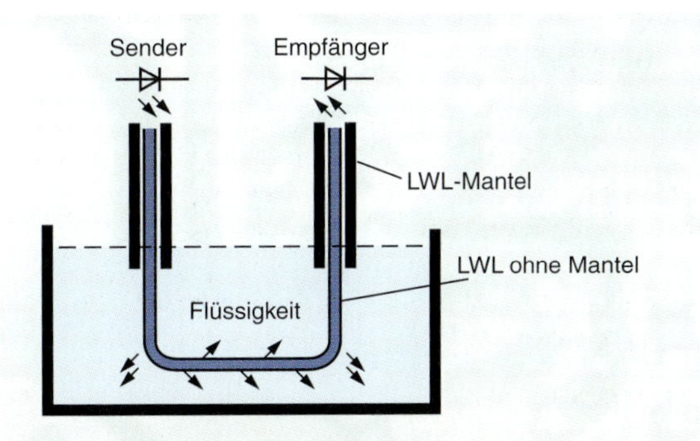

Abb. 6: Dichtemessung mit LWL

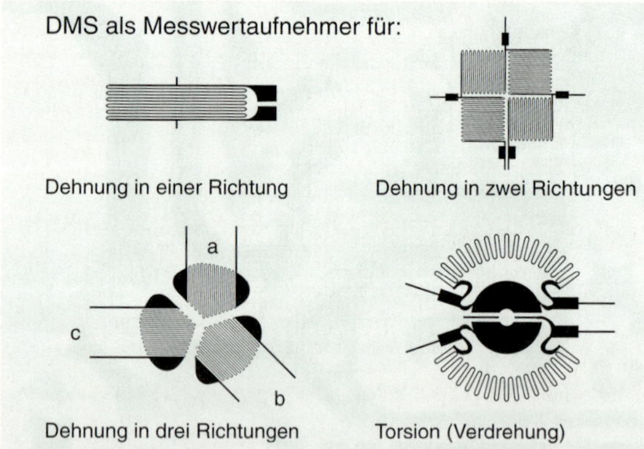

Abb. 1: Bauformen von Dehnungsmessstreifen

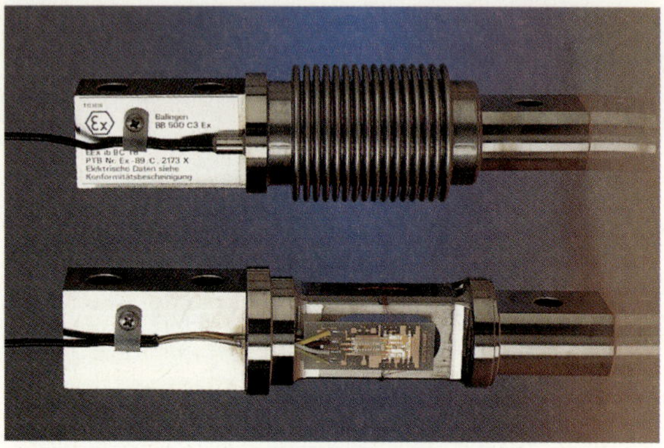

Abb. 2: DMS in einem Kraftaufnehmer

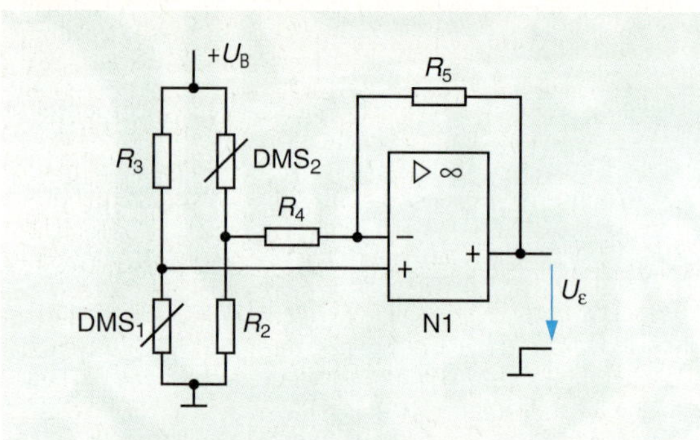

Abb. 3: DMS in einer Brückenschaltung

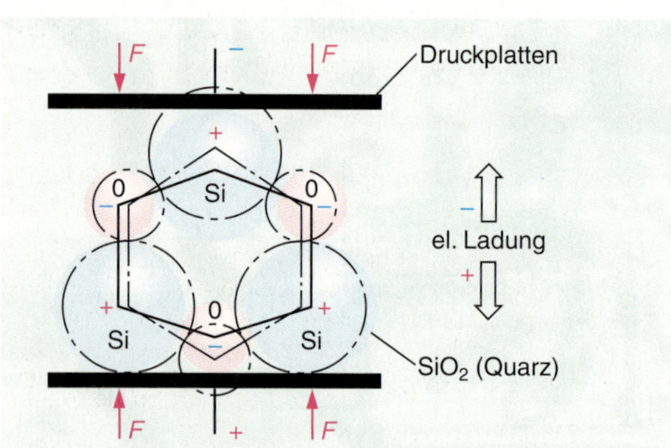

Abb. 4: Funktionsprinzip eines Piezosensors

Sensoren zur Kraftaufnahme

Als Kraftaufnehmer werden häufig **Dehnungsmessstreifen (DMS)** eingesetzt. DMS-Sensoren bestehen aus einem Polyamid- oder Phenolharzträger mit einem ca. 3...5 µm dicken, aufgedampftem oder geätztem Messgitter.

Die Anwendungsbereiche bestimmen die Form und das Widerstandsmaterial des Messgitters (Abb. 1).

- DMS können zur Aufnahme von Materialdehnung, -stauchung, -biegung und -torsion verwendet werden.

Der Temperatureinfluss auf die Messobjekte kann durch das DMS-Widerstandsmaterial weitgehend kompensiert werden. So gibt es z. B. unterschiedliche DMS für Stahl, Aluminium und Kunststoffe.

DMS werden mit Nennwiderständen von 120Ω, 350Ω, 600Ω und 700Ω (23 °C) hergestellt. Die **Dehnungsempfindlichkeit** k wird durch den Quotienten aus relativer Widerstandsänderung $\Delta R/R_0$ und Dehnung $\varepsilon = \Delta l/l$ ausgedrückt:

$$k = \frac{\Delta R}{R_0 \cdot \varepsilon}$$

ΔR: Widerstandsänderung
R_0: Nennwiderstand bei 23 °C
k: Dehnungsempfindlichkeit
ε: Dehnung

DMS werden häufig zur Belastungsmessung verwendet. Sie erlauben Kräftemessungen von einigen Newton bis 1 000 kN (Abb. 2).

Als Messschaltung wird für DMS in der Regel eine Brückenschaltung gewählt. Wobei die Brückenwiderstände je nach Anwendung DMS-Widerstände sein können (Abb. 3).

Piezoelektrische Sensoren

Durch Krafteinwirkung werden in einem Quarzkristall die Kristallbindungen so verschoben, dass an der Oberfläche eine Spannung entsteht (Abb. 4). Die Polarität der Spannung ist abhängig von der Kraftrichtung. Die Spannung steigt mit der Kraft.

- Piezoelektrische Sensoren eignen sich zur Kraftmessung, Beschleunigungsmessung und als Drucktaster.

Piezosensoren sind unempfindlich gegen unbeabsichtigte Annäherung und Feuchtigkeit.

Der piezoelektrische Effekt wird auch verwendet zum Abtasten von Schallplatten (Kristalltonabnehmer) sowie bei Aktoren (vgl. 1.4.4) zur Zündfunkenerzeugung an Gasbrennern und Feuerzeugen.

Schall-Sensoren

Mechanische Schwingungen von Masseteilchen pflanzen sich als Schallwelle fort.

Man unterscheidet:

- Infraschall, f < 16 Hz (z. B. Erschütterungen, Vibrationen, Beben)
- Hörschall, f = 16 ... 16 000 Hz (wahrnehmbar mit dem menschlichen Ohr)
- Ultraschall, f > 16 kHz (für Menschen nicht mehr wahrnehmbar)

Die Schallausbreitungsgeschwindigkeit v_a hängt von der Stoffdichte und seiner Elastizität ab.

Tab. 1.2: Schallgeschwindigkeiten bei 20°C

Feste Stoffe	v_a in m/s	Gase:	v_a in m/s
Stahl	5 000	Luft	340
Aluminium	5 100	Stickstoff	338
Kupfer	3 500	Sauerstoff	316
Blei	1 300	Wasserstoff	1 305
Glas	5 200		
Holz	ca. 3 300	**Flüssigkeit:**	v_a in m/s
Gestein	ca. 4 000		
Gummi	50	Wasser	1 480

Die unterschiedlichsten Ausbreitungsgeschwindigkeiten (Tab. 1.2) werden in Sensoren zur Abstands-, Tiefen- oder Geschwindigkeitsmessung genutzt. Abb. 5a zeigt einen Ultraschallecho-Sensor mit Piezo-Sender und Abb. 5b mit einem Piezo-Empfänger. Es wird die Verzögerungszeit der Schallwelle zwischen Sender und Empfänger gemessen und in Meter umgerechnet.

Kapazitive Sensoren

Zwei Stoffe mit unterschiedlichen Permittivitätszahlen zwischen den Kondensatorplatten haben zwei unterschiedliche Kapazitäten zur Folge. Diese können zur Schwingungserzeugung in Transistorschaltungen oder in kapazitiven Messbrücken ausgewertet werden.

- Kapazitive Sensoren werden z. B. in Annäherungsschaltern, Tastaturen, Füllstandskontrollen und Abfülleinrichtungen eingesetzt.

Kapazitive Sensoren müssen vor Verschmutzung geschützt werden. Abb. 6 zeigt eine Tastatur mit kapazitiv arbeitenden Tasten. Auf zwei sich gegenüberliegenden Kupferplättchen wird eine dielektrische Kunststoffscheibe gedrückt. Stoffe mit großen Permittivitätszahlen können durch Stoffe mit kleinen Permittivitätszahlen hindurch gemessen werden. Z. B. können Flüssigkeiten durch Behälterwandungen bestimmt werden (Abb. 7).

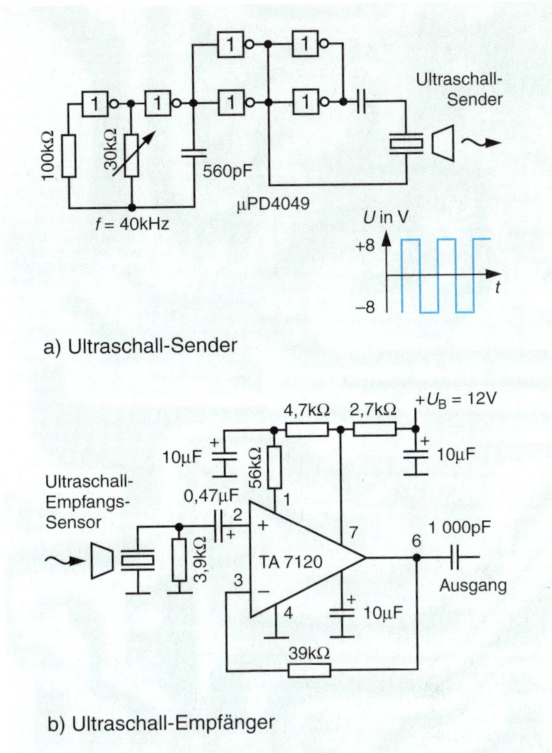

Abb. 5: Ultraschall-Sensor

Abb. 6: Kapazitiv arbeitende Tastatur

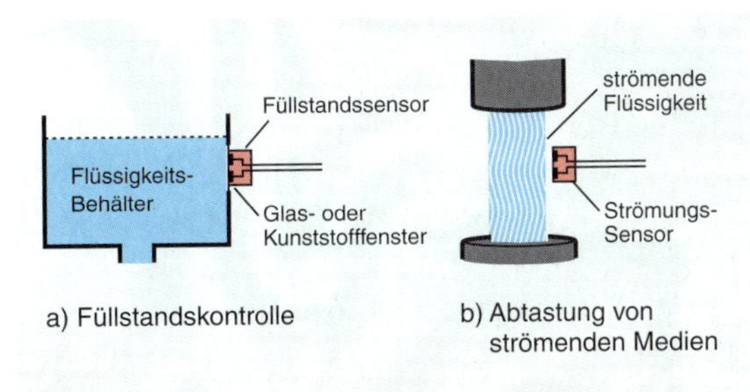

Abb. 7: Kapazitive Sensoren in der Anwendung

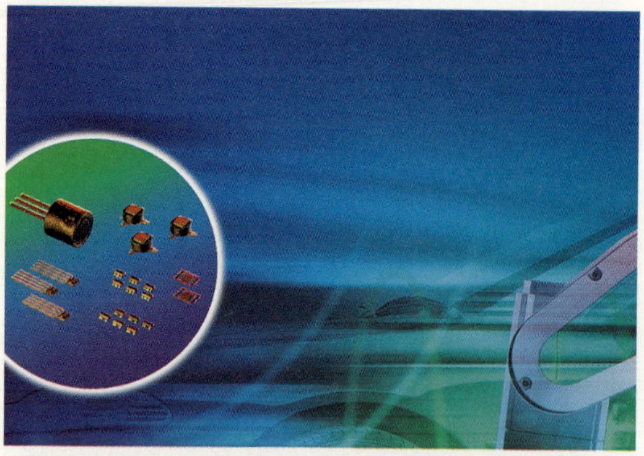

Abb. 1: Magnetfeldabhängige Bauelemente

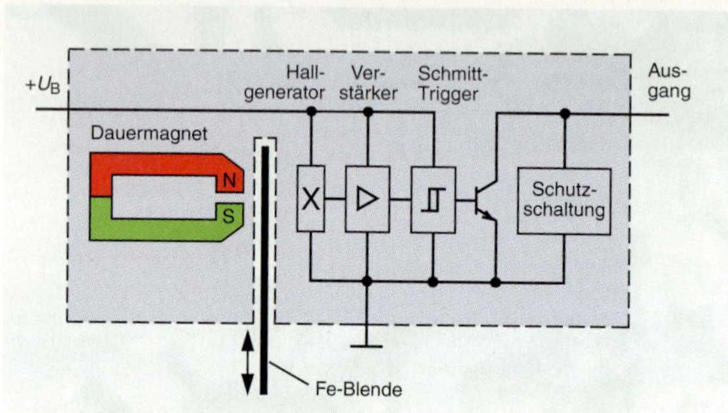

Abb. 2: Blockschaltbild eines Magnetfeldsensors

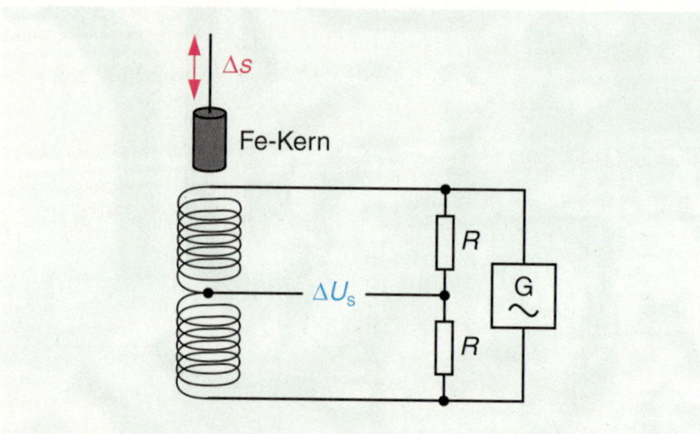

Abb. 3: Tauchankersensor in Brückenschaltung

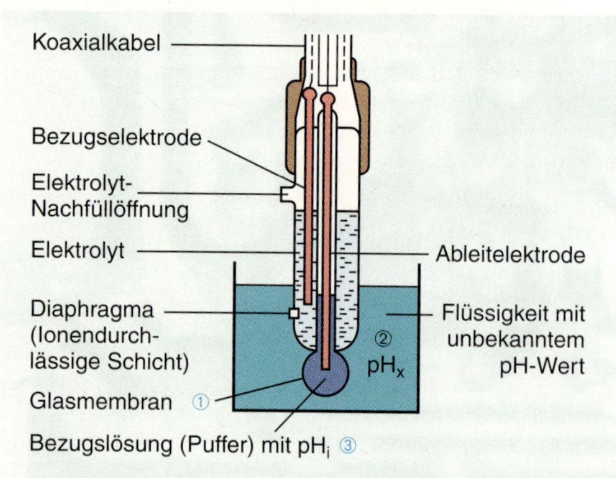

Abb. 4: pH-Messung mit der Glaselektrode

Induktive Sensoren

Der Elektromagnetismus lässt sich für Sensoren in unterschiedlicher Weise nutzen (Abb. 1). Es kann die Induktivität einer Spule, die magnetische Kopplung mehrerer Spulen oder Schwingkreise, die Dämpfung von Schwingkreisen in passiven Sensoren sowie das Hall-Prinzip in aktiven Sensoren zur Bestimmung der Messgröße genutzt werden.

Eine Auswahl der handelsüblichen magnetfeldabhängigen Bauelemente zeigt Abb. 1.

Häufige Anwendung in der Steuerungstechnik finden kontaktlose Magnetschalter. Diese arbeiten in der Regel nach dem Hall-Prinzip.

- Kontaktlose Magnetschalter werden als Endschalter, Drehzahl- und Drehrichtungsaufnehmer oder Positionsfühler eingesetzt. Sie sind unempfindlich gegen Schmutz, Licht und Vibration.

Der Magnetfeldsensor in Abb. 2 wird durch eine Weicheisen-Blende betätigt, die durch den Luftspalt zwischen Magnet und Hall-Generator geführt wird. Die Blende schließt den magnetischen Fluss vor dem Hall-Generator kurz und sperrt damit den Ausgangstransistor. Ist die Blende als Schlitzscheibe auf einer Welle montiert, so kann die Drehzahl oder mit zwei Sensoren die Drehrichtung gemessen werden.

Zur Messung kleiner Wegstrecken von 0,05...1,5 mm eignen sich Tauchankersensoren (Abb. 3). Sie bestehen aus einem Rohr mit zwei aufgewickelten Spulen. Die Spule besitzt einen beweglichen Kern (Tauchanker), mit dem die Induktivität proportional zur Wegstrecke geändert werden kann. In einer Brückenschaltung wird Δs in eine Spannung ΔUs gewandelt.

Chemische Sensoren

Der pH-Wert einer Flüssigkeit hat z. B. in der Verfahrenstechnik eine große Bedeutung. Er kennzeichnet die Wasserstoffionen-Konzentration einer Lösung.

- Reines, neutrales Wasser hat den pH-Wert 7. Eine Lösung mit einem pH-Wert zwischen 7 und 0 wird als sauer und ein pH-Wert zwischen 7 und 14 als basisch bezeichnet.

Mit einer Membran aus besonderem Glas ① lässt sich der pH-Wert bestimmen. Sie wird zwischen einer Messflüssigkeit ② und einer Vergleichsflüssigkeit ③ eingesetzt. Zwischen den Grenzschichten der Glasmembran entsteht eine Spannung von ca. 58 mV pro pH-Wert-Einheit bei 20 °C. Die Bezeichnung Glaselektrode ist von der Glasmembran des Sensors hergeleitet.

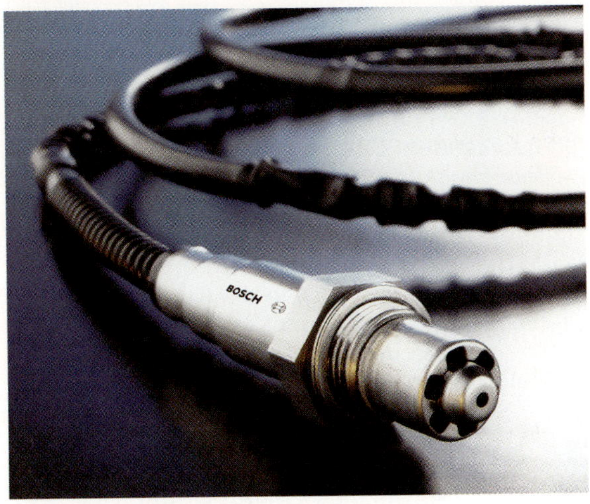

Abb. 5: Sauerstoff-Lambda-Sonde

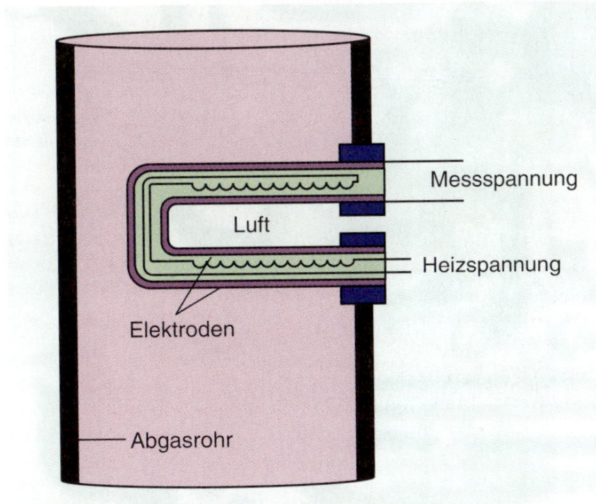

Abb. 6: Funktion einer Lambda-Sonde, montiert im Abgasrohr

Gassensoren

Mit Gassensoren werden technische Gase in Produktionsanlagen sowie Schadstoffkonzentrationen in der Luft oder in Abgasen gemessen. Sie werden auch zur Warnung vor austretendem, gefährlichem Gas und als Rauchgasmelder eingesetzt. Die automatische Luftreinhaltung wird erst mit Gassensoren möglich!

Das Funktonsprinzip von Gassensoren lässt sich nicht verallgemeinern, da die Messmethode für ein Gas sich nicht ohne weiteres auf ein anderes Gas anwenden lässt. Gasgemische bereiten besondere Messprobleme. Der Sensor darf hier nur für ein Gas empfindlich sein. Weitere Probleme bereiten Feuchtigkeit, Temperatur und Staub.

Folgende durch Gaseinfluss hervorgerufene Wirkungen lassen sich auswerten:

- Änderung von Widerstand oder Kapazität,
- Änderung der Wärmeleitfähigkeit,
- Änderung der Oszillatorfrequenz,
- Änderung der Absorption von Licht,
- Spannungserzeugung.

Abb. 5 zeigt eine Lambda-Sonde (vgl. 2.1) zur Messung der Sauerstoffkonzentration in einem Abgasgemisch. Sie wird z. B. eingesetzt bei Industrieprozessen, Müllverbrennungen, Gasmotoren und Heizungsanlagen. Die Sonde wird so montiert, dass die eine Elektrode vom Abgas und die andere mit Luft umströmt wird (Abb. 6). Die aktive, beheizte Sonde verursacht einen Spannungssprung von bis zu 70 mV bei $\lambda = 1$. Lambda ist das Verhältnis der tatsächlich zugeführten Luftmenge zur theoretisch, bei optimaler Verbrennung erforderlichen Luftmenge. Ein kg Benzin verbrennt z. B. mit 14,6 kg Luft optimal.

Aufgaben zu 1.4.1 und 1.4.2

1. Warum werden Prozessrechensysteme zunehmend dezentral aufgebaut?
2. Welche analogen Signale werden vorwiegend auf Prozessfeldebene verwendet?
3. Was ist beim Lastwiderstand am Konstantstromsignal zu beachten?
4. Wie werden Stromsignalmodule und wie werden Spannungssignalmodule geschaltet?
5. Erklären Sie die Funktion eines Strom-/Spannungs- und Spannungs-/Stromwandlers!
6. Warum liegen Stellsignalgrenzen nicht immer zwischen 0 % und 100 %?
7. Was versteht man unter stoßfreier Stellgrößenausgabe und wozu dient sie?
8. Warum sind in explosionsgefährdeten Bereichen besondere Bestimmungen für Signalleitungen und Geräte zu beachten?
9. Mit welcher Schaltung lassen sich mehrere Prozesssignale seriell auf einer Zweidrahtleitung übertragen?
10. Auf welche Weise werden Daten auf dem Prozessfeldbus übertragen?
11. Was versteht man unter einem Token im Profi-Bus?
12. Wodurch unterscheiden sich aktive und passive Sensoren?
13. Was bedeutet die Bezeichnung Pt 100?
14. Wie verändert sich der Widerstandswert eines LDR 03 bei zunehmender Helligkeit?
15. Nennen Sie ein Anwendungsbeispiel für Reflexlichtschranken!
16. In welchen Bereichen werden Lichtwellenleiter als Sensoren eingesetzt?
17. Welche Kräftebereiche lassen sich mit Dehnungsmessstreifen erfassen?
18. Welchen Vorteil bieten Piezo-Sensoren als Taster gegenüber kapazitiven oder induktiven Tast-Sensoren?

Abb. 1: Einfache Hexadezimal-Tastatur

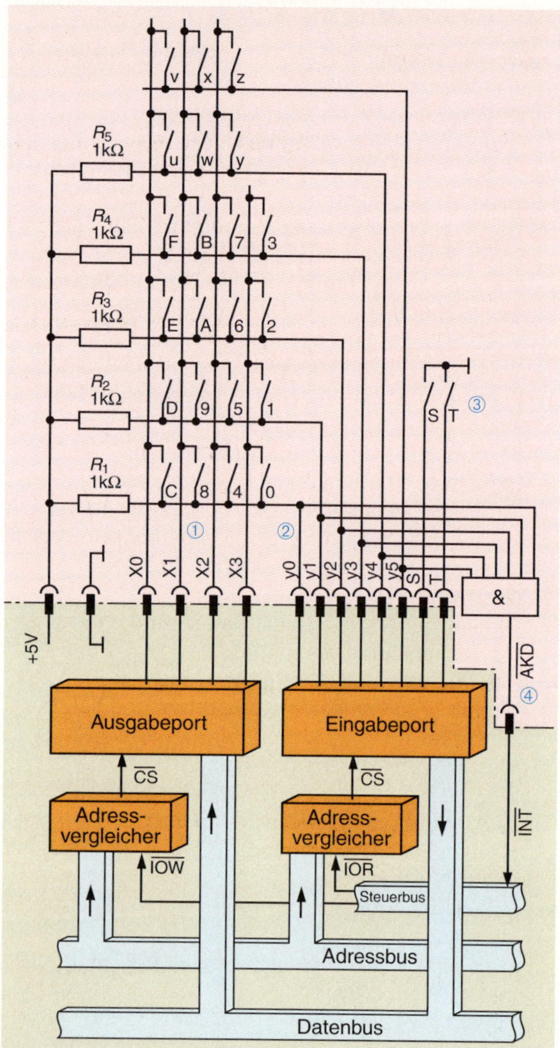

Abb. 2: Beispiel einer Tastaturanschaltung an einen Rechner

1.4.3 Eingabegeräte auf Prozessfeldebene

Auf Prozessfeldebene gibt es neben den Sensoren noch andere Geräte zur Eingabe von Prozessgrößen. Hierzu zählen sowohl Handeingabegeräte (z. B. prozessfeldtaugliche Tastaturen, Schalter, Taster) als auch automatisch arbeitende Geräte (z. B. Lichtschranken, Strichcodelesegeräte, Schaltfühler). In der Regel haben die Eingabegeräte „intelligente“ Treiber, die eine Anschaltung an den Leitrechner über einen Prozessfeldbus ermöglichen.

Prozessfeld-Tastaturen

Mehrere Tasten, z. B. zu einem Funktionsblock zusammengefasst, nennt man Tastatur. Das Angebot reicht von einfachen Hexadezimal-Tastaturen (Abb. 1) bis zu spritzwassergeschützten Folientastaturen mit anwenderspezifischen Funktionsaufdrucken.

Der obere Teil von Abb. 2 zeigt die Schaltungsmatrix zu der Tastatur aus Abb. 1. Die Zeilenanschlüsse X0 bis X3 ① werden der Reihe nach auf 0-Signal gelegt. Dabei wird jeweils abgefragt, ob eine der Spaltenleitungen Y0 bis Y5 ② ein 0-Signal führt. Die Spaltenleitungen sind bei nicht gedrücktem Schalter über die Widerstände auf 1-Signal ≙ + 5V gelegt. Aus der Zeilen- und Spalteninformation kann der gedrückte Taster per Programm oder per Tastaturdecoder ermittelt werden. Mit den Schaltern S und T ③ können zusätzliche Schaltfunktionen ausgeführt werden, sie liefern nur im geschlossenen Zustand ein definiertes 0-Signal.

- Tastenfelder werden in der Regel interruptgesteuert vom Rechner gelesen.

Die UND-verknüpfte Sammelleitung $\overline{\textbf{AKD}}$ ④ (**A**ny **K**ey **D**own) liefert bei gedrückter Taste einen Interrupt-Impuls (Abb. 2). Dieser löst im Rechner eine Unterbrechung des Hauptprogramms und einen Sprung in eine Interruptroutine aus. In dieser wird dann abgefragt, welcher Taster gedrückt wurde. Diese Methode hat den Vorteil, dass der Rechner nur dann das Tastenfeld abfragt, wenn auch wirklich eine Taste gedrückt wurde. Bedingung ist hierbei, dass die Taste so lange gehalten wird, bis die Interruptroutine abgearbeitet ist. Ein weiterer Tastatur-Interrupt darf erst dann wieder zugelassen werden, wenn die Taste wieder freigegeben wurde. Sonst würde das Programm unkontrolliert bei einem Tastendruck mehrfach in die Interruptroutine verzweigen.

Das Pressen der Tasten ist beim Programmieren durch Verzögerungsschleifen zu berücksichtigen.

Lichtschranken

Mit Lichtschranken (Abb. 3) können Gegenstände in einem Lichtstrahl erkannt werden. Dazu wird Licht mit Hilfe eines Senders ausgestrahlt und mit einem Empfänger wieder aufgenommen. Wird der Lichtstrahl durch einen Gegenstand unterbrochen, so wird im Empfänger der Zustand „dunkel" ≙ 1 registriert.

Abb. 4 zeigt den prinzipiellen Aufbau einer Lichtschranke. Als Lichtsender ① wird in der Regel eine **LED** (**L**ight-**E**mmitting-**D**iode) im Rot- (650 nm), Infrarot- (920 nm) oder Grün-Bereich (500 nm) verwendet. Moderne Lichtschranken werden im Impulsbetrieb ② genutzt um das Sendelicht vom Fremdlicht unterscheiden zu können. Als Lichtempfänger werden Totelemente, Fotodioden oder Fototransistoren ③ eingesetzt. In der Impulsaufbereitungsstufe ④ wird das pulsierende Signal (bei Lichtempfang) in ein digitales Signal gewandelt, sodass über einen Verstärker ⑤ die Schaltstufe ⑥ direkt ein- oder ausgeschaltet werden kann.

Man unterscheidet Einweg-, Reflexions- und Gabellichtschranken.

- Bei Einweglichtschranken sind Sender und Empfänger getrennt montiert.

Mit Einweglichtschranken können z. B. Teile auf Fließbändern gezählt werden. Die Reichweite kann bis zu 10 m betragen. Es gibt zwei Montageorte.

- Bei Reflexionsschranken wird das Licht über einen Reflektor zum Sende- und Empfangsgerät zurückgeworfen.

Der Reflektor kann dem Sender/Empfänger gegenüber fest montiert oder an jedem Teil des Fließgutes aufgeklebt sein. Man unterscheidet Spiegel- und Prismenreflektoren (Abb. 5).

Prismenreflektoren reflektieren das Licht parallel zum Einstrahlwinkel. Sie bieten somit den Vorteil, dass Lichtsender und Lichtempfänger am gleichen Ort montiert werden können.

- Bei Gabellichtschranken werden Schlitz- oder Lochbleche durch eine Gabel mit eingebauter Lichtschranke geführt.

Gabellichtschranken werden z. B. zur Drehzahlmessung verwendet. Es wird dazu eine mit Schlitzen versehene Scheibe so auf die Rotationsachse montiert, dass die Schlitze den Lichtstrahl in der Gabel durchlassen und die Stege das Licht sperren.

Komfortable Lichtschranken lassen sich universell verwenden (Abb. 3).

Abb. 3: Universelle Einweg- oder Reflexionslichtschranke

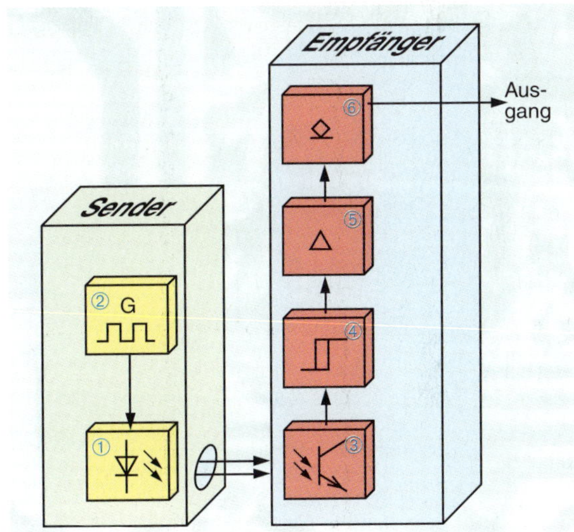

Abb. 4: Funktionsprinzip einer Lichtschranke

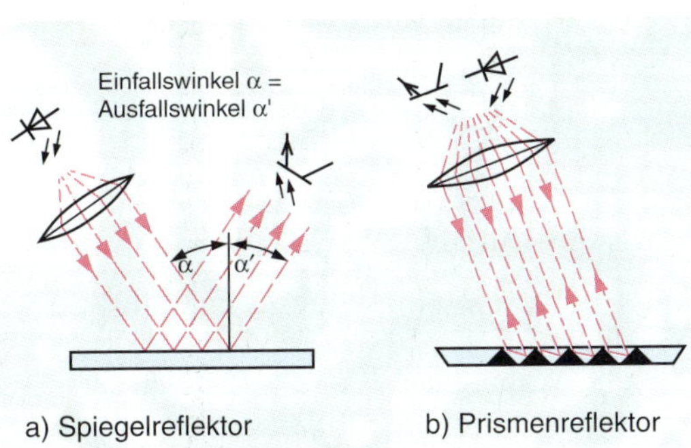

Abb. 5: Lichtreflektion

Abb. 1: Strichcode-Identifikationssystem

Abb. 2: Identifikation von Leiterplatten mit Strichcode-Lesestift

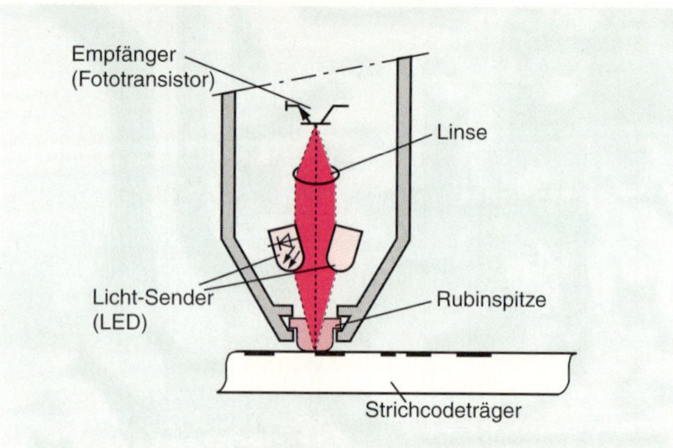

Abb. 3: Funktionsprinzip eines Lesestiftes

Tab. 1.3: Technische Daten von Strichcode-Lesestiften

Lesegeschwindigkeit	0,05 bis 1,3 m/s
Auflösungsvermögen	ca. 0,15 mm
Lichtquelle	LED
Lichtarten	Rot 630 nm; IR 950 nm
Ausgangssignal	TTL
Versorgungsspannung	DC 4,3 ... 6 V
Masse	ca. 150 g

Strichcode-Identifikationsysteme

In automatisierten Fertigungsanlagen und Lagersystemen ist es zwingend erforderlich den Warenfluss zu kontrollieren. Die richtigen Fertigungsteile müssen im richtigen Moment an der richtigen Stelle sein. Es werden Identifikationssysteme mit Verbindung zum Prozessleitsystem benötigt.

Mit **Strichcodes** (auch Balken- oder **Barcodes** genannt) versehene Fertigungsteile können mit Hilfe von Strichcode-Lesesystemen schnell und unkompliziert erfasst werden (Abb. 1). Der Strichcode wird dazu direkt an der Ware oder am Warenbehälter befestigt. Der Anwendungsbereich erstreckt sich auf nahezu alle Automatisierungsbereiche, denn säure- und hitzefeste Strichcodeaufkleber lassen sich unter rauhesten Prozessfeldbedingungen einsetzen.

Herstellbar ist der Strichcode z. B. im Offset-, Buch- und computergesteuerten Druckverfahren sowie im Fotosatz. Je besser die Druckqualität, desto einfacher und sicherer wird der Code schon beim ersten Scanversuch gelesen. Qualitativ hochwertige Lesegeräte lesen auch eine schlechte Matrix-Druckqualität sicher.

Strichcodelesegeräte werden für den stationären und mobilen Betrieb gefertigt. Man unterscheidet von Hand geführte Lesestifte und Einbauleser. Einbauleser sind für den stationären Betrieb entwickelt und erfassen bewegte Objekte z. B. auf Fließbändern.

Statische Lesegeräte

Lesestifte (Abb. 2) arbeiten mit einem roten oder infraroten (IR) Lichtstrahl. IR-Lichtquellen machen Codes durch schwarze Abdeckfolien sichtbar. Der kombinierte Sender und Empfänger (Abb. 3) wird mit Berührung über das Codefeld geführt. Das vom Strichcode reflektierte Licht gelangt auf einen Fototransistor. Dieser wandelt die Striche und Lücken in einen elektrischen Impulszug um. In der Regel wertet dann ein nachgeschalteter Decoder den Impulszug aus und gibt die Information über eine serielle Schnittstelle (RS 232) aus. Nach dem gleichen Prinzip arbeiten Abstandsleser. Der Unterschied besteht lediglich darin, dass das Lesegerät in einem Abstand von z. B. 10 mm ± 1 mm am Strichcode vorbeigeführt wird. In der Tab. 1.3 werden typische Daten eines Lesestiftes gezeigt.

- Statische Codeleser arbeiten mit LEDs, haben keine Ablenkspiegel und sind leicht. Sie erlauben keine großen Leseabstände.

Dynamische Strichcode-Lesegeräte

In dynamischen Lesern (Scannern, Abb. 4) erzeugen HeNe-Laser einen dünnen Laserstrahl, der über einen rotierenden Mehrfachspiegel ① auf den Strichcodeträger ② gelenkt wird. Der Lichtpunkt läuft dabei bis zu 1 200-mal pro Sekunde (scans) über die Codefläche.

- Dynamische Codeleser können mit einem Strahlablenksystem und HeNe-Laser berührungslos Strichcodes lesen.

Bei gleichbleibender Abtastung mit einer Strahllinie spricht man von einem Einstrahl- oder **Linien-Scanner** (Abb. 5).

Sind die Drehspiegel nicht achsparallel angeordnet, so bilden mehrere parallel verlaufende Abtastlinien ein Abtastraster (**Raster-Scanner**, Abb. 6).

Schaltet man vor einen Linien-Scanner einen Schwingspiegel, so spricht man von einem **Fächer-Scanner** (Abb. 7). Der Schwingspiegel bewegt den Lichtstreifen im rechten Winkel zur Abtastlinie, sodass ein Abtastfeld entsteht. Tab. 1.4 zeigt typische Daten von einem Linien- und Fächer-Scanner.

Tab. 1.4: Technische Daten von einem umschaltbaren Linien- und Fächer-Scanner

Lesegeschwindigkeit	einstellbar
Scanrate	700...1 200 scans/sec
Auflösungsvermögen	Strichstärke ≥ 0,35 mm
Lichtquelle	HeNe-Laser
Lichtart	Rot (633 nm)
Parametrierung	extern
Versorgungsspannung	230 V
Masse	ca. 30 kg
Schnittstellen	RS-232, RS-422, RS-485

Qualitätskriterien von Strichcode-Lesegeräten sind z. B. die Erstleserate, der Tiefenschärfebereich, die Fremdlichtempfindlichkeit und die Vernetzungsfähigkeit.

Bei der Auswahl und Installation eines Lesesystems sind vier Kriterien zu beachten:

- Anordnung des Strichcodes,
- Leseentfernung bzw. Größe der Striche,
- Fördergeschwindigkeit,
- statische oder mobile Abtastung.

- Alle Strichcode-Leser arbeiten optisch. Die Strahloptik ist im Betrieb unbedingt staubfrei zu halten.

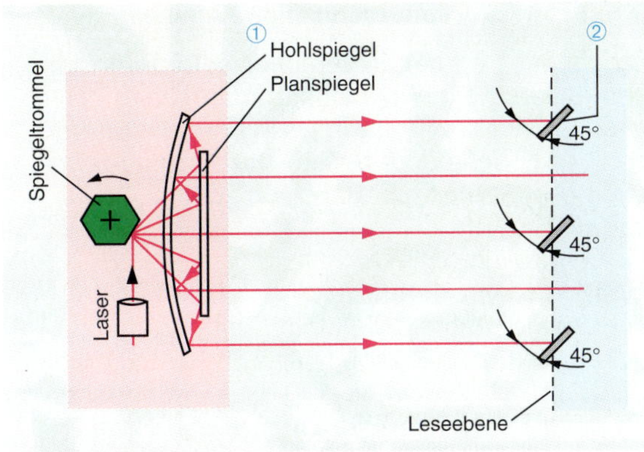

Abb. 4: Funktionsprinzip paralleler Linien-Scanner

Abb. 5: Automatische Sortierung in einer Paketverteilanlage mit Linien-Scanner

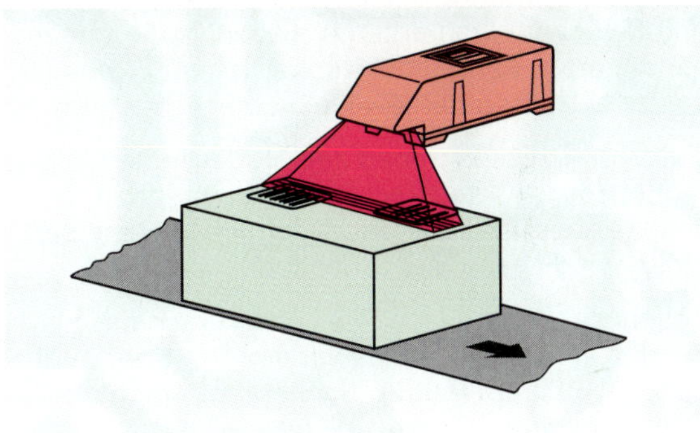
Abb. 6: Raster-Scanner bei versetzten Etiketten

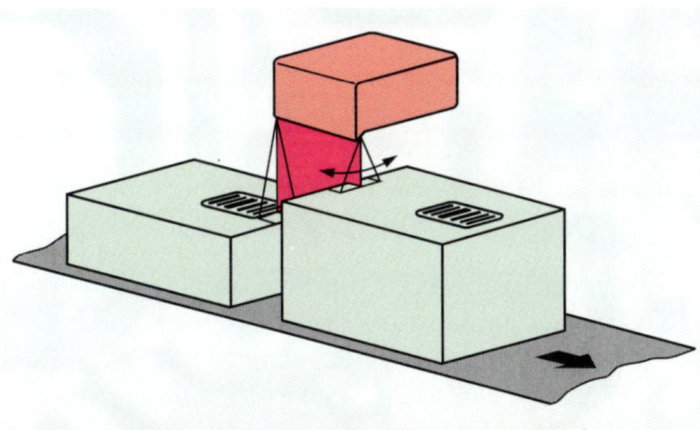
Abb. 7: Fächer-Scanner bei unterschiedlichen Lesehöhen

Strichcodes für unterschiedliche Anwendungen

Strichcodes enthalten verschlüsselte Informationen. Sie bestehen aus alphanumerischen Zeichen und werden mit unterschiedlich breiten, dunklen Strichen auf hellem Untergrund dargestellt (Abb. 1). Es gibt unterschiedliche Codierverfahren.

CODE 2/5 INDUSTRIE
Für Lagersysteme, Briefidentifikation und Flugtickets wird zum Beispiel der 2/5 INDUSTRIE-CODE (Abb. 1) verwendet. Dieser Code ist nur für Ziffern geeignet. Eine Ziffer besteht aus 2 breiten und 3 schmalen Strichen (2 aus 5 Code). Die Lücken enthalten keine Informationen (Abb. 2). Ein breiter Strich ist 3-mal so dick wie ein dünner. Er ist deshalb mit einfachsten Druckverfahren herzustellen. Der Vorteil dieses Codes besteht in der großen Toleranzbreite (±15%). Nachteilig ist, dass die Informationsdichte gering ist.

Abb. 1 zeigt ein relativ aufwendiges aber sicheres Verfahren zur Fehlererkennung. Stimmt die errechnete Prüfsumme nicht mit der übertragenen Summe überein, so wird erneut gelesen.

EAN-Code
Der EAN-Code (**E**uropean **A**rticle **N**umbering, Abb. 3) ist ein weitverbreiteter Handelscode. Er wird zur Warenidentifikation benutzt. Jedes Zeichen besteht aus 7 binären Elementen: 4 Balken und 3 Lücken. Man erkennt diesen Code an den verlängerten Rand- und Trennstrichen. Er besteht aus zwei Hälften mit jeweils 6 oder 4 Zeichen.

Der Vorteil dieses Codes liegt in der hohen Informationsdichte. Nachteilig wirkt sich jedoch die sehr geringe Toleranz der Strichbreite beim Herstellen und Lesen des Strichcodes aus.

Sollen alphanumerische Zeichen verschlüsselt werden wird der **CODE 39** verwendet. Er erlaubt neben 10 Ziffern und 26 Buchstaben noch die Codierung von 7 Sonderzeichen.

Ein weiterer numerischer Code mit selbstprüfenden Eigenschaften ist **CODABAR**. Er wird in Bibliotheken, in der Fotoindustrie und im Gesundheitswesen z. B. zur Kennzeichnung von Blutkonserven und Ähnlichem eingesetzt.

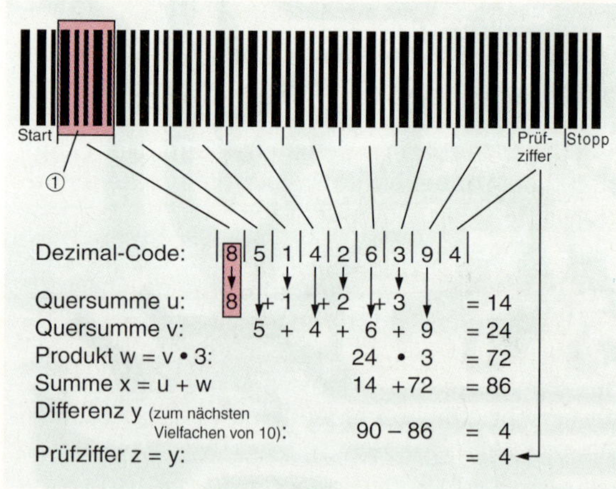

Abb. 1: Prüfziffernbildung im 2 aus 5 Industrie-Code

Strich	1	2	3	4	5	Zeichen
	0	0	1	1	0	0
	1	0	0	0	1	1
	0	1	0	0	1	2
	1	1	0	0	0	3
	0	0	1	0	1	4
	1	0	1	0	0	5
	0	1	1	0	0	6
	0	0	0	1	1	7
①	1	0	0	1	0	8
	0	1	0	1	0	9
	1	1	0			Start
	1	0	1			Stopp

0 ≙ schmaler Strich
1 ≙ breiter Strich

Abb. 2: Codetabelle 2/5 Industrie-Code

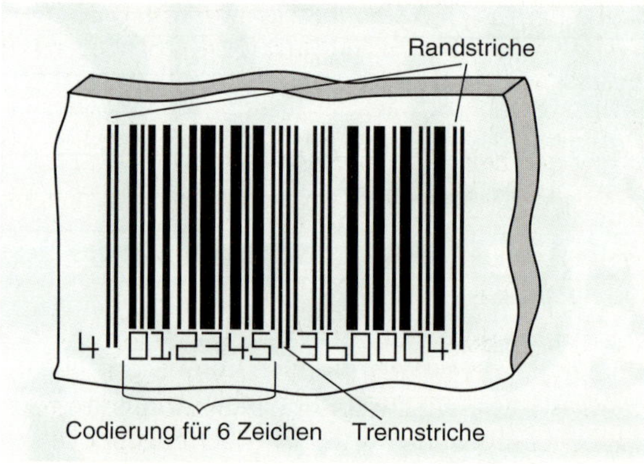

Abb. 3: EAN-Code (2 x 6 Zeichen)

Aufgaben zu 1.4.3

1. Was sind Eingabegeräte auf Prozessfeldebene?
2. Wozu benötigt man zur Anschaltung von Tastaturen ohne Treiber einen Ausgabeport?
3. Erläutern Sie den Ablauf einer interrupt-gesteuerten Tastaturabfrage!
4. Wozu benötigt man Lichtschranken?
5. Wie arbeiten Reflektionslichtschranken?
6. Wo werden Gabellichtschranken eingesetzt?
7. Wozu werden Strichcode-Identifikationssysteme eingesetzt?
8. Welche Strichcodelesegeräte werden unterschieden?
9. Welche Zeichen lassen sich im 2/5 Industrie-Code verschlüsseln?

1.4.4 Aktoren

Um technische Prozesse automatisieren zu können benötigt man Bauelemente und Baugruppen, die aktiv in das Prozessgeschehen eingreifen können. Sie müssen in der Lage sein auch unter rauhesten Prozessbedingungen die Prozessgrößen zu verstellen.

- Baugruppen, die mit Hilfe von Stellgrößen aktiv Prozessgrößen verstellen, nennt man Stellgeräte oder Aktoren. Aktoren beeinflussen mittels der Stellgröße y die physikalische Prozessgröße x.

Aktoren sind z. B. Antriebsmotoren, Generatoren, Pumpen Ventile, Heizungen, Kühlanlagen, Lampen, optische und akustische Meldegeräte, Magnethalter und -klappen, Druckwerke usw.

In Abb. 4 ist ein Aktor mit Stellgrößenwandler, Stellantrieb und Stellort dargestellt. Es soll die Geschwindigkeit eines Förderbandes (Prozessgröße x) auf 50% der maximal möglichen Geschwindigkeit eingestellt werden. Vom Analog-Ausgabeort ① (Konstantstromsignal 4...20 mA) wird dazu eine Stellgröße von 50% ≙ 12 mA zu einem Stellgrößenwandler ② (Leistungsverstärker) gesendet. Der Verstärker besteht aus einer Phasenanschnittsteuerung für Thyristoren. Die gewandelte Stellgröße y_T treibt den Motor ③ mit 50% seiner maximal möglichen Leistung. Der Stellort ④ ist der Förderband-Antrieb. Ob das Förderband dann auch mit 50% seiner maximalen Laufgeschwindigkeit transportiert, hängt von den Störgrößen wie z. B. mechanische Reibung und Fördergewicht ab. In diesem Beispiel wird nicht geregelt.

- Aktoren werden sowohl in Steuerungs- als auch in Regelungs-Systemen benötigt.

Man unterscheidet stetig und unstetig arbeitende Aktoren.

Stetige Aktoren erlauben eine kontinuierliche Verstellung der Prozessgröße von 0 bis 100%. Ein Förderband kann zwischen Stillstand und max. Fördergeschwindigkeit alle Zwischengeschwindigkeiten einnehmen.

Unstetige Aktoren arbeiten diskontinuierlich, d.h. sie verstellen die Prozessgröße in Stufen. Im Extremfall schalten sie nur EIN und AUS. Eine Heizungsanlage z. B. wird zweistufig betrieben.

Die Anordnung der Baugruppen im Stellgerät kann stark variieren. Für das Beispiel in Abb. 4 gilt nach DIN 19 228 prinzipiell die symbolische Anordnung in Abb. 5.

Viele Aktoren haben bereits Stellgrößenwandler integriert, sodass die standardisierten Prozesssignale (vgl. 1.4.1) des Prozessrechners direkt als Steuersignal verwendet werden können. Häufig wird jedoch ein Stellgerät aus Einzelkomponenten zusammengesetzt. In Leistungswandlern werden als leistungselektronische Bauelemente eingesetzt:

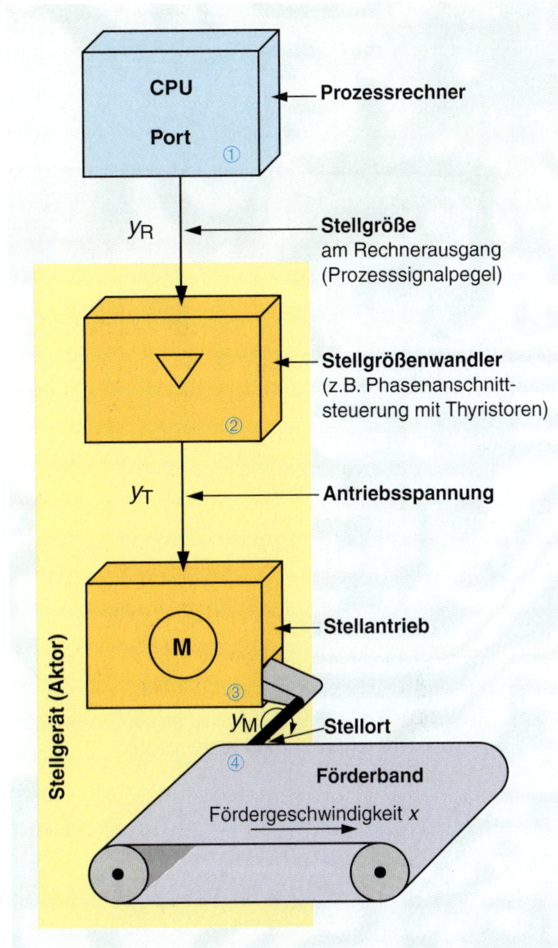

Abb. 4: Stellgrößenausgabe für ein Förderband

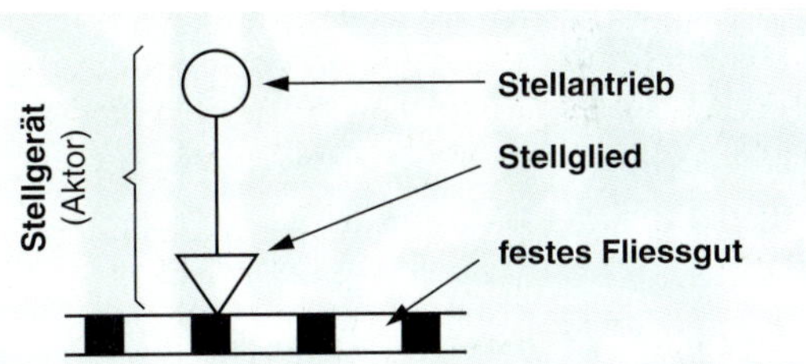

Abb. 5: Bildzeichen für ein Stellgerät nach DIN 19 228

- Transistoren, Thyristoren, Triacs (für stetige und unstetige Stellgrößen),
- Relais, Schütze, elektronische Lastrelais (nur für unstetige Stellgrößen, EIN/AUS-Betrieb).

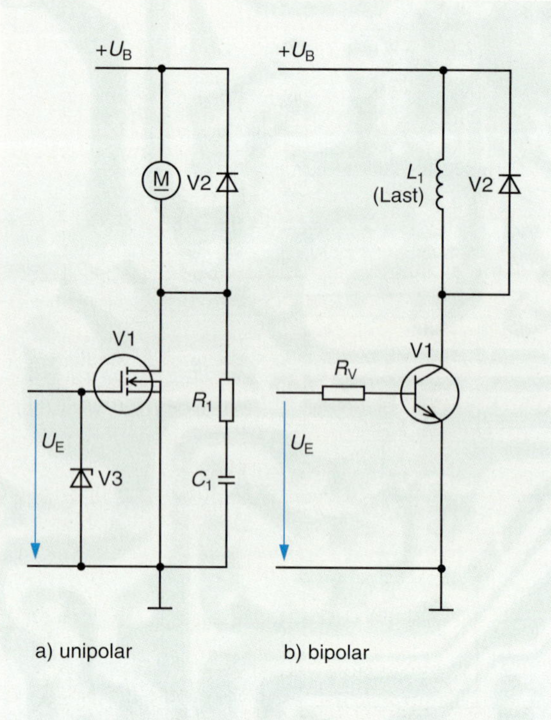

Abb. 1: Transistoren als Stellgrößenwandler

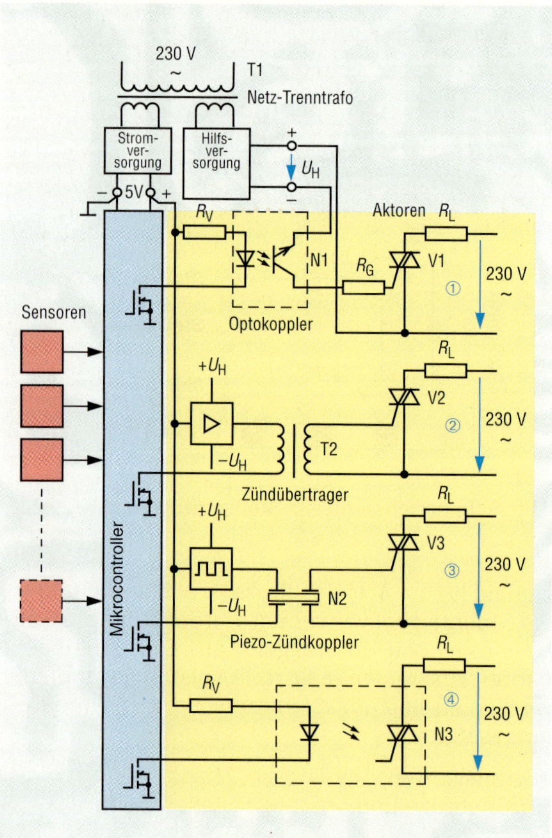

Abb. 2: Ansteuerschaltungen für Triacs als Stellgrößenwandler

Transistoren als Stellgrößenwandler

Transistoren lassen sich in stetigen (linear arbeitenden) und unstetigen (schaltenden) Stellgeräten als Stellgrößenwandler einsetzen (Abb. 1). Da sie in der Regel mit dem Verbraucher in Reihe geschaltet werden, ist im stetigen Betrieb mit Wärmeverlusten zu rechnen. Die maximale Leistung fällt bei einer Stellgröße von 50% am Transistor ab (Leistungsspannung). Leistungs-MOSFETs (Abb. 1a) bieten gegenüber den bipolaren Transistoren (Abb. 1b) den Vorteil, dass sie leistungslos angesteuert werden können. Die Freilaufdioden V2 schließen die Induktionsspannungen kurz. R1, C1 verhindern steile Abschaltflanken (große Selbstinduktionsspannung).

Thyristoren und Triacs als Stellgrößenwandler

Thyristoren und Triacs können die Stellgröße nur schalten. Nichtlöschbare Thyristoren und Triacs werden als Wechselspannungsschalter eingesetzt. Nach dem Abschalten der Stellgröße wird der Laststrom bis zum Unterschreiten des Haltestroms (nächster Nulldurchgang der Lastspannung) beibehalten. Stetige Thyristor- oder Triacschaltungen arbeiten mit Phasenanschnittsteuerungen.

Abb. 2 zeigt vier unterschiedliche Triacschaltstufen. Bei allen Schaltstufen ist der Lastkreis vom Steuerkreis galvanisch getrennt.

Im Schaltungsteil ① wird durch einen Optokoppler die Trennung erreicht. Gibt der Mikrocontroller eine Stellgröße (1-Signal) aus, so leuchtet die LED im Optokoppler, der Transistor öffnet, über R_G fließt ein Zündstrom und der Triac schaltet durch. Die Transistorschaltung benötigt eine zusätzliche Betriebsspannung U_H. Im Schaltungsteil ② wird das Steuersignal mit einem Zündübertrager zum Triac geleitet. Diese Schaltung wird selten verwendet, weil sie einen Verstärker für die Primärwicklung benötigt und Übertrager aufwendig herzustellen sind.

Im Schaltungsteil ③ wird mit einem Piezo-Zündkoppler der Lastkreis vom Steuerkreis galvanisch getrennt. Ein Quarzkristall im Koppler überträgt die Zündimpulse zum Triac. Hier ist eine Impulsaufbereitungsschaltung erforderlich.

Im Schaltungsteil ④ wird ein optisch gekoppelter Triac als Stellgrößenübertrager verwendet. Diese Schaltung benötigt keine zusätzliche Hilfsspannung. Der Mikrocontroller-Ausgangstransistor öffnet und schaltet die Katode der Koppler-LED gegen 0 V der Steuerschaltung. Das ausgesendete LED-Licht zündet den Triac. Dadurch fließt im Lastwiderstand ein Laststrom.

Mechanische Lastrelais als Stellgrößenwandler

Bei Relais oder Schützen bewegt ein Elektromagnet die Schaltkontakte des Lastkreises. Die Steuerelektronik ist vom Lastkreis galvanisch entkoppelt. Mit Relais oder Schützen können gleichzeitig mehrere Öffner und Schließer betätigt werden (Abb. 3). Bei der Verwendung von Relais und Schützen sind folgende Eigenschaften zu beachten:

- Funkstörungen durch Lichtbogen zwischen den Kontakten beim Schalten,
- Kontaktverschleiß durch Funkenerosion,
- Schaltgeräusche durch mechanische Bewegung.

Elektronische Lastrelais als Stellgrößenwandler

Zum Schalten von Wechselstromverbrauchern können mechanische Relais durch elektronische Lastrelais (SSR, Solid State Relay) ersetzt werden (Abb. 4).

- Bei elektronischen Lastrelais werden die Schaltfunktionen von elektronischen Bauelementen übernommen.

Die galvanische Trennung zwischen Steuer- und Lastkreis übernehmen Optokoppler. SSR verbinden elektronische Logikausgänge (z. B. TTL) direkt mit dem Laststromkreis. Das SSR in Abb. 5 schaltet z. B. im Bereich von 3 ... 30 V einen Laststrom von 10 A, bei einer Lastspannung von 230 V. Da Triacs als Lastschalter verwendet werden, wird nach Unterschreiten des Haltestroms, also beim nächsten Nulldurchgang der Schaltwechselspannung, wieder abgeschaltet. Durch Schalten im Nulldurchgang wird ein funkstörarmes Schalten erreicht. Externe Bauelemente gegen Störeinflüsse sind nicht erforderlich. Bei SSR gibt es keine Schaltgeräusche oder Schaltfunken.

Aufgaben zu 1.4.4

1. Wozu werden Aktoren verwendet?
2. Wie nennt man die Ein- und Ausgangsgrößen eines Aktors?
3. Aus welchen Komponenten kann ein Stellgerät bestehen?
4. Wie arbeiten unstetige Aktoren?
5. Zeichnen Sie das Symbol für ein Stellgerät!
6. Welche Halbleiter werden als Stellgrößenwandler eingesetzt?
7. Warum sollte der Steuerkreis vom Lastkreis galvanisch getrennt sein?
8. Wodurch unterscheiden sich elektronische von mechanischen Lastrelais?
9. Warum schalten SSR funkstörarm?

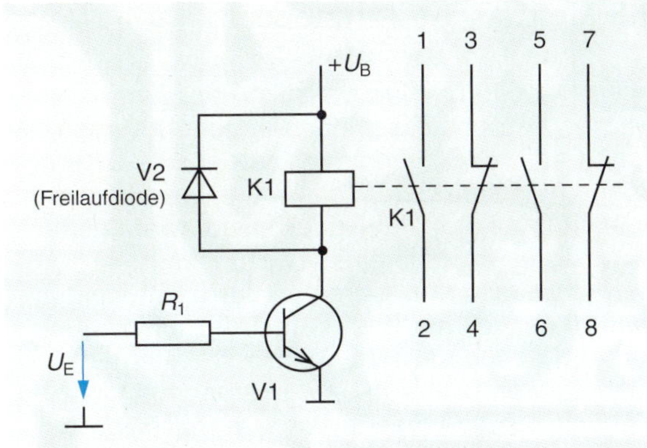

Abb. 3: Stellgrößenwandler mit mechanischem Lastrelais

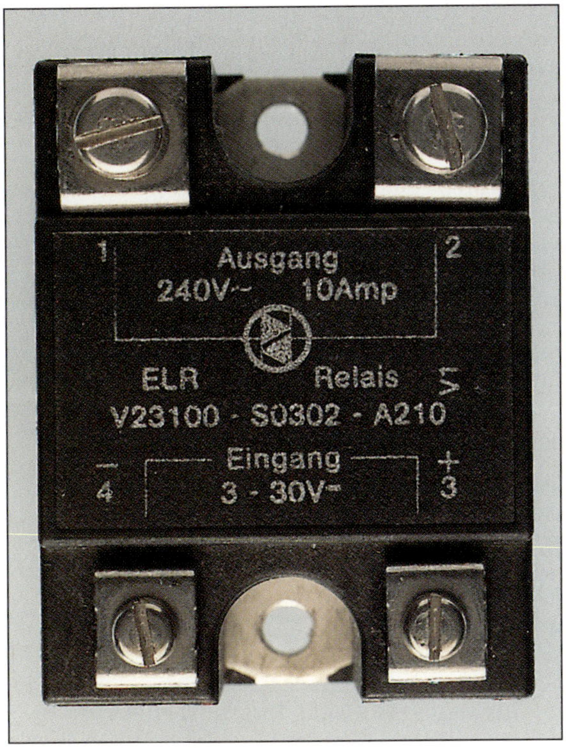

Abb. 4: Elektronisches Lastrelais

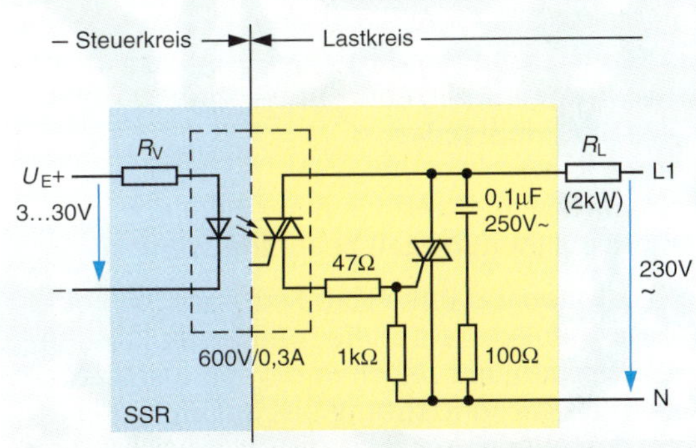

Abb. 5: Schaltung eines elektronischen Lastrelais

1.5 Elektrische Antriebe

In einer modernen industriellen Fertigung werden Antriebsmaschinen mit sehr unterschiedlichen Anforderungen an ihr Betriebsverhalten benötigt. Neben Geräuscharmut, Umweltfreundlichkeit und kompakter Bauweise gewährleisten elektrische Antriebe einen wartungsarmen Betrieb selbst unter extremen Betriebsbedingungen. Neben leistungsstarken, drehzahlkonstanten Antrieben umfasst ihr Einsatzbereich Antriebe, deren Drehzahl bzw. Drehmoment in weiten Grenzen veränderbar sein muss sowie Antriebseinheiten zur Steuerung und Ausführung komplexer Bewegungsvorgänge. Die Geräte der Büroinformationstechnik (Schreibmaschinen, Drucker usw.) sind vor allem mit elektronischen Antriebseinheiten für Positionieraufgaben ausgerüstet.

1.5.1 Elektrotechnische und mechanische Grundlagen

Kräfte im Magnetfeld

Befindet sich ein stromdurchflossener Leiter im Magnetfeld, so wird auf ihn eine Kraft ausgeübt (Abb. 1). Ursache dafür ist die Überlagerung des kreisförmigen Magnetfeldes des stromdurchflossenen Leiters (Abb. 1a) mit dem nahezu homogenen Magnetfeld zwischen den Magnetpolen (Abb. 1b). Dabei wird der Leiter aus dem Bereich des verstärkten Feldes in den Bereich des abgeschwächten Feldes bewegt (Abb. 1c).

Vertauscht man die Magnetpole, dann sind Feldstärkung und Feldschwächung des resultierenden Feldes ebenfalls vertauscht. Die Kraft wirkt jetzt in umgekehrter Richtung. Eine Umkehrung der Stromrichtung hat die gleiche Wirkung.

Zusammengefasst lässt sich feststellen:

- Auf einen stromdurchflossenen Leiter wird im Magnetfeld eine Kraft ausgeübt.
- Die Richtung der Kraft hängt von der Richtung des Magnetfeldes und der Stromrichtung ab.
- Kraftrichtung und Feldrichtung bzw. Kraftrichtung und Stromrichtung stehen senkrecht aufeinander.

Die Richtung der Kraft kann mit Hilfe der **Linke-Hand-Regel (Motorregel)** bestimmt werden:

- Hält man die linke Hand so, dass die Feldlinien senkrecht auf die innere Handfläche auftreffen und zeigen dabei die ausgestreckten Finger in Richtung des Stromflusses, dann gibt der abgespreizte Daumen die Richtung der Kraft auf den Leiter an (Abb. 2).

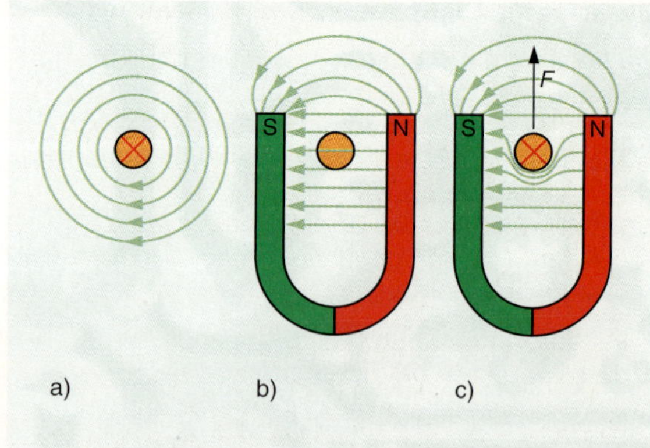

Abb. 1: Richtung der Kraft auf einen stromdurchflossenen Leiter im Magnetfeld

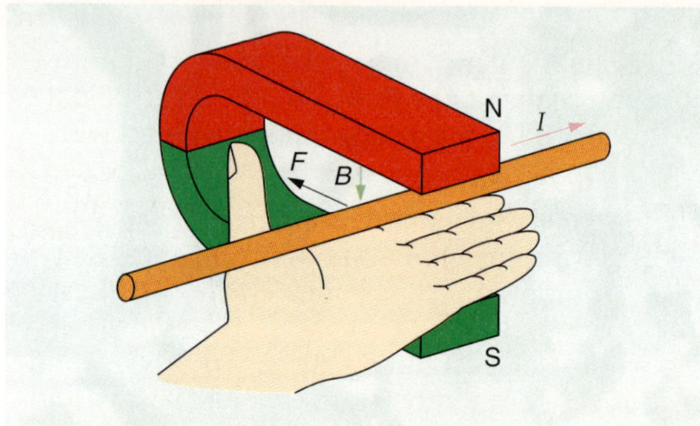

Abb. 2: Linke-Hand-Regel (Motorregel)

Neben der Richtung der Kraft ist ihre Größe von Bedeutung. Dabei gelten folgende Zusammenhänge:

Die Kraft nimmt proportional mit der Stromstärke I und der magnetischen Flussdichte B des äußeren Magnetfeldes zu. Sie ist ebenfalls proportional zur Länge des im Magnetfeld liegenden Leiters (wirksame Leiterlänge l) sowie zur Anzahl der parallel liegenden Leiter (Leiterzahl z).

- Die Größe der Kraft ist proportional zur Flussdichte B,
  Stromstärke I,
  wirksamen Leiterlänge l und
  Leiterzahl z.

Die Kraft auf den stromdurchflossenen Leiter errechnet sich damit nach folgender Formel:

$$F = B \cdot I \cdot l \cdot z$$

Wird ein elektrischer Leiter zu einer Spule gewickelt und von Strom durchflossen, entsteht ein ähnliches Magnetfeld wie das eines Stabmagneten mit Nord- und Südpol (Abb. 3a).

Die Drehzahl n eines Motors ist die Anzahl der Umdrehungen des Läufers (Anker) in einer bestimmten Zeit. Gemessen wird die Drehzahl in 1/min oder 1/s.

Die mechanische Leistung eines Motors errechnet sich nach den folgenden Formeln:

$$P = \frac{W}{t}; \qquad W = F \cdot s; \qquad v = \frac{s}{t}$$

$$\boxed{P = F \cdot v}$$

Liegt der Angriffspunkt der Kraft F im Abstand r vom Mittelpunkt, so ergibt sich seine Geschwindigkeit v zu

$v = n \cdot 2\pi \cdot r$

und als Leistung erhält man

$P = 2\pi \cdot n \cdot F \cdot r; \qquad M = F \cdot r$

Das Produkt $F \cdot r$ ist das Drehmoment M des Motors. Die mechanische Leistung kann somit nach folgender Formel errechnet werden:

$$\boxed{P = 2\pi \cdot n \cdot M}$$

1.5.2 Gleichstrommotoren

Wirkungsweise

Abb. 4 zeigt das Prinzip eines Gleichstrommotors mit Stromwender (Kollektor, Kommutator) und permanentem Erregerfeld. Die elektrische Energie wird dem Läufer (Anker) über Kohlebürsten (Abb. 5a) zugeführt. Bei Anlegen einer Gleichspannung wird auf die stromdurchflossene Ankerspule, entsprechend der Linke-Hand-Regel, eine Kraft ausgeübt. Der drehbar gelagerte Anker beginnt eine Drehbewegung. Ändert man die Stromrichtung in der Ankerspule durch einen Stromwender immer dann, wenn sich ungleichnamige Pole gegenüberstehen, wirkt das Drehmoment immer in die gleiche Richtung (Abb. 5b). Diese Vorgänge wiederholen sich jeweils nach einer halben Umdrehung des Ankers.

Ein Umkehren der Drehrichtung lässt sich durch Ändern der Stromrichtung im Anker oder durch Umpolen des äußeren Magnetfeldes, das häufig durch eine Feldwicklung erzeugt wird, erreichen. Wird diese Spule drehbar gelagert in ein Magnetfeld gebracht, entsteht solange ein Drehmoment, bis sich ungleichnamige Pole gegenüberstehen (Abb. 3b).

Neben den elektrischen Eigenschaften der Motoren interessieren für ihren Einsatz die mechanischen Größen Drehzahl, Drehmoment und mechanische Leistung.

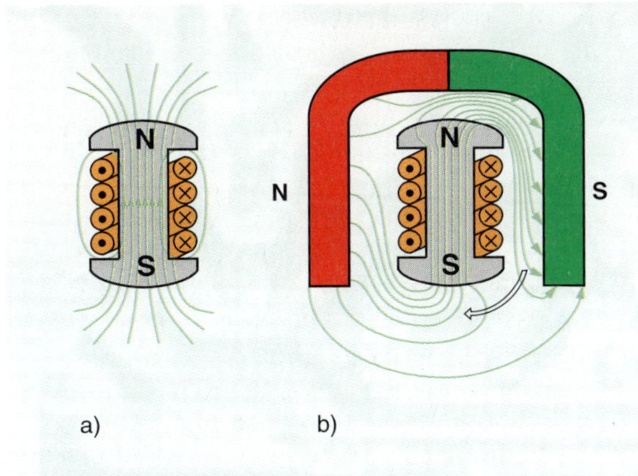

Abb. 3: Spule im Magnetfeld

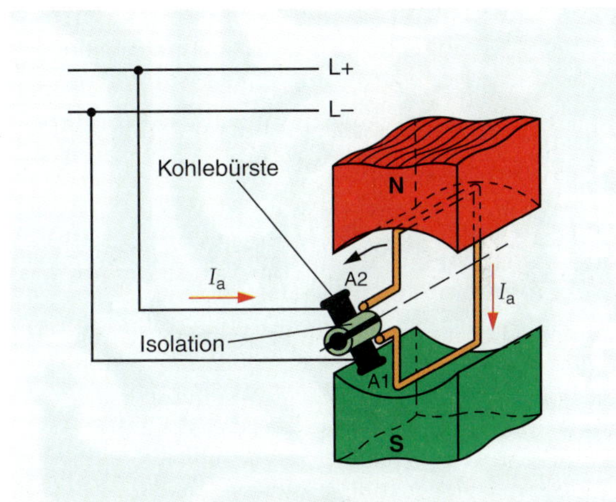

Abb. 4: Prinzip eines Gleichstrommotors

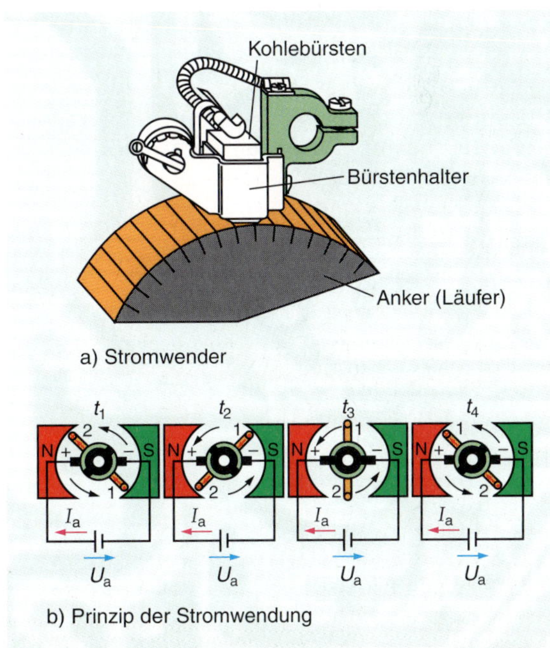

Abb. 5: Funktion des Stromwenders

- Beim Gleichstrommotor kann die Drehrichtung durch Änderung der Stromrichtung in der Ankerwicklung oder durch Umpolen des Feldmagneten geändert werden.

Die Abhängigkeit der Drehzahl n des Gleichstrommotors von der Ankerspannung U_a bzw. des Erregerstromes I_f kann aus den folgenden Überlegungen abgeleitet werden:

Wird die Spannung U_a an der Ankerwicklung größer, dann steigt der Ankerstrom I_a. Dadurch wird das Drehmoment M des Motors größer und der Läufer dreht sich schneller. Nun steigt die im Anker induzierte Gegenspannung U_0 an. Der Ankerstrom I_a wird wieder kleiner. Die Drehzahl n steigt auf einen Wert an, bei dem der Ankerstrom I_a seine ursprüngliche Größe hat. Dann hat der Motor das gleiche Drehmoment M wie vorher.

Ähnliche Überlegungen führen zu dem Ergebnis, dass die Drehzahl n sinkt, wenn die Spannung U_a an der Ankerwicklung fällt.

Bei der Verringerung des Erregerstromes I_f wird die Gegenspannung U_0 kleiner. Dadurch steigen der Ankerstrom I_a und das Drehmoment M. Der Läufer wird mit höherer Drehzahl n angetrieben. Die Gegenspannung U_0 steigt dadurch an und der Ankerstrom I_a verringert sich. Der Ankerstrom wird wieder kleiner. Die Drehzahl des Motors steigt solange an, bis wieder ein Gleichgewicht der Drehmomente herrscht. Der Drehzahlanstieg ist also umgekehrt proportional zur Feldschwächung.

Stellt man für die Vergrößerung des Erregerstromes ähnliche Überlegungen an, dann kommt man zu dem Ergebnis, dass dann die Drehzahl sinkt.

Eine starke, plötzliche Verringerung des Erregerstroms führt zum **Durchgehen des Motors**, wobei dieser zerstört wird.

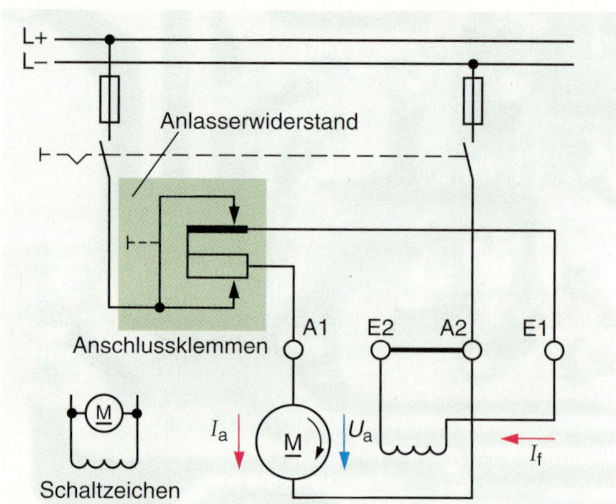

Abb. 1: Nebenschlussmotor

- Die Drehzahl eines Gleichstrommotors kann mit der Spannung U_a an der Ankerwicklung und mit dem Erregerstrom I_f gesteuert werden.

Schaltungen und Betriebsverhalten

Das Betriebsverhalten der Gleichstrommotoren hängt im Wesentlichen von der Schaltung der Feldwicklung und der Ankerwicklung ab. Beim **Nebenschlussmotor** sind Ankerwicklung und Feldwicklung parallel geschaltet (Abb. 1). Die Feldwicklung liegt direkt an der Netzspannung. Das Magnetfeld ist deshalb nahezu unabhängig von der Drehzahl und der Belastung. Die Belastungskennlinien (Abb. 2) zeigen ein geringfügiges Absinken der Drehzahl n bei Belastung. Ursache ist der ansteigende Ankerstrom I_a und der Spannungsabfall am Widerstand der Ankerwicklung. Dadurch sinkt die Gegenspannung und mit ihr die Drehzahl.

- Ein Motor mit Nebenschlussverhalten zeigt ein geringfügiges Absinken der Drehzahl bei Belastung.

Der Anlaufstrom des Nebenschlussmotors ist groß, da der Widerstand der Ankerwicklung klein ist. Die Drehzahl n kann über die Ankerspannung U_a oder durch eine Feldstromänderung gesteuert werden.

Bei einem **fremderregten Gleichstrommotor** wird die Feldwicklung aus einer separaten Spannungsquelle gespeist. Fremderregte Gleichstrommotoren sowie Gleichstrommotoren, deren Magnetfeld durch Dauermagnete erzeugt wird, verhalten sich im Betrieb wie Nebenschlussmotoren.

Fremderregte Motoren verwendet man, wenn die Drehzahl bei großer Leistung in einem großen Bereich gesteuert werden muss, z. B. als Antrieb für Werkzeugmaschinen.

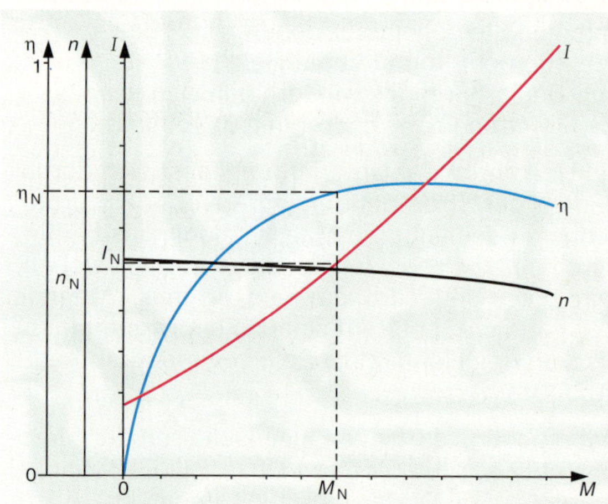

Abb. 2: Belastungskennlinien eines Nebenschlussmotors

Abb. 3: Servomotor

Für Steuer- und Regelungszwecke werden **Servomotoren** benötigt, die einen großen Drehzahlstellbereich, ein großes Spitzendrehmoment und eine hohe thermische Überlastbarkeit bei kompakter Bauweise haben. Daneben sollen sie in kürzester Zeit (Millisekunden) die gewünschte Drehzahl erreichen oder abgebremst und in der Drehrichtung umgesteuert werden können. Diese Eigenschaften werden durch **Gleichstrommotoren mit Dauermagneterregung** bei langgezogener Bauweise (kleines Schwungmoment) erreicht (Abb. 3). Die genannten Eigenschaften werden auch von **Scheibenläufermotoren** (Abb. 4) erreicht. Deren Anker ist zu einer dünnen Scheibe verkürzt. Diese Motoren haben Nebenschlussverhalten. Zur Drehzahlerfassung wird häufig ein auf der Welle befestigter Tachogenerator eingesetzt.

Servomotoren werden zum Direktantrieb bei Positionieraufgaben eingesetzt, z. B. als Vorschübe in Werkzeugmaschinen, Kopierfräs- und Kopierdrehmaschinen, als Antriebe in Werkzeugmaschinenwechslern, Textilmaschinen, Papiermaschinen und Handhabungsautomaten.

Beim **Reihenschlussmotor (Hauptschlussmotor)** sind Anker- und Feldwicklung in Reihe geschaltet (Abb. 5), deshalb ist der Strom in den Wicklungen gleich groß. Der Motor zeigt ein sehr lastabhängiges Betriebsverhalten (Abb. 6). Wird der Motor belastet, so steigt der Ankerstrom I_a und damit auch der Erregerstrom I_f an. Die Drehzahl wird deshalb kleiner. Wird die Belastung des Motors dagegen kleiner, so steigt seine Drehzahl stark an. Bei Leerlauf wird sie unzulässig hoch, der Motor „geht durch". Reihenschlussmotoren dürfen deshalb nicht ohne Belastung betrieben werden. Da der Wirkwiderstand der Wicklungen sehr klein ist, ergibt sich ein hoher Anlaufstrom und ein hohes Anzugsdrehmoment.

- Ein Reihenschlussmotor zeigt ein sehr lastabhängiges Drehzahlverhalten. Bei Leerlauf wird die Drehzahl unzulässig hoch.

Abb. 4: Scheibenläufermotor

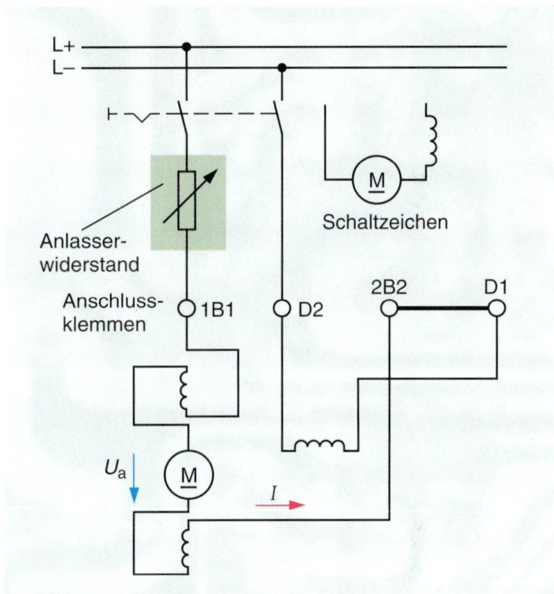

Abb. 5: Reihenschlussmotor

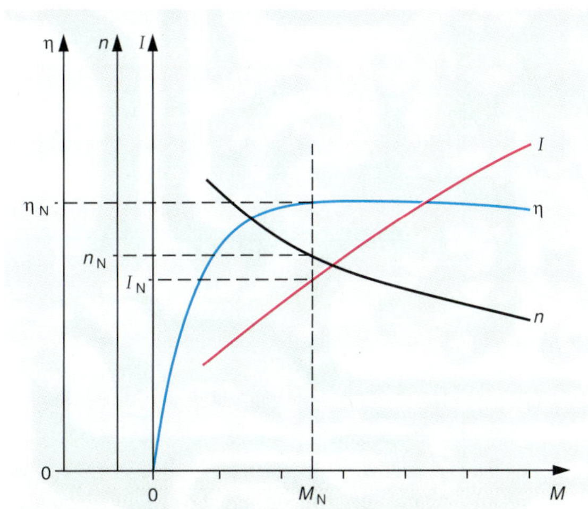

Abb. 6: Belastungskennlinien eines Reihenschlussmotors

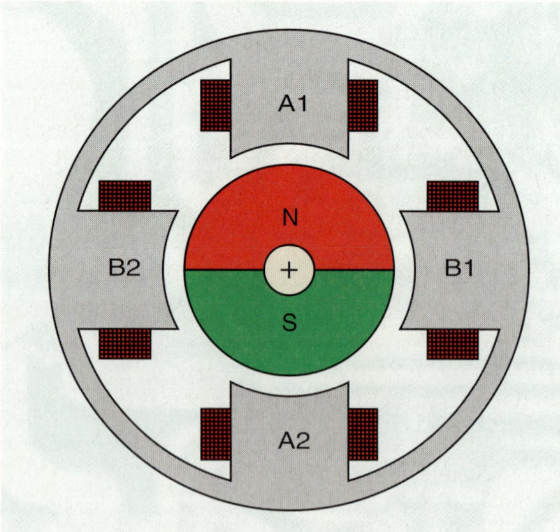

Abb. 1: Elektronikmotor (Schnittdarstellung)

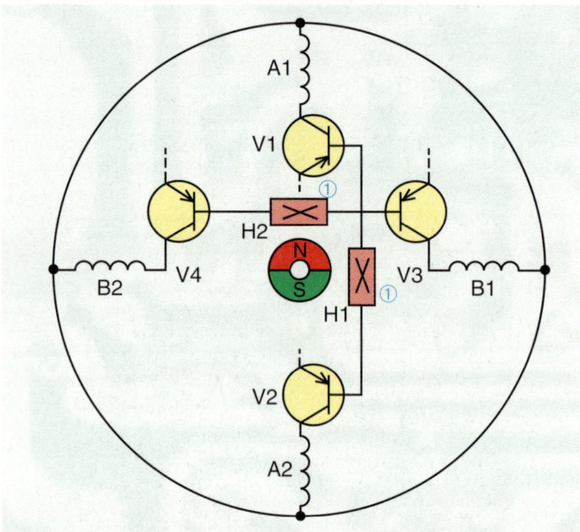

Abb. 2: Wirkungsweise des Elektronikmotors

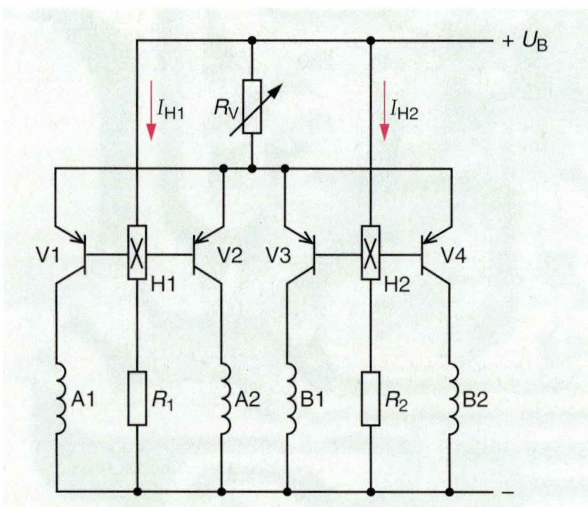

Abb. 3: Steuerschaltung mit Hallgeneratoren

1.5.3 Elektronikmotoren

Elektronikmotoren sind Gleichstrommotoren, bei denen die Stromwendung von einer Elektronikschaltung übernommen wird. Dadurch wird der Wartungsaufwand für die nicht verschließfreien Kohlebürsten vermieden. Zudem ist ein Einsatz in explosionsgefährdeten Räumen möglich. Sie weisen sehr kompakte Bauformen auf, ihre Verlustwärme kann aufgrund der im Stator liegenden Wicklungen leicht abgeführt werden (Abb. 1). Im Gegensatz zu den herkömmlichen Gleichstrommotoren befinden sich die Dauermagnete (Permanentmagnete) im Läufer. Ein fest mit der Welle verbundener Lagegeber sorgt für die Erzeugung der jeweiligen Läuferstellung entsprechenden Ansteuersignale für die im Stator befindlichen Wicklungen.

Abb. 2 zeigt die schematische Anordnung der Wicklungen und der Lagegeber ① eines Elektronikmotors. Die Wicklungen und Schalttransistoren sowie die hier als Lagegeber eingesetzten Hallgeneratoren sind fest im Stator angeordnet. Das rotierende Magnetfeld des Läufers erzeugt eine Hallspannung, die jeweils die Wicklung einschaltet, die ihrerseits den Läufer um 90° weiterdreht. Steht der Läufer in Mittelstellung zwischen zwei Wicklungen, werden diese jeweils vom halben Strom durchflossen. Das Gesamtdrehmoment ist deshalb in jeder Stellung des Läufers nahezu konstant. Durch diese sich wiederholenden Vorgänge entsteht ein magnetisches Drehfeld, das den Läufer mitnimmt.

Abb. 3 zeigt die Ansteuerschaltung eines Elektronikmotors, dessen Drehzahl sich durch die Betriebsspannung U_B aber auch durch den Hallgeneratorstrom steuern lässt. Bei niedrigem Steuerstrom I_H werden die angesteuerten Transistoren nicht so weit geöffnet, dadurch sinkt der Strom in den Wicklungen und mit ihm die Drehzahl n.

- Elektronikmotoren zeigen Nebenschlussverhalten. Die Drehzahl wird im Allgemeinen mit der Betriebsspannung gesteuert.

1.5.4 Drehzahlsteuerung und -regelung von Gleichstrommotoren

Um die Drehzahl eines Gleichstrommotors bei Belastung konstant zu halten, muss die Ankerspannung U_a erhöht bzw. der Feldstrom I_f verringert werden. Abb. 4 zeigt die Ansteuerung des Gleichstrommotors mit Hilfe eines Transistors als veränderbarem Widerstand. Durch die Einstellung des Spannungsteilers kann die Ankerspannung des Motors und damit seine Drehzahl vorgegeben werden. Ein Absinken der Drehzahl durch eine erhöhte Belastung hat eine Erhöhung der Basis-Emitter-Spannung des Stelltransistors zur Folge. Als Folge der sinkenden Kollektor-Emitter-Spannung U_{CE} steigt die Ankerspannung U_a, sodass sich die Drehzahl wieder erhöht. Nachteilig bei dieser Ansteuerung ist die am Transistor (Stellglied) umgesetzte Leistung.

Wird der **Transistor** als elektronischer **Schalter** eingesetzt (Abb. 5), entstehen diese Verluste nicht, da der Schalttransistor entweder gesperrt oder leitend ist ($I \triangleq 0$ oder $U_{CE} \triangleq 0$). Bei dieser getakteten Ansteuerung wird die mittlere Ankerspannung aus dem Impuls-Pausen-Verhältnis (Tastgrad t_i/T) der Betriebsspannung gebildet.

Abb. 6 zeigt eine Schaltung zur **Pulsweiten-Modulation (PWM)** bei der der veränderliche Tastgrad mit Hilfe einer astabilen Kippstufe erzeugt wird. Von der astabilen Kippstufe (N_1, R_1, R_2, R_3, C) wird am Kondensator C eine positive sägezahnförmige Spannung U_- ① erzeugt. Diese wird von dem als Komparator arbeitenden Operationsverstärker N_2 mit einer der Steuerspannung U_{st} proportionalen Spannung U_+ ② verglichen. Bei Spannungsgleichheit an den Eingängen schaltet der Komparator um. Der Zeitpunkt des Umschaltens (Tastgrad) ist somit von der Höhe der Steuerspannung U_{st} abhängig. Bei geeigneter Dimensionierung entspricht einer Steuerspannung U_{st} 0...10 V einem Tastgrad von 0...100%.

Eine weitere Möglichkeit der Drehzahlbeeinflussung bietet die Phasenanschnittsteuerung (Abb. 7). Motoren stellen einen induktiven Lastwiderstand dar. Der Ankerstrom I_a eilt der Ankerspannung U_a nach (Phasenwinkel φ). Zum sicheren Zünden, vor allem bei kleinen Zündverzögerungswinkeln, sind daher Mehrfachimpulse oder Rechteckimpulse notwendig, die die Mindestzünddauer t_{min} überschreiten (Abb. 8).

Aufgrund der Rückwirkungen (Störungen) auf das öffentliche Stromversorgungsnetz gelten für Phasenanschnittsteuerungen Leistungsobergrenzen.

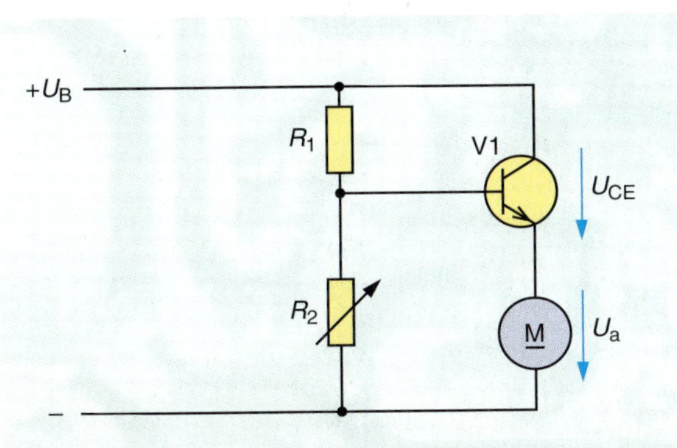

Abb. 4: Drehzahlregelung mit veränderbarem Vorwiderstand (Transistor)

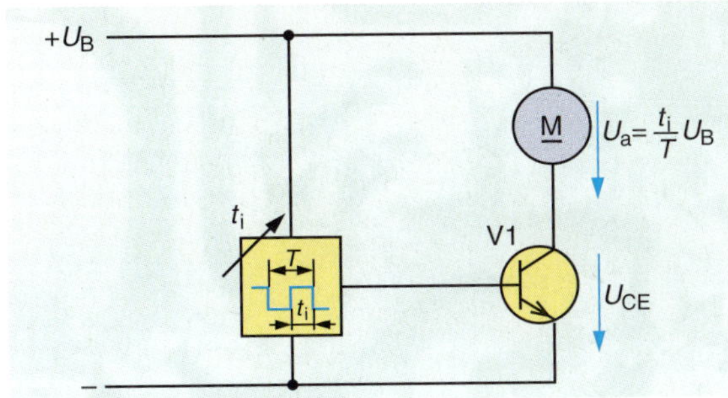

Abb. 5: Drehzahlsteuerung durch Pulsweiten-Modulation (PWM)

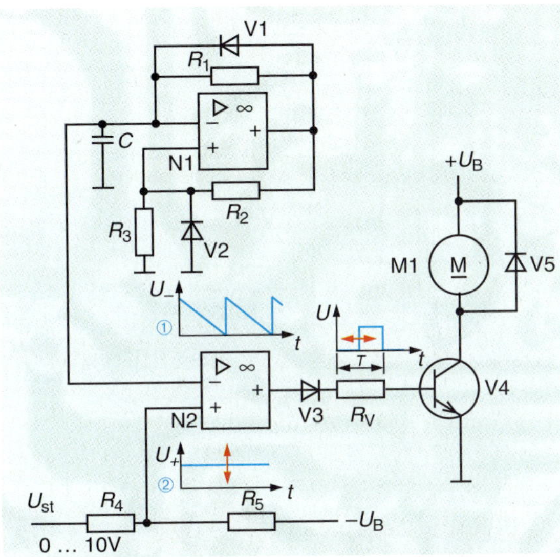

Abb. 6: Schaltung zur Pulsweiten-Modulation

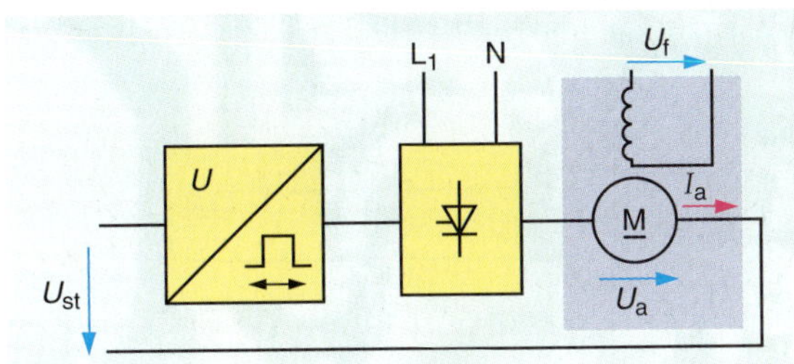

Abb. 7: Phasenanschnittsteuerung

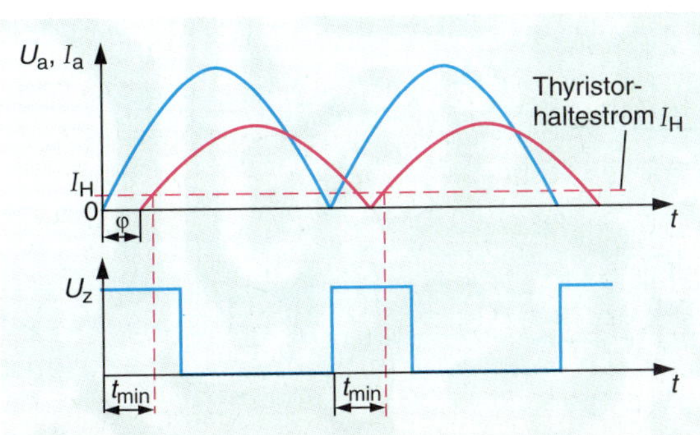

Abb. 8: Zündimpuls bei induktiven Lasten

Abb. 1: Schrittmotor (zerlegt)

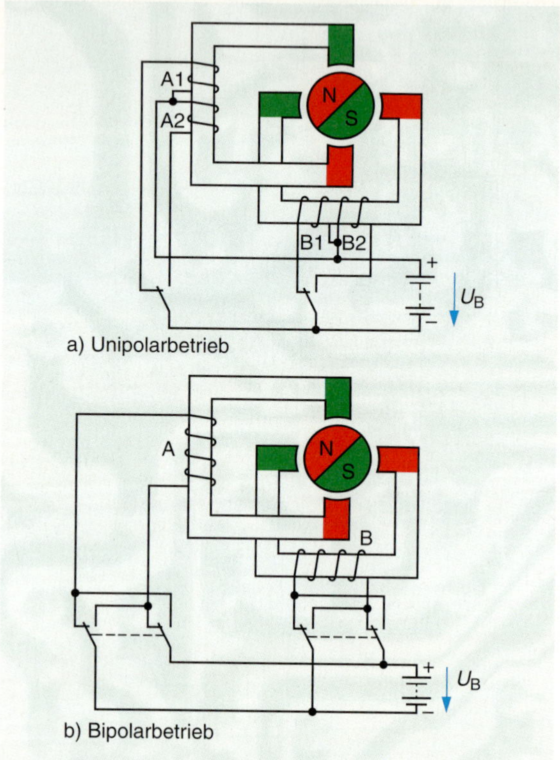

Abb. 2: Betriebsarten des Schrittmotors

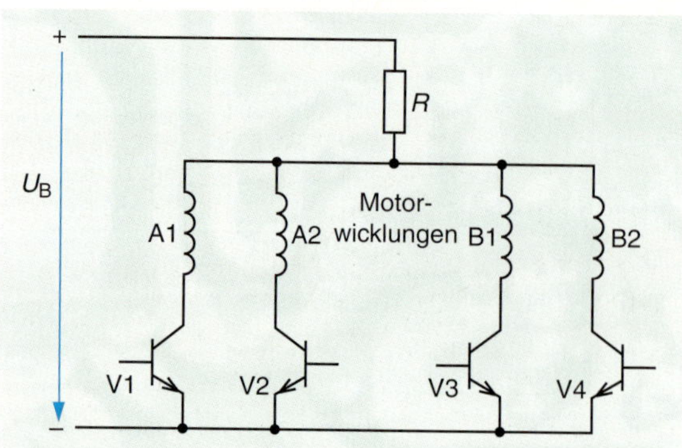

Abb. 3: Ansteuerschaltung (Unipolarbetrieb) des Schrittmotors

1.5.5 Schrittmotoren

Schrittmotoren setzen digitale Steuerimpulse in entsprechende Winkelschritte um. Sie werden vor allem in der Steuer- und Regelungstechnik eingesetzt. Sie dienen als Antriebe für Vorschubeinheiten in Werkzeugmaschinen, Robotern usw. sowie zur Positionierung von Druck- und Schreibköpfen. Da jedem Impuls (Steuerbefehl) ein bestimmter Drehwinkel entspricht, ist eine Rückmeldung der eingenommenen Position (Lage) meist überflüssig.

Ein Schrittmotor (Abb. 1) ist ähnlich aufgebaut wie ein Elektronikmotor. Er besetzt ebenfalls einen Dauermagnetläufer und ruhende Statorwicklungen. Die Ansteuerung der Statorwicklungen erfolgt unabhängig von der Läuferstellung, er ist somit fremdgesteuert. Bei einer Schrittfolge von mehr als 20 Schritten pro Sekunde geht die Schrittbewegung in eine kontinuierliche Drehbewegung über.

- Der Schrittmotor dreht bei jedem Ansteuerimpuls einen bestimmten Drehwinkel weiter. Er eignet sich deshalb besonders für Positionieraufgaben.

Abb. 2 zeigt die Schaltungsvarianten eines zweiphasigen Schrittmotors. Beim **Unipolarbetrieb** ist die Umschaltung der Stromrichtung in den Statorspulen recht einfach, da die Wicklungen eine Mittelanzapfung besitzen. Nachteilig bei dieser Betriebsart ist die nur teilweise Ausnutzung der Windungszahl. Beim **Bipolarbetrieb** wird die gesamte Wicklung umgepolt. Bei sonst gleichen Abmessungen verfügt daher der bipolar angesteuerte Schrittmotor über ein höheres Drehmoment. Da hier die Umschaltung der Stromrichtung mit Hilfe von zweipoligen Umschaltern erfolgen muss, ergibt sich ein höherer Aufwand an elektronischen Bauelementen.

Am zweiphasigen Schrittmotor im Unipolarbetrieb (Abb. 2a) soll die Funktionsweise erklärt werden. Bei der gezeichneten Schaltstellung (Wicklungsteil A1 und B1 sind erregt), hat der Läufer die angegebene Stellung. Wird nun umgeschaltet von Wicklungsteil A1 auf A2, kehrt sich die magnetische Polung im Stator um. Der Läufer dreht dann um 90° (**Schrittwinkel** α) weiter. Wird jetzt in der Wicklung B umgeschaltet, dann erfolgt eine weitere Drehung um 90°. Jede Umschaltung, nacheinander in Wicklung A und in Wicklung B, hat eine Drehung des Läufers um den Schrittwinkel 90° zur Folge.

Abb. 3 zeigt die Ansteuerung der Motorwicklungen für den Unipolarbetrieb. Aus der Ansteuertabelle kann die zeitliche Abfolge der Ansteuersignale für den Rechts- bzw. den Linkslauf entnommen werden (Tab. 1.5). Man erkennt, dass bei jedem Schritt des Vollschrittbetriebes zwei Motorwicklungen von Strom durchflossen werden. Eine Halbierung des Schrittwinkels wird im Halbschrittbetrieb erreicht. Bei den jeweiligen Halbschritten ist nur eine Wicklung stromdurchflossen. Beim Halbschrittbetrieb ist deshalb auch das Drehmoment geringer. Für technische Anwendungen ist ein Schrittwinkel von 90° oder 45° zu groß. Er hängt ab von der **Polpaarzahl** p des Läufers und von der **Phasenzahl** m des Motors. Es gilt:

Schrittwinkel $\alpha = \frac{360°}{2 \cdot m \cdot p}$ (Vollschrittbetrieb)

Man erkennt, dass man bei kleinen Schrittwinkeln mit großen Läuferpolzahlen arbeiten muss. Abb. 4 zeigt das Schema eines zweiphasigen Motors mit einem 18poligen Läufer ①. Er besteht aus einem Nordpolrad und dem dahinter befindlichen Südpolrad, die um eine halbe Polteilung verschoben montiert wurden. Jeder Statorpol ② hat zwei Polzähne. Läufer und Stator haben gleiche Polteilung. Wird die Spannung in der Wicklung A umgeschaltet, haben wir dort eine Poländerung. Der Läufer dreht um den Schrittwinkel α weiter. Wird dann die Wicklung B umgeschaltet, erfolgt ein weiterer Winkelschritt. Jede Umschaltung, in Wicklung A oder in Wicklung B, hat einen Winkelschritt von

$\alpha = \frac{360°}{2 \cdot m \cdot p} = \frac{360°}{2 \cdot 9 \cdot 9} = 10°$ zur Folge.

Abb. 1 S.36 zeigt einen abgewickelten Schnitt durch einen vielpoligen Schrittmotor. Der Stator besitzt ebenso wie der permanentmagnetische Läufer eine große Zahl von Polzähnen. Auf diese Weise lassen sich sehr kleine Schrittwinkel (z. B. 1,8°) realisieren. Bei den gezeigten Verhältnissen sind die Wicklungen A2 und B1 erregt, d.h. die Schalttransistoren V2 und V3 sind angesteuert.

Tab. 1.5: Schrittmotoransteuerung (Unipolarbetrieb)

a) Rechtslauf

Schritt-Nummer	Drehwinkel α	angesteuerte Wicklungen A1	A2	B1	B2
0	0°	+		+	
0,5	45°	+			
1	90°	+			+
1,5	135°				+
2	180°		+		+
2,5	225°		+		
3	270°		+	+	
3,5	315°			+	
4	360°	+		+	

zusätzliche Halbschritte

b) Linkslauf

Schritt-Nummer	Drehwinkel α	angesteuerte Wicklungen A1	A2	B1	B2
0	0°	+		+	
0,5	- 45°			+	
1	- 90°		+	+	
1,5	- 135°		+		
2	- 180°		+		+
2,5	- 225°				+
3	- 270°	+			+
3,5	- 315°	+			
4	- 360°	+		+	

zusätzliche Halbschritte

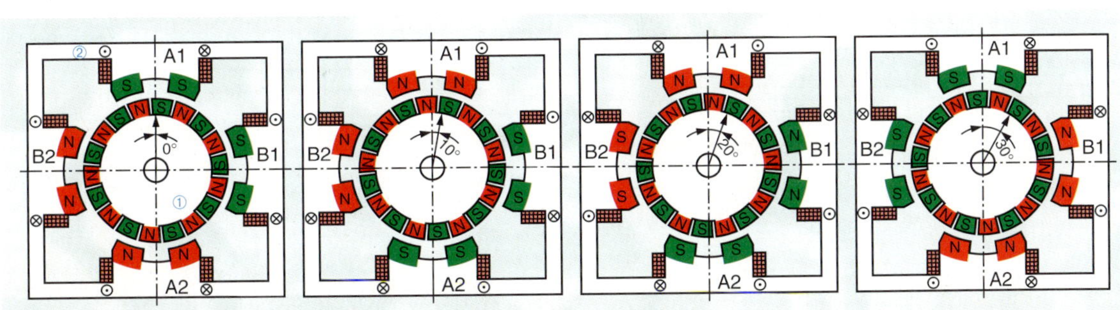

Abb. 4: Funktion eines Schrittmotors

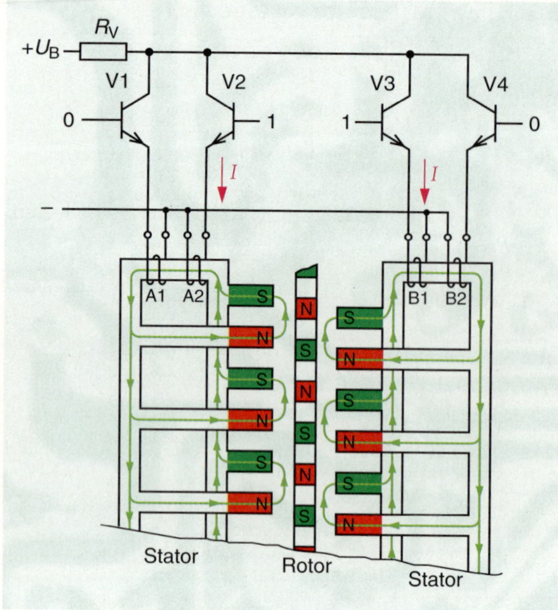

Abb. 1: Schnittdarstellung eines vielpoligen Schrittmotors (abgewickelt)

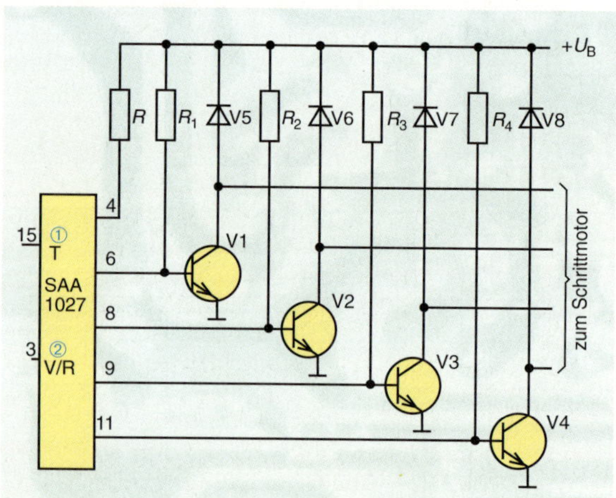

Abb. 2: Integrierte Ansteuerschaltung

Zur Ansteuerung eines Schrittmotors können die in Abb. 2 bzw. 3 dargestellten Zählerschaltungen eingesetzt werden. Der Eingang V/R ② wird zur Richtungsumkehr benutzt.

Die **Drehzahl** n des Schrittmotors kann mit Hilfe der **Schrittfrequenz** f_z (Anzahl der Schritte pro Sekunde) und der **Schrittzahl** z (Anzahl der Schritte pro Umdrehung) bestimmt werden.

Drehzahl $$n = \frac{f_z}{z}$$

Zur Ansteuerung eines Schrittmotors wurden auch spezielle integrierte Schaltungen entwickelt. Es können neben dem Schritteingang T① auch Steuereingänge für die Umschaltung der Drehrichtung V/R (Vorwärts/Rückwärts, ② Abb. 2) und der Betriebsart VS/HS (Vollschritt/Halbschritt) vorhanden sein. Bei der Ansteuerung durch einen Mikroprozessor (Software-Ansteuerung) ist zwischen Ausgabeport und Schrittmotor ein Treiberbaustein vorzusehen.

Aufgaben zu 1.5.1 bis 1.5.5

1. Welcher Zusammenhang besteht zwischen dem Drehmoment und der Drehzahl?
2. Welche Aufgabe hat der Kommutator in einem Gleichstrommotor?
3. Wie kann die Drehzahl eines Gleichstrommotors gesteuert werden?
4. Wie verhält sich ein Nebenschlussmotor bei Belastung?
5. Was versteht man unter einem Reihenschlussverhalten?
6. Welche Vorteile hat ein Scheibenläufermotor?
7. Wie erfolgt die Umsteuerung der Wicklungsströme eines Elektronikmotors?
8. Wovon sind der Schrittwinkel und die Drehzahl eines Schrittmotors abhängig?

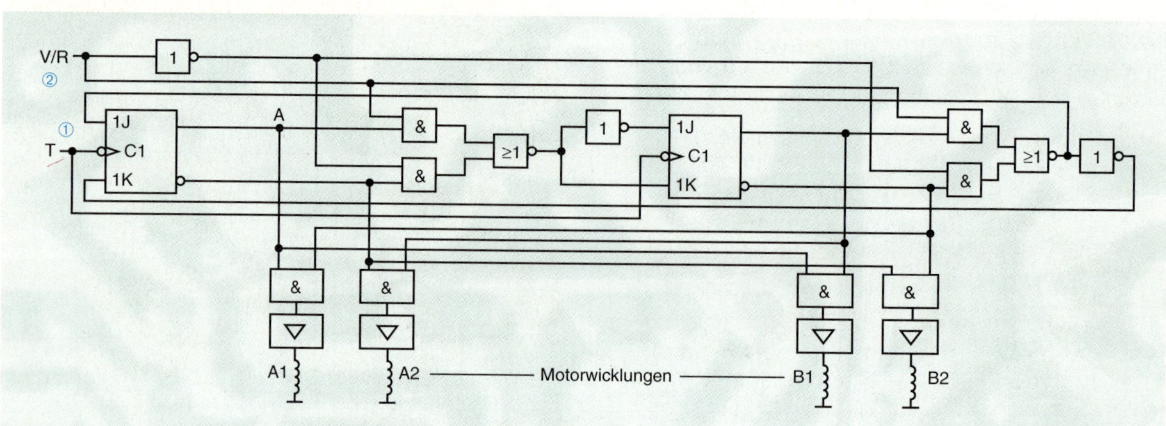

Abb. 3: Schrittmotoransteuerung mit Synchronzähler

1.5.6 Synchronmotoren

Drei um 120° räumlich versetzt angeordnete Statorwicklungen werden an das Dreiphasen-Wechselstromnetz angeschlossen (Abb. 4a). Da die Spannungen an den drei Statorwicklungen Ströme mit ebenfalls 120° Phasenverschiebung zur Folge haben, entsteht ein zweipoliges magnetisches Drehfeld, das mit Netzfrequenz rotiert (Abb. 5). Die Drehrichtung ist vom Anschluss der Phasen abhängig. Sie ändert sich, wenn zwei Phasen vertauscht werden.

- Dreiphasiger Wechselstrom heißt Drehstrom, weil er ein Drehfeld erzeugen kann.
- Die Drehrichtung des Drehfeldes ist von der Phasenfolge abhängig.

Auch mit einphasigem Wechselstrom kann ein Drehfeld erzeugt werden. Es entsteht, wenn der Strom in einer um 90° räumlich versetzt angeordneten Hilfswicklung durch Reihenschaltung von Widerstand oder Kondensator phasenverschoben wird (Abb. 4b).

Wird in das magnetische Drehfeld ein magnetischer Läufer gebracht, z. B. ein Dauermagnetläufer, so nimmt der Nordpol des Drehfeldes den Südpol des Läufers und der Südpol des Drehfeldes den Nordpol des Läufers mit. Er dreht synchron mit dem Drehfeld. Bei Belastung ändert sich seine Drehzahl nicht. Bei steigender Belastung eilt der Läufer dem Drehfeld mit größer werdendem Lastwinkel ϑ nach (Abb. 1, S. 38). Wird das Kippmoment M_k überschritten, kommt der Läufer zum Stillstand.

- Die Drehzahl von Synchronmotoren entspricht der Drehzahl des Drehfeldes, sie ist belastungsunabhängig. Bei Überlast gerät der Motor außer Tritt und die Drehzahl geht auf $n = 0$ zurück.

Da die Drehzahl eines Synchronmotors fest mit der Drehzahl des Drehfeldes gekoppelt ist, kann zur Drehzahlsteuerung die Frequenz der Versorgungsspannung benutzt werden. Dazu wird ein Wechselstromumrichter (Frequenzumrichter) eingesetzt.

Um einen selbsttätigen Anlauf zu gewährleisten, kann der dauermagnetische Läufer als Käfigläufer (s. S. 38, Abb. 3 u. 4) ausgeführt werden. Dies führt beim Einschalten zu einem asynchronen Beschleunigen bis die Synchrondrehzahl erreicht ist.

Abb. 6 zeigt einige Synchron-Kleinmotoren. Deren Drehfeld wird mit einem Kondensator in der Hilfsphase erzeugt. Im Läufer haben die Motoren Dauermagnete. Sie sind deshalb wartungsarm. In frequenzgeregelten Wechselstromnetzen haben sie einen drehzahlkonstanten Lauf.

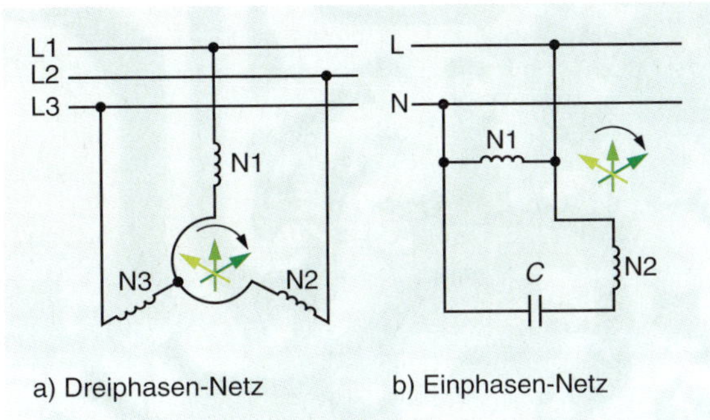

Abb. 4: Drehfelderzeugung (Spulen in räumlicher Anordnung)

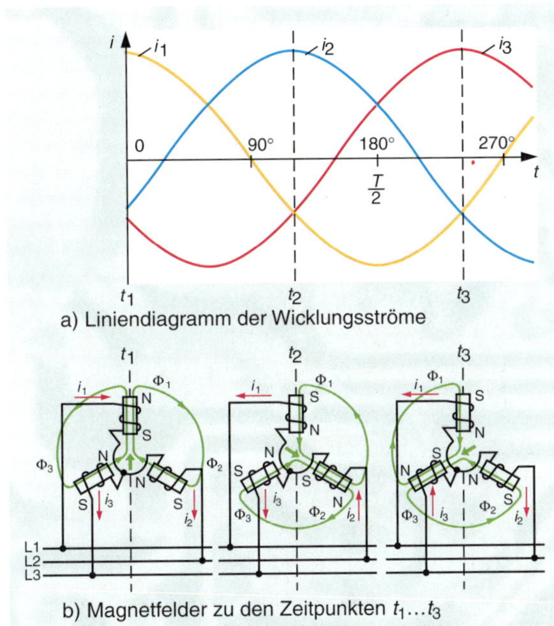

Abb. 5: Entstehung des Drehfeldes

Abb. 6: Kleine Synchronmotoren

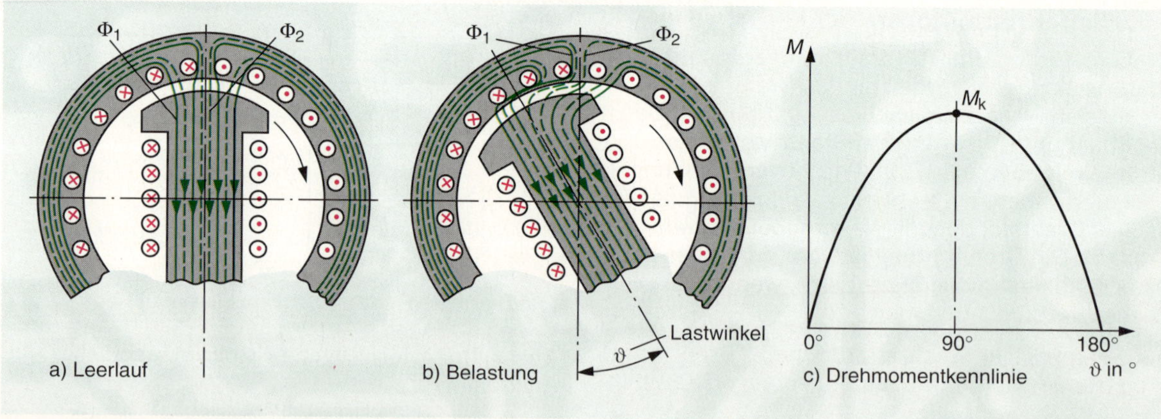

Abb. 1: Drehmoment beim Synchronmotor

Abb. 2: Käfigläufermotor

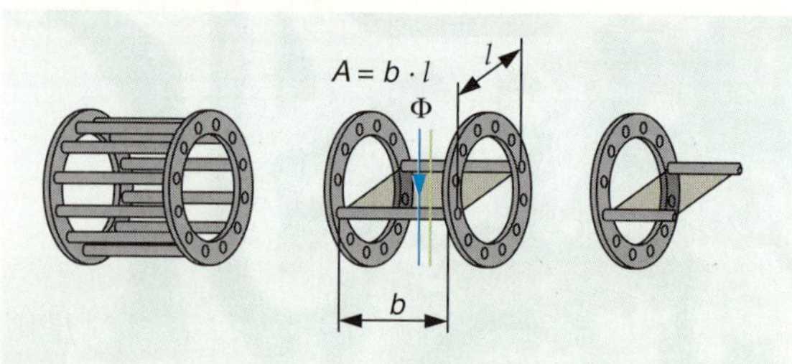

Abb. 3: Käfigwicklung im Schnitt

Abb. 4: Käfigläufer im Anlaufmoment

1.5.7 Asynchronmotoren

Asynchronmotoren sind wegen ihres einfachen, betriebssicheren und preiswerten Aufbaus in der Praxis häufig verwendete Antriebsmaschinen. Grundlage für den Betrieb ist das wie beim Synchronmotor erzeugte Drehfeld der Statorwicklungen. Das Entstehen des Drehmomentes auf den Läufer soll am Beispiel des **Drehstrom-Asynchronmotors** mit Käfigläufer (Abb. 2) erläutert werden.

Die Käfig- oder Kurzschlussläuferwicklung besteht aus Kupfer- oder Aluminiumstäben, die an beiden Enden durch je einen Kupfer- bzw. Aluminiumring kurzgeschlosssen sind (Abb. 3). Wird der noch ruhende Käfigläufer in das magnetische Drehfeld des Ständers gebracht, so wird in den Stäben des Läufers eine Wechselspannung induziert. Da der Stromkreis über die Kurzschlussringe geschlossen ist, fließt ein Wechselstrom, der nach der Linke-Hand-Regel ein Drehmoment in Drehfeldrichtung zur Folge hat und den Motor anlaufen lässt (Abb. 4). Induktion und Drehmoment bleiben nur solange erhalten, bis der Läufer die Drehzahl des Drehfeldes erreicht hat. Im Betrieb stellt sich deshalb eine Läuferdrehzahl n unterhalb der Drehfelddrehzahl n_f ein. Läufer und Drehfeld drehen asynchron, d.h. nicht mit gleicher Drehzahl.

- Im Läufer eines Drehstrom-Asynchronmotors wird ein Drehmoment erzeugt, das in Drehfeldrichtung wirkt. Der Läufer dreht sich dabei mit einer Drehzahl unterhalb der Drehfelddrehzahl. Weil die Drehzahlen asynchron sind, heißen diese Motoren Drehstrom-Asynchronmotoren.
- Drehfeld und Läufer drehen immer in die gleiche Richtung.
- Die Drehrichtung des Läufers eines Drehstrom-Asynchronmotors kann nur durch Umkehrung der Drehfelddrehrichtung geändert werden.

Die Läuferdrehzahl n ist, wie vorher beschrieben, bei Drehstrom-Asynchronmotoren immer niedriger als die Drehfelddrehzahl n_f. Die relative Drehzahl zwischen Läufer und Drehfeld wird mit **Schlupfdrehzahl** n_s bezeichnet.

Schlupfdrehzahl n_s

$$n_s = n_f - n \qquad [n_s] = \frac{1}{\text{min}}$$

Der Schlupf s ist das Verhältnis der Schlupfdrehzahl zur Drehfelddrehzahl.

$$s = \frac{n_f - n}{n_f}$$

Der Schlupf s wird meist in Prozent angegeben.

$$s_{\%} = \frac{n_f - n}{n_f} 100\%$$

Abb. 5 zeigt das Betriebsverhalten eines Drehstrom-Asynchronmotors. Die Belastungskennlinien (Abb. 5a) lassen erkennen, dass bei zunehmender Belastung der Strom I stark ansteigt, während die Drehzahl abnimmt. Der Bemessungsbetrieb ist so festgelegt, dass hier das Produkt aus dem Wirkungsgrad η und dem Leistungsfaktor cos φ, die **Betriebsgüte**, den höchsten Wert annimmt. Der relativ hohe Anlaufstrom I_A bzw. das geringe Anlaufdrehmoment M_A (Abb. 5b) kann durch besondere Nuten- und Stabformen des Käfigläufers verbessert werden.

- Beim Anlauf muss der Widerstand der Läuferwicklung groß sein und einen hohen Wirkwiderstandsanteil haben. Im Bemessungsbetrieb muss dagegen der Widerstand der Läuferwicklung klein sein, um einen guten Wirkungsgrad zu erzielen.

Stromverdrängungsläufer zeigen dieses Betriebsverhalten. Beim Hochlaufen verringert sich die Stromverdrängung, da die Frequenz des im Käfigläufer fließenden Stromes abnimmt. Neben besonderen Nuten- und Stabformen werden manchmal auch mehrere Käfige eingesetzt (Abb. 6).

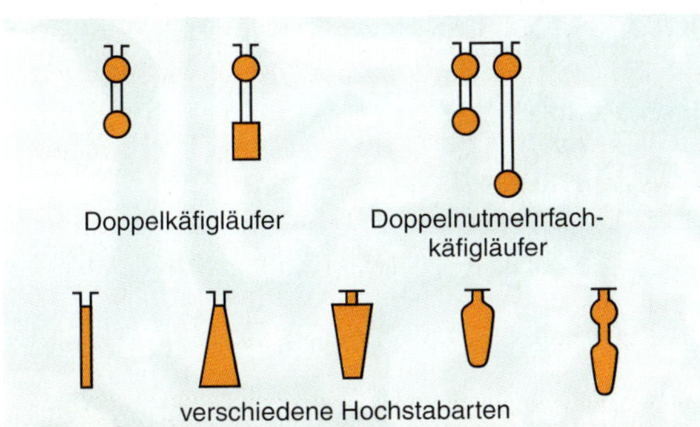

Abb. 6: Nuten- und Stabformen verschiedener Käfigläufer

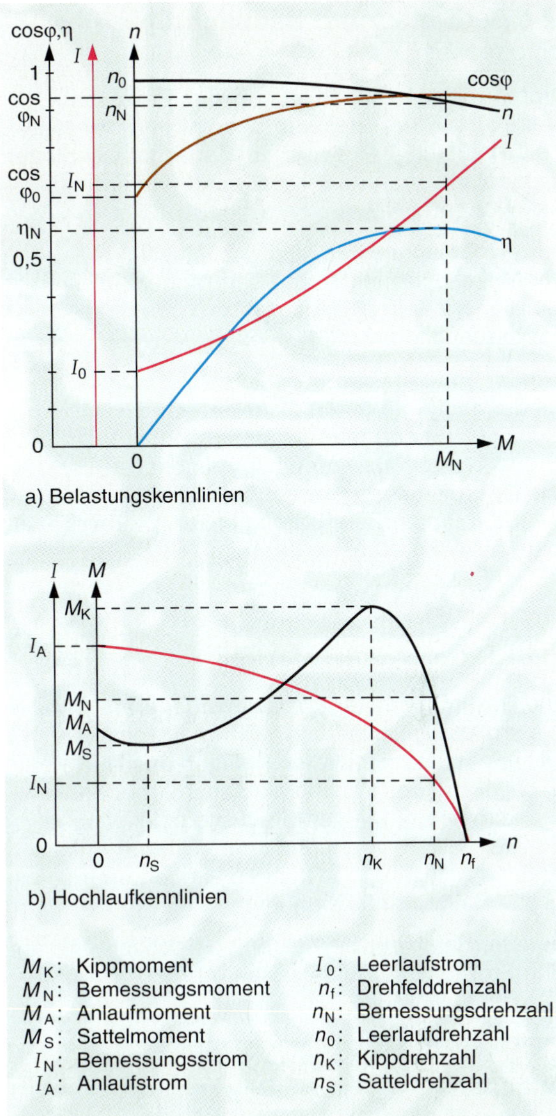

Abb. 5: Kennlinien eines Drehstrom-Asynchronmotors

Aufgaben zu 1.5.6 und 1.5.7

1. Erläutern Sie die Möglichkeiten der Drehfelderzeugung! Wie können Drehzahl und Drehrichtung des Drehfeldes geändert werden?
2. Wie verhält sich der Synchronmotor bei Belastung? Wie kann seine Drehrichtung und Drehzahl geändert werden?
3. Wie entsteht das Drehmoment des Asynchronmotors?
4. Wie verhält sich der Asynchronmotor bei zunehmender Belastung?
5. Erläutern Sie die Begriffe Schlupf und Schlupfdrehzahl!
6. Beschreiben Sie das Betriebsverhalten eines Stromverdrängungsläufers!

1.6 Bedienen und Beobachten eines Prozesses

Vom Prozessleitstand aus werden Prozessabläufe vom Prozessleitwart bedient und beobachtet. Als Bindeglied zwischen Mensch und Anlage dienen so genannte Anzeige- und Bedienungskomponenten.

Anzeigekomponenten sind z. B. Messinstrumente, Leuchtmelder und Bargraphenanzeigen auf Schalttafeln und/oder Bildschirmgeräte mit Prozessabbildungen.

Um Eingriffe in Prozessabläufe zu ermöglichen sind Schaltpulte mit **Bedienelementen** wie z B. Schalter, Potentiometer, Tastaturen, Lichtgriffel, Steuerknüppel usw. nötig. In manchen Fällen werden auch Lesegeräte für Massenspeicher benötigt um größere Datenmengen zu übergeben.

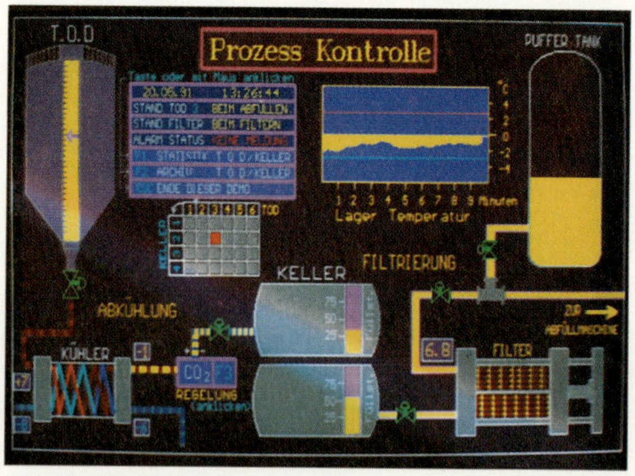

Abb. 2: Grafisches Anlagenbild

1.6.1 Prozessvisualisierung

Die Gesamtheit aller Prozessmeldegeräte wird als Prozessvisualisierungssystem bezeichnet. Diese bestehen in älteren Anlagen aus Leittafeln (Abb. 1) mit optisch und akustisch arbeitenden Signalmeldern. Die Leittafeln symbolisieren in der Regel stark vereinfacht die gesamte Anlage. Je nach Anlagengröße können die Leittafeln ganze Hallenwände einnehmen.

In neueren Prozessleitsystemen beobachtet man den Prozess über Bildschirme (Abb. 2). Mit unterschiedlich aufbereiteten Bildschirmdarstellungen des Prozesses lassen sich auf kleinem Raum sowohl Übersichtsbilder komplexer Prozesse als auch kleinste Details der Anlage beobachten.

- Bildschirmorientierte Prozessleitstände erleichtern die Prozessführung durch einfache Bedieneinheiten, bequeme Menüführung, Klartext und grafische Prozessbilder.

Die optische Aufbereitung eines Prozessbildes hängt von den Möglichkeiten des verwendeten Prozessleitsystems und besonders von der Prozessleitsoftware ab. Die Darstellungsmöglichkeiten reichen von Textdarstellungen im erweiterten 8-Bit-ASCII-Code bis zur Vollgrafik mit hoher Auflösung in Farbe auf übergroßen Bildschirmen.

Abb. 1: Prozessleitstand

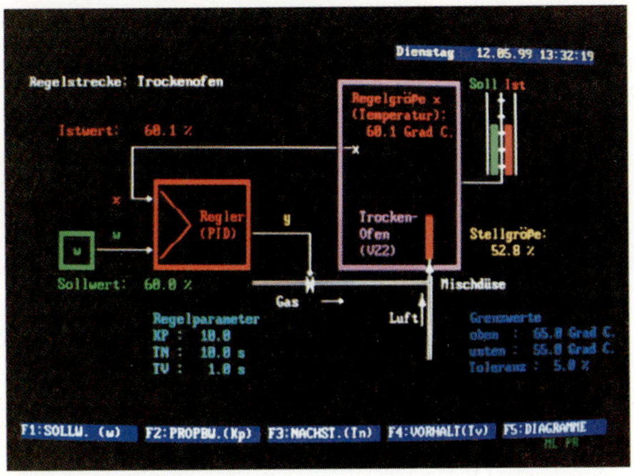

Abb. 3: Anlagenbild

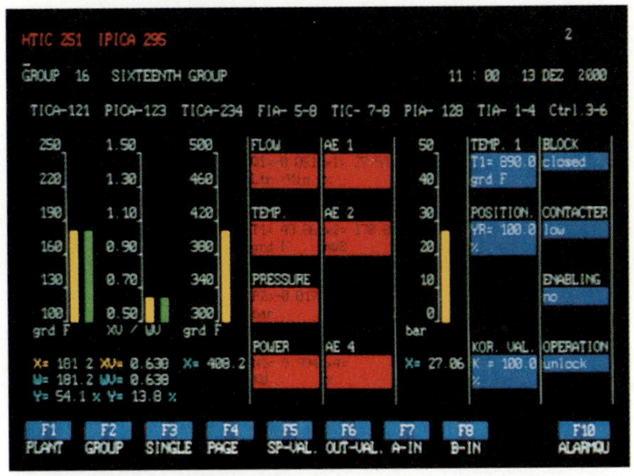

Abb. 4: Bargrafenbild

Prozessbilder auf Farbbildschirmen sollen dem Prozessleitwart einen schnellen und übersichtlichen Eindruck vom Prozessgeschehen vermitteln, ohne zu verwirren.

Aus diesem Grund sollten Prozessbilder folgende Anforderungen erfüllen:

- Nur wenige Farben einsetzen. Auffällige Farben nur für Störungen in der Anlage verwenden.
- Bei ungestörter Anlage sollte das Bild einen ruhigen Eindruck machen, sodass Störungen in der Anlage durch Blinken o. Ä. leichter zu erkennen sind.
- Es sollten nur die wichtigsten Informationen abgebildet werden um die Übersicht zu gewährleisten.
- Störungen sollten auch akustisch gemeldet werden, das Bild sollte automatisch auf die Störquelle verweisen.
- Ein Bildwechsel sollte nur auf Initiative des Prozessleitpersonals erfolgen.
- Ein Bildwechsel sollte nach einem gleichbleibenden Schema erfolgen.

Grundsätzlich kann zwischen Anlagenbildern, Bargrafenanzeigen, Liniendiagrammen und Listendarstellungen unterschieden werden.

Anlagenbilder

In den Anlagenbildern (Abb. 3) lassen sich die Prozesszustände in festvorgegebene Fließbilddarstellungen einblenden. Dies erfolgt in der Regel mit Klartext, Zahlen, Bildelementen mit Farbwechseln und/oder durch Alarmblinken. Die Anlagenbilder sollten wiederkehrende Grundmuster besitzen um einen schnellen Überblick zu vermitteln, z. B.:

- Fließrichtung des Produktes von links nach rechts oder von oben nach unten,
- Namen und Bezeichnungen immer an der gleichen Stelle (z. B. immer über oder rechts neben Leitungen oder Behältern),
- wiederkehrende Umschaltmöglichkeiten der Anlagenbilder.

Bargrafenanzeige

Ein relativ genaues Abbild eines Messwertes liefern Bargrafenbilder (Abb. 4).

Hierbei bewegt sich ein Farbbalken in Abhängigkeit des Messwertes in horizontaler oder vertikaler Richtung. Es können mehrere Messstellen gleichzeitig dargestellt werden oder die Messwerte einer Messstelle werden in zeitlich gleichen Abständen nebeneinander gezeichnet um Trends ablesen zu können. Alarmgrenzen lassen sich farblich absetzen. Bargrafen lassen sich auch in Anlagenbildern einblenden. Sie können liegend oder stehend plaziert werden.

Liniendiagramme

Analoge Prozessinformationen werden in Liniendiagrammen aufgezeichnet (Abb. 5). Die Kurvenverläufe geben Auskunft über den zeitlichen Ver-

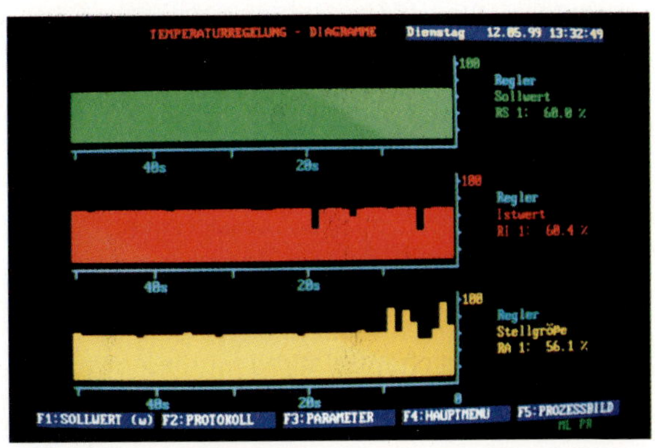

Abb. 5: Liniendiagramm

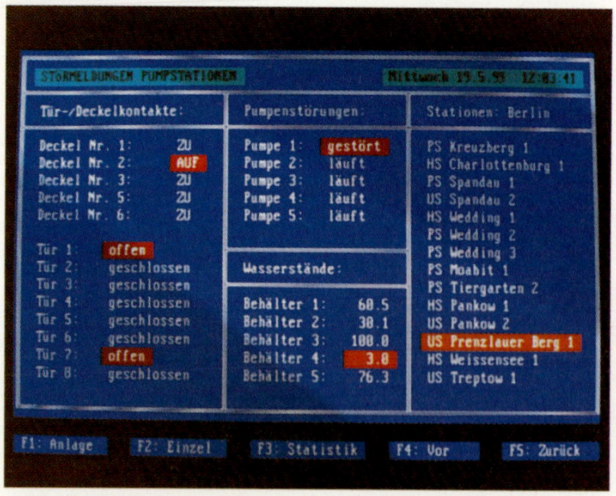

Abb. 1: Listendarstellung

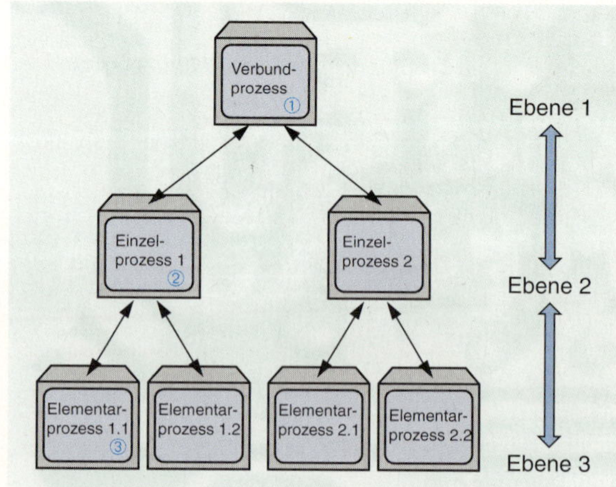

Abb. 2: Hierarchische Anwahl der Prozessbilder

lauf einer Prozessgröße. Sie werden dort verwendet, wo Trendverläufe, Änderungen und wechselseitige Abhängigkeiten der Prozessinformationen erkannt werden sollen. Es lassen sich jedoch keine genauen Messwerte ablesen. Der dargestellte Zeitraum ist entweder vom Programmierer definiert oder vom Leitwart in vorgegebenen Grenzen nach Bedarf variierbar.

Mit Liniendiagrammen lässt sich zum Beispiel das Einschwingen einer Regelgröße auf einen neuen Sollwert beobachten. Parallel dazu können z. B. der Verlauf der Stellgröße des Reglers sowie der Sollwert zeitgleich zueinander dargestellt werden (Abb. 5, S. 41).

Listendarstellungen

Mit alphanumerischen Listen werden Prozessinformationen weitgehend ohne grafische Symbole auf dem Bildschirm dargestellt. Diese Form der Prozessabbildung ist geeignet um Meldungen zeitfolgerichtig anzuzeigen. Es werden so z. B. Störmeldungsprotokolle (Abb. 1) erstellt.

Die Listeneintragungen erfolgen in festgelegten zeitlichen Abständen oder bei besonderen Ereignissen, z. B. bei Überschreiten eines Grenzwertes. Ein Listeneintrag besteht in der Regel aus Datum, Uhrzeit, Ereignisort und Ereignis. Wann ist wo was passiert?

Als Listen werden z. B. auch Parametersätze oder Bediener-Namenslisten ausgegeben. Listendarstellungen enthalten eine große Informationsfülle und sind daher eher unübersichtlich.

Prozessbildanwahl

Die handelsüblichen Prozessleitsysteme benutzen unterschiedliche Verfahren für die Anwahl der Prozessbilder. Die Bedienung ist in der Regel abhängig von der Aufgabenstellung. Man unterscheidet:

- Rollbild, der Bildschirm wird scheinbar lupenähnlich über das Anlagenbild bewegt. Es erscheint immer nur ein Anlagenausschnitt.
- Einzelbildaufschaltung, sie ist unabhängig von der momentanen Darstellung (z. B. durch Eingabe der Messstellennummer).

Abb. 2 zeigt die Einzelbildaufschaltung in hierarchischen Ebenen. Um vom Übersichtsbild ① zum Detailbild ③ zu gelangen muss zuerst das Übersichtsbild ② in Ebene 2 aufgerufen werden.

1.6.2 Eingabegeräte auf Prozessleitebene

Zur Prozessführung sind Eingabegeräte nötig. Die häufigsten Eingriffe in Prozessleitsysteme werden vom Prozessleitstand aus getätigt. Hier werden z. B. Alarmmeldungen quittiert und Führungsgrößen, Funktionen, Strukturvorgaben oder Parameter geändert. Die Eingabegeräte sind entsprechend ihrer Anwendung angepasst. Man unterscheidet auf dem Prozessleitstand Tastaturen (Abb. 3) und Koordinatengeber.

Um Eingabegeräte am Prozessrechner betreiben zu können sind so genannte Gerätetreiberprogramme nötig. Diese müssen zusammen mit der Anwendung geladen werden. Im Personal-Computer z. B. sind diese Treiber in die Configurationsdatei einzutragen, sodass sie beim Systemstart automatisch geladen werden.

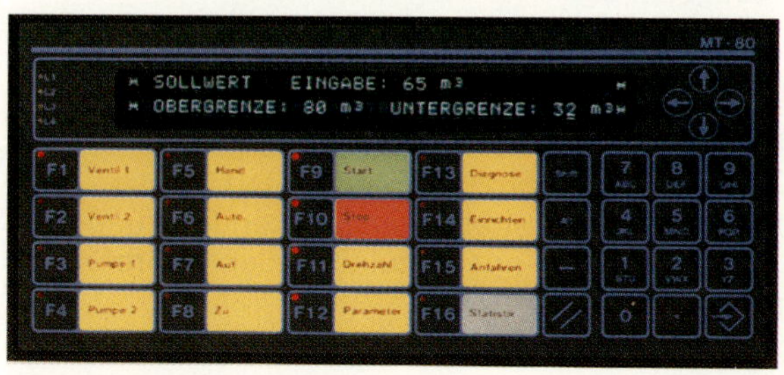

Abb. 3: Funktionstastatur

Tastaturen

Alphanumerische Tastaturen werden zur Eingabe von längeren Zahlenkolonnen oder Texten verwendet. Zur Prozessführung sind sie jedoch wegen der räumlichen Anordnung und wegen der Notwendigkeit Begriffe zu buchstabieren weniger geeignet.

Funktionstastaturen bieten den Vorteil bestimmte Funktionen, die per Programm fest definiert wurden, durch einen Tastendruck auszulösen. Z. B. kann per Funktionstaste das Gewicht einer Warenpartie auf einer Waage ermittelt und dem Hauptrechner zugeführt werden. Funktionstastaturen sind relativ unflexibel, da eine Taste jeweils nur mit einer einzigen Funktion belegt ist. Sie sind jedoch einfach zu bedienen.

Koordinatengeber dienen der wahlfreien Ansteuerung in Prozessbildern. Tastaturen mit Cursor-Steuerfunktionen sind hier nur begrenzt geeignet. x-y-Koordinatengeber sind z. B. Steuerknüppel, Rollkugel, Maus, Lichtgriffel und Digitalisiertabletts.

Steuerknüppel (Abb. 4) besitzen einen auslenkbaren Hebel, mit dem ein Bildelement, ein Fadenkreuz oder der gesamte Bildschirminhalt positioniert werden kann. Die Koordinaten werden mit einem Übernahmetaster quittiert.

Positioniermäuse liefern Koordinaten in Abhängigkeit der zurückgelegten Wegstrecke einer rollenden Kugel. Diese bewegt z. B. eine Rolle in x- und eine in y-Richtung. Die Rollenachsen sind mit einer Schlitzscheibe verbunden, welche jeweils durch Lichtschranken geführt sind und dort die mechanische Drehbewegung in elektrische Impulse umsetzen. Eine Maus besitzt in der Regel zwei bis drei zusätzliche Funktionstasten.

Rollkugeln (Abb. 5) funktionieren wie Positioniermäuse. Bei ihnen ist die Rollkugel in einem Sockel stationär gelagert und von oben zugänglich.

Lichtgriffel sind für die Prozessbedienung in allen bildlichen Darstellungsformen geeignet. Die Griffelspitze wird dabei zum Bildschirm an die gewünschte Position bewegt. Es können sowohl auf dem Bildschirm dargestellte Funktionsrahmen als auch Koordinaten beeinflusst werden. Nachteilig ist, dass bei langandauernden Eingaben der Eingabearm ermüdet.

Fingerberührung ersetzt den Lichtgriffel. Es entfällt dabei die Zuleitung. Die Treffgenauigkeit ist jedoch geringer, deshalb müssen die virtuellen Tasten auf dem Bildschirm größer erscheinen (Abb. 6).

Abb. 4: Steuerknüppel

Abb. 5: Rollkugel

Abb. 6: Fingerzeig-Monitor

Abb. 1: Digitalisierbrett mit Tastenlupe

Digitalisiertabletts (Abb. 1) sind mit auswechselbaren, meist elektrostatisch gehaltenen Funktions- oder Koordinatenfeldern ausgerüstet und werden mit einer Tastenlupe bedient. Sie bieten der Hand eine Auflagefläche, trennen aber die Eingabefläche (Tablett) von der Sichtfläche (Bildschirm).

1.6.3 Protokollierung von Prozessdaten

In automatisierten Prozessen werden ständig aktuelle Prozessdaten verarbeitet. Um die wichtigsten dieser Prozessdaten langfristig zu sichern werden Protokolllisten (Abb. 2) auf Datenträgern gespeichert, die bei Bedarf ausgedruckt werden können. Wichtige Prozessdaten sind z. B. für

Buchhaltung und Firmenleitung:

- Verbrauchsmengen von Rohstoffen, Energie, Arbeitsstunden, Wartungszeiten,
- Produktionsmengen, Lagerbestände,
- Schichtprotokolle für eine Arbeitsschicht der Anlagenfahrer mit ausgewählten Prozessgrößen.

Leitwart und Servicetechniker:

- Meldungen in zeitlich gleichen Abständen mit Datum und Uhrzeit,
- Eingriffe in das Prozessgeschehen, z. B. Änderungen der Sollwerte und Parameter, Quittierungen von Warnmeldungen,
- Störmeldungsprotokolle (Abb. 2) mit Angabe von Störort, Störgröße, Zeit und Datum.

Datenträger für die Speicherung von Prozessdatenprotokollen sind je nach Verwendungszweck z. B. Papier, Harddisk, Magnetbänder oder CDROM-Speicher. In manchen Systemen werden die Aufzeichnungen nur für einen bestimmten Zeitraum gespeichert (z. B. für die letzten 24 Stunden).

Bereich: 0057		Datum:	Blatt:
Wasseraufbereitung		03.01.2000	2 von 5
12:22:43	TIC 302	TEMPERATUR	ZU TIEF!
12:23:10	TIC 303	TEMPERATUR	ZU TIEF!
12:23:11	PIC 105	DRUCK	ZU TIEF!
12:23:43	UC 602	DRUCK/TEMP.	ZU HOCH!
12:24:23	TIC 303	TEMPERATUR	ZU HOCH!
12:26:40	PIC 105	DRUCK	ZU TIEF!
13:12:43	TIC 302	TEMPERATUR	ZU TIEF!
13:13:15	TIC 303	TEMPERATUR	ZU TIEF!
13:23:17	PIC 105	DRUCK	ZU TIEF!
13:33:47	FIC 702	DURCHFLUSS	ZU HOCH!
13:44:28	TIC 303	TEMPERATUR	ZU HOCH!
13:56:41	PIC 105	DRUCK	ZU TIEF!
14:13:13	TIC 303	TEMPERATUR	ZU HOCH!
14:23:12	PIC 105	DRUCK	ZU HOCH!
14:33:47	DC 802	DICHTE	ZU HOCH!
15:00:02	HV 206	HANDSTELLER	GESTÖRT!
15:00:15	HV 001	NOTAUS	GEDRÜCKT

Abb. 2: Störmeldungsprotokoll

Aufgaben zu 1.6

1. Wo und mit welchen Geräten werden Prozessabläufe bedient und beobachtet?
2. Welche Vorteile bietet die bildschirmorientierte Prozessführung?
3. Welche Anforderungen sollten Prozessbilder erfüllen?
4. Welche Prozessbilddarstellungen unterscheidet man?
5. Welchen Nachteil bieten Liniendiagramme im Textmodus?
6. Welche Parameter lassen sich in Abb. 3, S. 41 mit den Funktonstasten ändern?
7. Sind im Störmeldungsprotokoll (Abb. 2) die Grenzwerte für den Sollwert eingehalten?
8. Beschreiben Sie den Temperaturverlauf in der Anlage, zu der das Liniendiagramm Abb. 5, S. 41 gehört!
9. Wozu dienen Listendarstellungen und was sollte in den Listen enthalten sein?
10. Erklären Sie den Unterschied zwischen Einzelbildaufschaltung und Rollbild!
11. Nennen Sie sechs unterschiedliche Eingabegeräte auf Prozessfeldebene!
12. Wie unterscheiden sich Funktionstastaturen von numerischen und alphanumerischen Tastaturen?
13. Wozu dienen Koordinatengeber?
14. Zu welchem Zweck werden Protokolllisten geschrieben?
15. Welche Angaben stehen in einem Störmeldungsprotokoll?
16. Interpretieren Sie die Störmeldung aus Abb. 2 um 12 Uhr 22 Minuten und 43 Sekunden!

1.7 Prozessrechner-Software

Sensoren, Aktoren und Rechnerhardware reichen nicht aus um einen Prozess zu automatisieren. Die Logik, mit der Aktoren auf ein von Sensoren gemessenes Ereignis im Prozess reagieren, wird allein durch die Software bestimmt. Zu welcher Zeit z. B. die einzelnen Lampen einer automatisierten Ampelanlage leuchten, bestimmen die Befehlszeilen der geladenen Software.

Die Anforderungen an die Software werden vom Prozess und der verwendeten Hardware bestimmt. Man unterscheidet den Ein- und Mehrprogrammbetrieb.

1.7.1 Einprogrammbetrieb

Wird ein technischer Prozess von nur einem einzigen zusammenhängenden Programm (**single job** oder **single task**) bearbeitet, so spricht man vom Einprogrammbetrieb.

- Der Einprogrammbetrieb ist die einfachste und schnellste Softwarelösung für kleine Prozessautomatisierungsaufgaben.

Da immer nur ein Programm auf die Hardware zugreift, kann es nicht zu Kollisionen kommen. Es ist also auch kein übergeordnetes Organisationsprogramm erforderlich.

Einprogrammsysteme werden z. B. eingesetzt in einfachen industrielektronischen Geräten wie Reglern, Messgeräten, intelligenten Sensoren sowie in Büromaschinen, Haushaltsgeräten und in Geräten der Unterhaltungselektronik.

Der zeitliche Ablauf von Programmen lässt sich übersichtlich in Zeit-Ablauf-Diagrammen darstellen. Durch Addition der Taktzyklen lassen sich die **Programmlaufzeiten** leicht ermitteln.

Abb. 3 zeigt die zeitliche Abarbeitung eines kleinen Assemblerprogramms für die CPU 8085 im Einprogrammbetrieb. Dieses Programm erzeugt am Ausgabe-Port Bit 0 mit der Adresse 13 ① ein symmetrisches Rechtecksignal mit einer Pulsdauer von 95 Taktzyklen ② ($T/2$). Die pro Befehl benötigten Taktzyklen sind der Befehlsliste zu entnehmen. Bei einer Taktfrequenz von 2 MHz ergibt sich am Port Bit 0 ③ eine Pulsdauer von 1/2 MHz · 95 = 47,5 µs. Das entspricht einer Frequenz von 10,526 kHz.

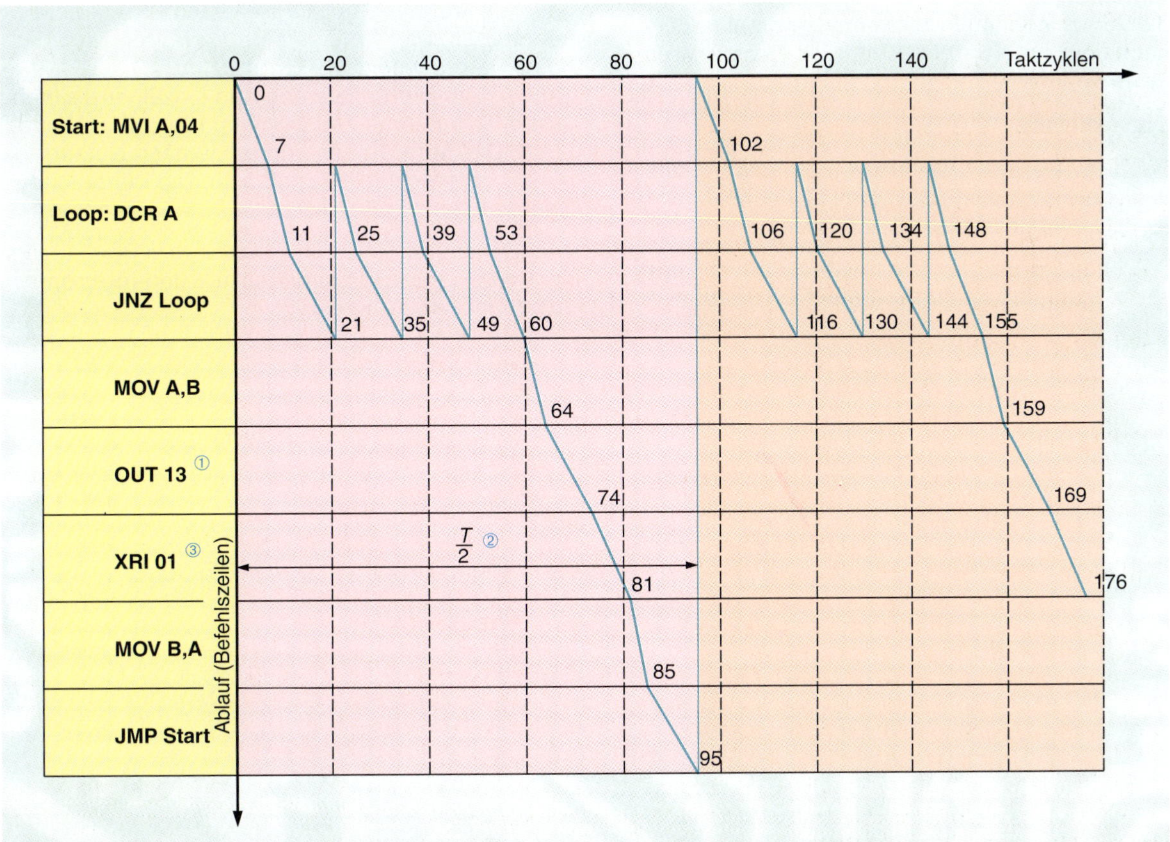

Abb. 3: Zeit-Ablauf-Diagramm für ein Assemblerprogramm im Einprogrammbetrieb (single task)

1.7.2 Mehrprogrammbetrieb

Werden mehrere Programme zur Prozessautomatisierung von einer CPU scheinbar gleichzeitig bearbeitet, so spricht man vom Mehrprogrammbetrieb (**multi programming** oder **multi tasking**). Da die Befehlszeilen eines Programms in der CPU aber nur nacheinander (sequentiell) abgearbeitet werden können, wird zur gleichen Zeit immer nur ein Programm bearbeitet. Mehrere Programme können also nur nacheinander oder abwechselnd bearbeitet werden.

Die Programme können sich auf einem Massenspeicher oder im Programmspeicher befinden. Während der Bearbeitungszeit müssen sie aber im Programmspeicher geladen sein.

- Im Mehrprogrammbetrieb wird von einem Betriebssystem mehreren Programmen jeweils eine bestimmte Bearbeitungszeit zugeteilt.

Werden im Mehrprogrammbetrieb mehrere Benutzer (**user**) verwaltet, so benötigt man ein Mehrbenutzer (**multi user**) Betriebssystem. Werden mehrere Programme oder Aufgaben (**tasks**) verwaltet, so benötigt man ein multi tasking Betriebssystem. Die Zuteilung der Rechenzeit für die verschiedenen Programme kann entweder nach dem Time-Sharing oder dem Resource-Sharing Verfahren erfolgen.

Time-sharing

Beim Time-sharing Verfahren (Zeit-Teilung) bearbeitet die CPU die Programme abwechselnd jeweils eine bestimmte Zeit (Abb. 1).

- Mehrere Programme müssen sich im Timesharing die Rechenzeit einer CPU teilen.

- Je mehr Tasks verwaltet werden, umso größer werden die Wartezeiten einer Task und umso langsamer reagiert eine Task auf eine Reaktionsanforderung des angeschlossenen Prozesses.

Ist die zugeteilte Zeit abgelaufen, muss das Betriebssystem dafür sorgen, dass alle wichtigen Prozesszustände und Registerinhalte gespeichert werden, bevor das nächste Programm mit den zugehörigen Werten weiterbearbeitet wird. Beim Umschalten von einem Programm zum nächsten entstehen einige Probleme, die von dem Betriebssystem bewältigt werden müssen. So muss z.B. der Zugriff auf ein Laufwerk erst beendet werden, bevor ein anderes Programm Rechenzeit zugeteilt bekommt. Auch die gemeinsame Nutzung eines Bildschirms muss verwaltet werden. Bekommt nur ein Programm den Bildschirm zugeteilt, wird zwischen mehreren Bildschirmspeichern umgeschaltet. Nutzen zwei Programme einen gemeinsamen Bildschirmspeicher, können z.B. Störmeldungen eines im Hintergrund laufenden Programms sichtbar gemacht werden.

Die Zuteilung der Rechenzeit erfolgt in einem so raschen Wechsel, dass nur Bruchteile von Sekunden als Wartezeit für die einzelnen Programme entstehen. Das Time-sharing-Verfahren wird für den Mehrfachbenutzer-Betrieb (**multi user**) bevorzugt. Hierbei werden den einzelnen Teilnehmern sogenannte Zeitscheiben (**time slots**) zugeteilt. Die Zeitscheiben können je nach Nutzerpriorität unterschiedlich groß sein. Die Wartezeiten werden von den Benutzern kaum wahrgenommen.

Abb. 1 zeigt die Zeitzuteilung für drei Programme. Unterprogrammaufrufe und Interrupts sind hier nicht dargestellt.

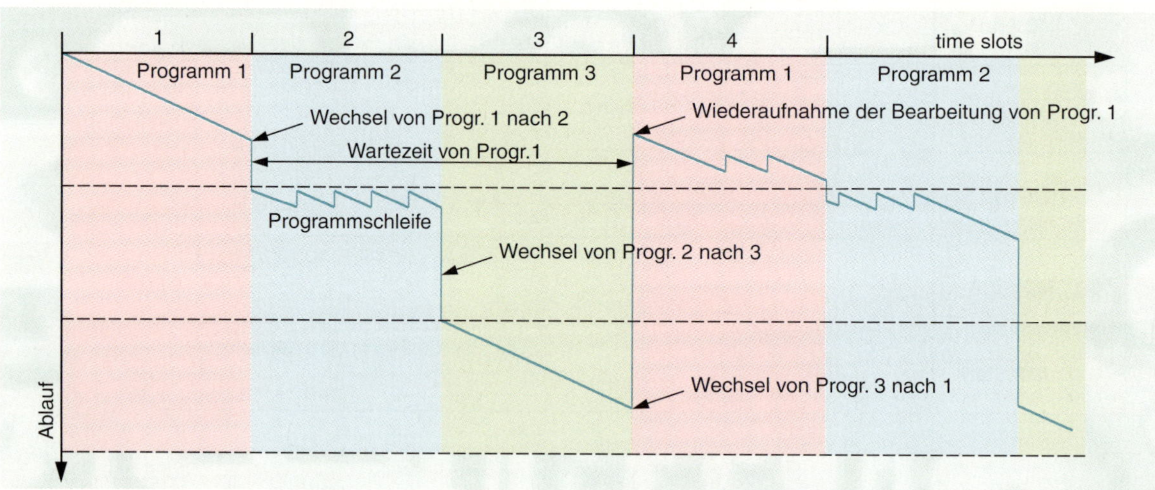

Abb. 1: Zeit-Ablauf-Diagramm für 3 Programme im Time-sharing-Betrieb

Resource-sharing

Bei einer intensiven Nutzung der Peripherie wird das Resource-sharing-Verfahren bevorzugt. Die Programmumschaltung erfolgt nach Ablauf vorbestimmter Zeitscheiben und zusätzlich bei einer Ein/Ausgabeanweisung, weil bei einem Zugriff auf die angeschlossene Hardware in der Regel mit Wartezeit zu rechnen ist.

- Beim Resource-sharing-Verfahren werden die Wartezeiten, die bei einer I/O-Anweisung entstehen, für andere Programme genutzt.

Wartezeit entsteht z. B., wenn ein Ventil verstellt wird und die CPU auf die Rückmeldung eines Stellungsgebers reagieren soll.

Bei automatisierten Prozessen im Mehrprogramm-Betrieb arbeitet in der Regel ein on-line-gekoppeltes Programm direkt für die Prozesslenkung. Dieses Programm korrespondiert unmittelbar mit den Peripheriebausteinen und den angeschlossenen Sensoren und Aktoren.

Andere Programme, wie z. B. Service-, Statistik- und Programmentwicklungs-Software werden nur bei Bedarf gestartet. So ist gewährleistet, dass dem Prozessablauf nicht unnötig Rechenzeit entzogen wird und die Reaktionszeit kurz bleibt. Außerdem werden so Fehlerquellen reduziert.

- Ein Programmabsturz eines Nebenprogramms kann den Absturz des Prozesslenkungsprogramms, den Stillstand des Prozesses und damit hohe Kosten verursachen.

Die von den Sensoren gelieferten Prozessinformationen sollen von der CPU verarbeitet werden. Dazu müssen sie per Programm gelesen werden.

- Das on-line-gekoppelte Prozesslenkungsprogramm kann sich die Prozessinformationen im Abfragebetrieb (Polling), im Unterbrechungsbetrieb (Interrupt) oder in einer Mischung aus beidem holen.

Dies gilt sowohl für den Mehrprogramm-Betrieb als auch für den Einprogramm-Betrieb. Grundsätzlich besteht jedes Prozesslenkungsprogramm aus einer Hauptschleife, in dem auf Prozessereignisse gewartet wird. Das Programm kann entweder selbst aktiv werden und ständig die Peripherie und damit die Sensoren nach Veränderungen abfragen (Polling) oder es wird nur dann aktiv, wenn Ereignisse das Programm, durch Auslösen eines Interrupts, zwingen auf Ereignisse durch Verzweigen in Interrupt-Routinen zu reagieren.

Abb. 2 zeigt ein Beispiel für den Mehrprogrammbetrieb im Resource-sharing-Verfahren. Grundsätzlich erfolgen die Programmumschaltungen nach dem Time-scharing-Verfahren ①. Es werden nacheinander die Programme 1, 2 und 3 gestartet. Da keine I/O-Anweisung erfolgt, wird nach Ablauf der time slots umgeschaltet. So ist gewährleistet, dass alle 3 Programme scheinbar zur gleichen Zeit gestartet werden. Programm 3 gibt die Kontrolle über die CPU an Programm 1 ab ②, da eine Stellgröße ausgegeben wird und eine Rückmeldung abzuwarten ist. Programm 1 führt eine Terminaloperation aus, muss auf Tastatureingabe warten ③ und gibt deshalb die CPU an Programm 2 ab. Programm 2 wird unterbrochen, weil die Stellungsrückmeldung für Programm 3 ansteht ④.

Die Bearbeitungszeiten sind für jedes Programm unterschiedlich lang.

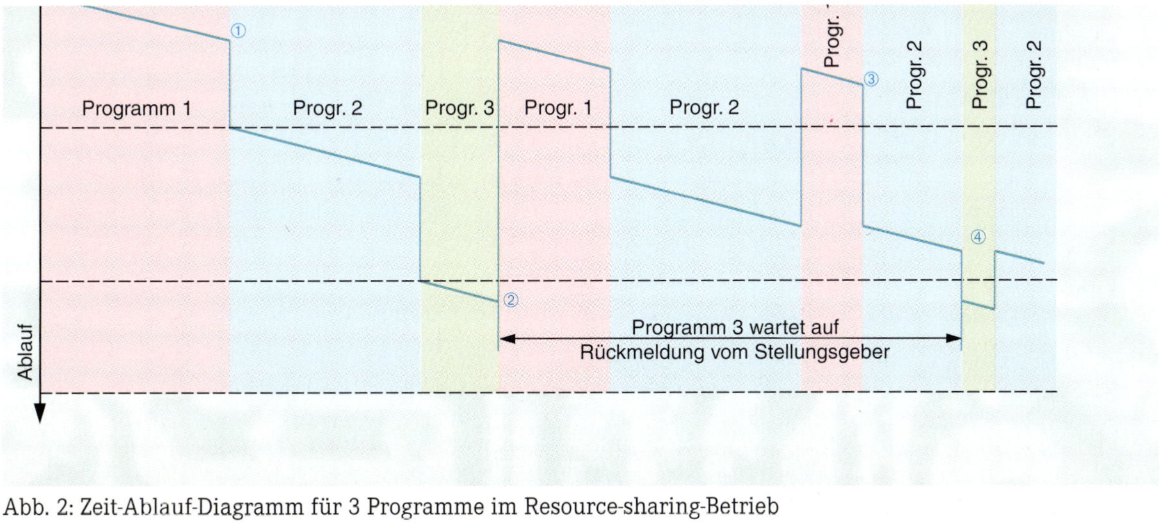

Abb. 2: Zeit-Ablauf-Diagramm für 3 Programme im Resource-sharing-Betrieb

1.7.3 Abfragebetrieb (Polling)

Im Polling-Betrieb werden die Prozessereignisse nacheinander über Sensoren abgefragt. Wird z. B. ein Endschalter an einem Fließband im Prozessfeld betätigt, so wird dies vom Programm dann registriert, wenn die Programmzeilen zur Abfage des Sensors abgearbeitet werden. Eine Veränderung wird sich also nicht sofort auswirken, sondern erst nachdem sie abgefragt wurde.

- Im Polling-Betrieb werden die Eingangssignale von der CPU der Reihe nach abgefragt.

Abb. 1 und 2 zeigen den Abfragebetrieb mit zwei Unterprogrammen ①. Je nach Prozesszustand werden aus den Programmschleifen die Unterprogramme aufgerufen ②.

Das Hauptprogramm muss ständig in einer Abfrageschleife alle Prozesszustände abfragen. Eine Veränderung wird in der Regel durch Verändern eines Bits in einem Flag angezeigt. Die Sensoren tragen dort ein Bit ein, wenn beim nächsten Programmschleifendurchlauf eine Reaktion erfolgen soll. Diese Flags befinden sich in Registern, die entweder dem Speicher zugeordnet sind und im Memorymapped-Verfahren adressiert werden oder dem Ein/Ausgabe-Bereich zugeordnet sind und im I/O-Verfahren adressiert werden.

Die Befehle sind kurz und dadurch bleiben auch die Abfragezeiten kurz. Alle Abfragezeiten addiert ergeben die Durchlaufzeit einer Polling-Schleife. Sie verlängert sich dann, wenn ein Prozessereignis einen Unterprogrammaufruf ③ verlangt.

```
...
DO WHILE PEEK (NOTAUSSCHALTER) <> 1
  IF PEEK (EREIGNIS1) = 1 THEN CALL UNTERPROGRAMM1 ②
  IF PEEK (EREIGNIS2) = 1 THEN CALL UNTERPROGRAMM2 ②
LOOP
PRINT "PROGRAMM ABBRUCH!"
END

SUB UNTERPROGRAMM1 ①
    ...' Steuerung von Aktor 1
END SUB

SUB UNTERPROGRAMM2 ①
    ...' Steuerung von Aktor 2
END SUB
```

Abb. 2: Programmbeispiel zum Polling-Betrieb

- Bei ca. 90% aller Prozessautomatisierungsaufgaben reicht eine Reaktionszeit von >500 ms.

Nur ca. 10% der Aufgaben erfordern eine Reaktion innerhalb von 500 ms. Dies bedeutet, dass die meisten Aufgaben im Polling-Betrieb gelöst werden können, da die **Schleifendurchlaufzeit** in der Regel kleiner als 500 ms ist ④.

Diese Betriebsart ist einfach zu programmieren (Abb. 2). Es reichen einfache Schleifen und Unterprogrammaufrufe. Nachteilig ist, dass die CPU ständig mit der zyklischen Abfrage der Prozesszustände beschäftigt ist. Es kann nur fehlerfrei auf Ereignisse reagiert werden, die mindestens einen Schleifendurchlauf lang sind.

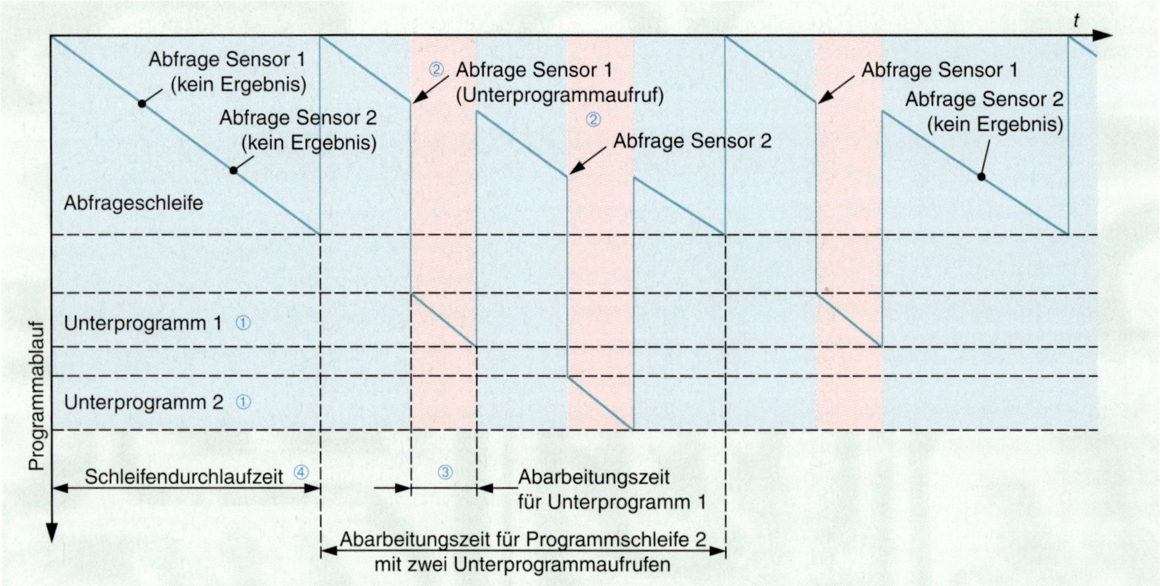

Abb. 1: Zeit-Ablauf-Diagramm für Sensorabfrage im Polling-Betrieb

1.7.4 Unterbrechungsbetrieb (Interrupt)

Im Unterbrechungsbetrieb kann ein Prozessereignis über eine Interruptleitung eine Unterbrechungsanforderung **INTR** (**Int**errupt **R**equest) an das laufende Programm stellen. Wird diese angenommen **INTA** (**Int**errupt **A**cknowledge), so wird das laufende Programm zur Abarbeitung eines Hilfsprogramms **ISR** (**I**nterrupt **S**ervice **R**outine) unterbrochen. Nach Beendigung des Hilfsprogramms wird mit der Bearbeitung des unterbrochenen Programms fortgefahren. Bevor die ISR gestartet werden kann, muss der momentane Befehlszählerstand und das Programmstatuswort auf dem Stack gesichert werden. Diese werden nach Beendigung der ISR wieder zurückgeladen. Das unterbrochene Programm fährt mit den im Stack zwischengespeicherten Werten fort.

Die Zeit zur Sicherung des Prozessorzustands sowie der Sprung in die ISR und die Abarbeitung der ersten Befehle bis zur Stellgrößenausgabe an einen Aktor bilden die kürzestmögliche Reaktionszeit eines Prozessrechensystems.

- Im Interrupt-Betrieb reagiert die CPU auf Prozessereignisse so schnell wie möglich.

Treffen mehrere Unterbrechungsanforderungen gleichzeitig ein, so sorgt eine Rangfolge der Wichtigkeit (Prioritätenliste) für die Reihenfolge der Abarbeitung.

Die höchste Priorität wird in der Regel von der Uhr besetzt. In zyklischen Abständen wird die CPU dazu veranlasst ein Zeitregister aufwärts zählen zu lassen. Im Time-sharing-Betrieb teilt die Uhr über Interrupt getrieben, die Zeitintervalle den laufenden Tasks zu.

Der Unterbrechungsbetrieb ist im Vergleich zum Abfragebetrieb aufwendiger. So ist eine spezielle Hardware erforderlich, die es erlaubt, externe Interrupt-Signale der CPU zuzuführen. Bei größeren Systemen ist zur Verwaltung der Prioritäten und zur Erzeugung des Interruptvektors (Adresszeiger auf die Anfangsadresse der ISR) ein **Interrupt-Controller** erforderlich.

Auch bei der Planung und Erstellung der Software ist ein größerer Aufwand zu bewältigen. Die Koordinierung aller Programmteile ist aufwendiger. Da Programmunterbrechungen jederzeit angefordert werden können, nehmen auch die möglichen Fehlerquellen zu.

Abb. 3 zeigt das Zeit-Ablauf-Diagramm eines Einprogrammsystems mit zwei Interrupt-Service-Routinen ⑤, die von zwei Sensoren aufgerufen werden. Sobald ein Interrupt angefordert und angenommen wird ⑥, setzt die CPU ihre Arbeit mit der entsprechenden ISR fort. Ein RETURN-Befehl am Ende einer ISR veranlasst die Fortsetzung des unterbrochenen Programms. Die Rücksprungadresse wird im Stack abgelegt.

ISR 1 hat hier die höhere Priorität. Wird während der Abarbeitung von ISR 2 eine Unterbrechung von Sensor 1 angefordert, so wird auch ISR 2 unterbrochen ⑦ und erst nach Abarbeitung von ISR 1 ⑧ wieder fortgesetzt. Für ISR 2 ergibt sich so eine Wartezeit, die der Abarbeitungszeit ⑨ von ISR 1 entspricht.

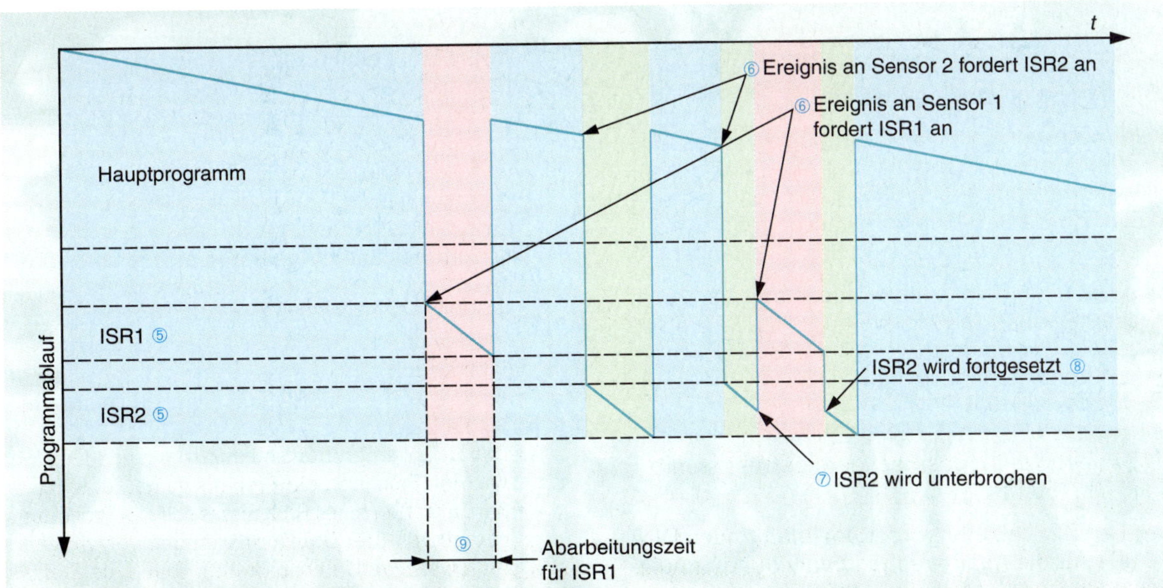

Abb. 3: Zeit-Ablauf-Diagramm für Interrupt-Betrieb mit zwei Interrupt-Service-Routinen

1.7.5 Realzeitverarbeitung

Die Geschwindigkeit, mit der ein Prozessrechner auf Ereignisse im Prozess reagieren muss, wird vom Prozess bestimmt. Der Rechner hat immer so zu reagieren, dass der Prozess nicht behindert wird.

Der Rechner ist in den realen Prozess eingebunden und muss real reagieren. Ein Prozessereignis sollte bearbeitet sein, bevor ein nächstes eintrifft.

- Programme, die innerhalb vorgegebener Zeit auf Ereignisse im Prozess reagieren können, arbeiten in Realzeit.

Theoretisch könnten alle Sensoren gleichzeitig eine Reaktion erfordern. Von diesem denkbar ungünstigen Fall (worst case) ist bei einer Analyse von Prozessen auszugehen. Hierbei spielen drei charakteristische Zeiten eine Rolle:

Die **Prozesszeit** t_p definiert den mittleren Abstand zwischen zwei Ereignissen. Bei einer Flaschenzähleinrichtung z. B. ist t_p der zeitliche Abstand zwischen zwei Flaschen. Der Kehrwert $1/t_p$ beschreibt die Ereignishäufigkeit oder Ereignisrate.

Die **zulässige Antwortzeit** t_z ist die Zeit, innerhalb der eine Reaktion des Rechners auf ein Ereignis durch Stellgrößenausgabe im Prozess erfolgen muss. In einer Flaschenabfülleinrichtung muss z.B. innerhalb einer bestimmten Zeit t_z nach Feststellung des Voll-Zustands einer Flasche die Stellgröße für „Ventilschließen“ ausgegeben werden.

Die **Stellzeit** t_s ist die Zeit, die ein Stellglied benötigt um auf die neue Stellgröße vom Rechner zu reagieren. Wird z.B. ein Flüssigkeitsventil durch Motorkraft verstellt, so ist dazu eine Zeit t_s nötig. Diese Zeit wird in der Regel von der Mechanik im Prozess bestimmt. Für die Prozessautomatisierung gilt: $t_p > t_z + t_s$.

Die Prozesszeit t_p muss größer sein, als die zulässige Antwortzeit t_z plus die Stellzeit t_s des Stellgliedes. Da t_p und t_s in der Regel nicht variabel sind, muss sich die Rechner-Hardware und Software so verhalten, dass t_z entsprechend klein bleibt.

Beispiel: In einer Flaschenabfüllanlage werden Flaschen gefüllt. Die Messhöhe ist so eingestellt, dass nach Ablauf von t_p = 400 ms das Füllventil geschlossen sein muss, damit sich in der Flasche die richtige Menge Flüssigkeit befindet. Das Ventil benötigt t_s = 250 ms zum Schließen. Die zulässige Antwortzeit t_z des Rechners beträgt somit maximal 150 ms.

Der Begriff Echtzeitverarbeitung bleibt nach DIN 44 300 für die Analogrechentechnik und Simulationstechnik reserviert und soll im Zusammenhang mit Realzeitverarbeitung vermieden werden.

1.7.6 Prozessprogrammiersprachen

An Prozessprogrammiersprachen werden besondere Anforderungen gestellt. Sie sollen folgende Kriterien erfüllen:

- einfacher Zugriff auf die Prozessperipherie,
- Einzelbitverarbeitung,
- kurzer, schneller Programmcode,
- modulare Programmierung,
- Einbindung von Assemblerroutinen.

Die Programmiersprache sollte zudem möglichst unabhängig von Betriebssystemen und CPU-Typen sein, damit Anwendungen relativ unabhängig vom Zielsystem entwickelt werden können.

Eine häufig angewendete Prozessprogrammiersprache ist C. Weiter werden ADA, PEARL, MODULA-2, PROCOL, OCCAM-2 und RT-FORTRAN eingesetzt.

Aufgaben zu 1.7.1 bis 1.7.6

1. Welche Frequenz wird am Ausgabe Port Bit 0 (Abb. 3, S. 45) gemessen, wenn der Akkumulator mit 10_H geladen wird?
2. Wie wird im Time-sharing Betrieb die Rechenzeit der CPU den Programmen zugeteilt?
3. Wie verändert sich die Wartezeit einer Task, wenn sich die Anzahl der geladenen Tasks vergrößert?
4. Welche Aufgabe hat das Betriebssystem beim Umschalten der Tasks?
5. Wie groß darf bei 90% aller Automatisierungsaufgaben die Reaktionszeit des Prozessrechners sein?
6. Wodurch unterscheidet sich der Resource-sharing Betrieb vom Time-sharing Betrieb?
7. Wozu kann der Absturz eines Nebenprogramms im Mehrprogrammsystem führen?
8. Warum muss ein Prozesslenkungsprogramm ständig on-line zum Prozess gekoppelt sein?
9. Wie werden Prozessereignisse im Polling-Betrieb erfasst?
10. Für welche Prozessereignisse wird der Interrupt-Betrieb bevorzugt?
11. Warum muss t_p immer größer als $t_z + t_s$ sein?
12. Was kennzeichnet Prozessprogrammiersprachen?
13. Entwerfen Sie ein Assemblerprogramm für die zyklische Abfrage (Polling) von drei schaltenden Sensoren an Port 12 Bit 0 ... 2. Das Programm soll folgendes leisten:
    - Ein Ereignis liegt dann vor, wenn ein Sensor 1-Signal liefert.
    - Das Hauptprogramm soll zyklisch prüfen, ob von den Sensoren ein Ereignis gemeldet wird.
    - Bei Eintreffen eines Ereignisses soll das Programm in eine von drei Unterprogrammen verzweigen.
    - Im jeweiligen Unterprogramm sollen die Ereignisse gezählt werden und eine Meldung auf dem Bildschirm ausgegeben werden.

1.7.7 Speicherprogrammierte Steuerungen SPS

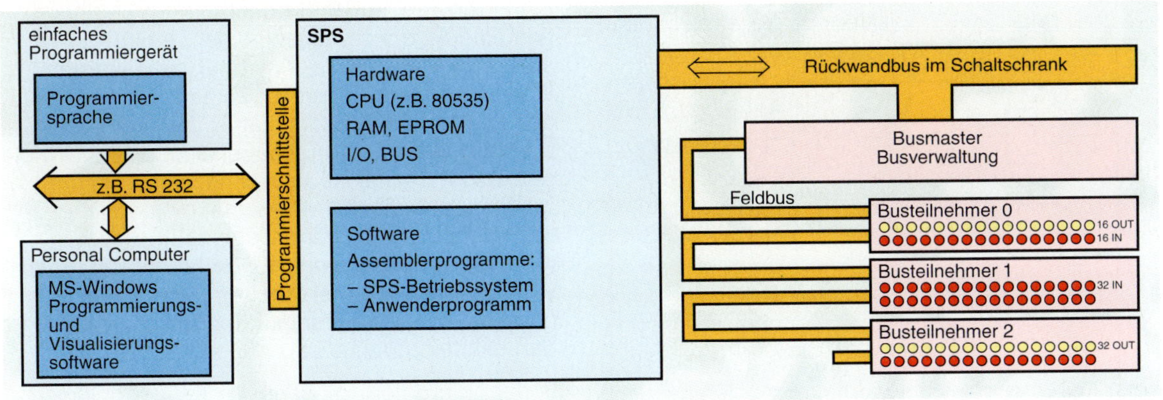

Abb. 1: SPS mit Programmiersystem und Feldbusanschaltung

Eine Speicherprogrammierbare Steuerung SPS ist ein selbstständiges Mikrocontrollersystem mit einer eigenen CPU und einem eigenen Betriebssystem.

- Eine SPS wird zum Überwachen, Steuern und Regeln in Automatisierungssystemen eingesetzt.

Die Peripherie (Sensoren und Aktoren) wird über Anschaltbaugruppen zur Ein-/Ausgabe mit der SPS gekoppelt. Oft wird hierzu ein Feldbussystem mit einem Busmaster verwendet. Die Anzahl der I/O-Ports kann so leicht dem Bedarf angepasst werden. Die Ports mit den Busteilnehmeranschaltungen (Abb. 1) müssen nicht im Schaltschrank mit der CPU montiert sein, sondern können bei rauen Prozessumgebungen auch direkt am Sensor oder Aktor montiert werden.

- Die Verwendung eines Feldbussystems reduziert den Verdrahtungsaufwand erheblich!

Der Datenaustausch mit der CPU der SPS wird vom Busmaster des Feldbusses organisiert. Die Sensordaten werden in Speicherbänken (Multiport-Memory MPM) vorrätig gehalten, so dass sie bei Bedarf von der CPU gelesen und verarbeitet werden können

Eine SPS kann auch PC-gestützt realisiert werden. Man spricht von der Slot-SPS. Hierzu können SPS sowie IO-Baugruppen auf Einsteckkarten für PC-Slots realisiert werden. Feldbussysteme lassen sich auch an PC-gestützten SPS-Systemen verwenden. Slotkarten mit eigener Versorgungsspannung können auch arbeiten, wenn der PC nicht eingeschaltet ist. Mit Programmen für MS-Windows können Prozessabbildungen problemlos visualisiert werden.

Zum Arbeiten benötigt die SPS ein Programm. Dieses muss Anweisungen enthalten, mit der Sensordaten gelesen, nach bestimmten Regeln ausgewertet und Aktoren im Prozessfeld gesteuert werden können. Die Steuerungssoftware oder das Anwendungsprogramm ist ein Assembler- oder Maschinenprogramm.

Um die Programmierung zu vereinfachen, können Anwenderprogramme strukturiert gemäß IEC 1131 in fünf verschiedenen Programmiersprachen erstellt und danach mit Hilfe eines Compilers in die Maschinensprache der jeweils verwendeten CPU der SPS übersetzt werden. Über eine Programmierschnittstelle wird der Maschinencode in den Programmspeicher der SPS geladen (Abb. 1).

Die Programmiersprachen werden unterteilt in:

Textsprachen

- Anweisungsliste AWL
- strukturierter Text ST

grafische Sprachen

- Funktionsbausteinsprachen FBS
- Kontaktplan KOP
- Ablaufsprache AS

AWL ist Assembler- und ST Pascal-Programmen ähnlich. Die grafischen Sprachen dienen der besseren Übersicht.

Zur strukturierten Programmierung werden verwendet:

Programmorganisationseinheiten POE

- Programm,
- Funktionsbaustein und
- Funktion.

Nach IEC 1131 ist die größte Softwareeinheit das Programm, welches aus Funktionsbausteinen und Funktionen besteht.

Tab. 1.8: SPS-Grundverknüpfungen

	FBS	KOP	AWL
NICHT	$E20 = \overline{A30}$ oder $\overline{E21} = A31$		
	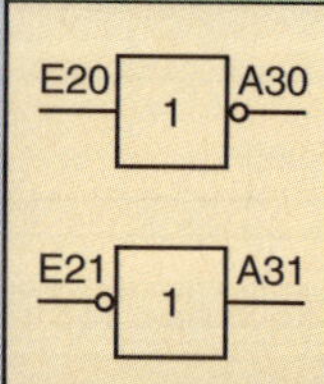	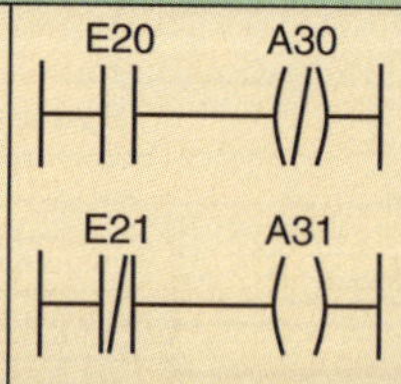	LD E20 STN A30 LDN E21 ST A31
UND	$E20 \wedge E21 = A30$		
	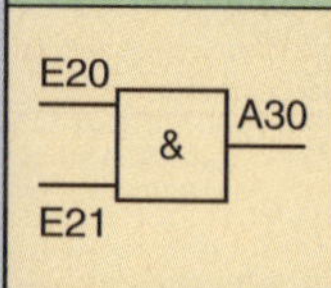	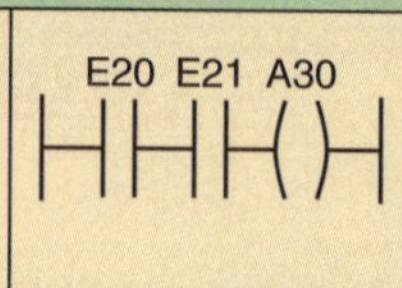	LD E20 AND E21 ST A30
ODER	$E20 \vee E21 = A30$		
	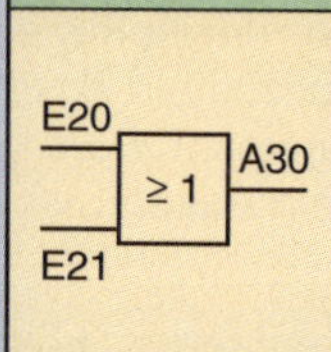	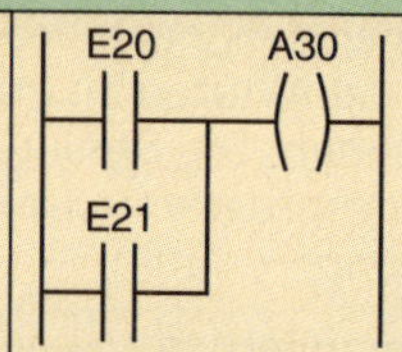	LD E20 OR E21 ST A30
EXOR	$E20 \wedge \overline{E21} \vee \overline{E20} \wedge E21 = A30$		
	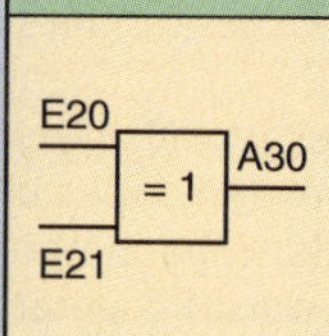	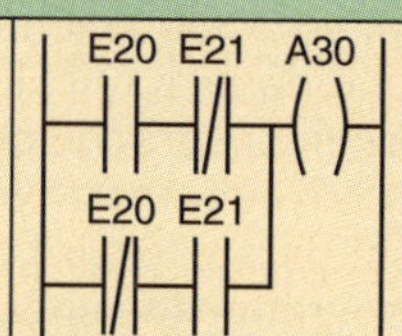	LD E20 ANDN E21 OR(E21 ANDN E20) ST A30
MERKER	$(E20 \vee E21) \wedge (E22 \vee E23) = A30$		
	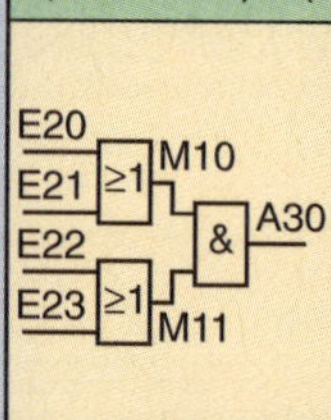	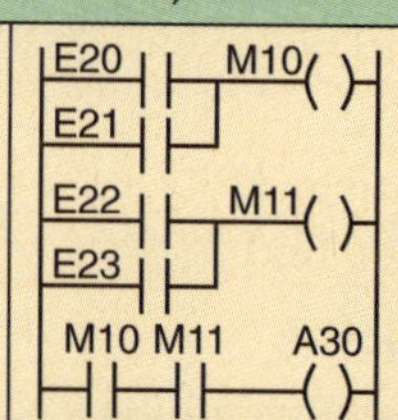	LD E20 OR E21 ST M10 LD E22 OR E23 ST M11 LD M10 AND M11 ST A30
SETZEN/RÜCKSETZEN	RS–FlipFlop (rücksetzen dominiert)		
	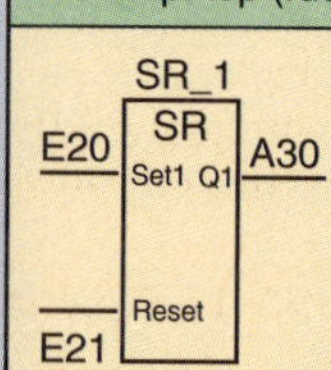	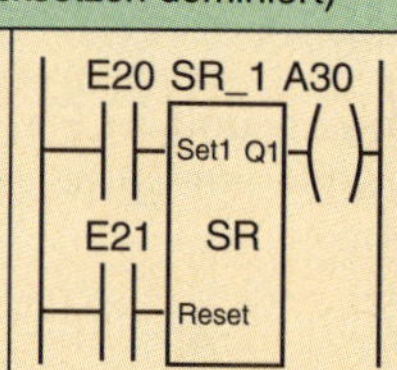	LD E20 ST SR_1.Set1 LD E21 ST SR_1.Reset CAL SR_1 LD SR_1.Q1 ST A30
TIMER	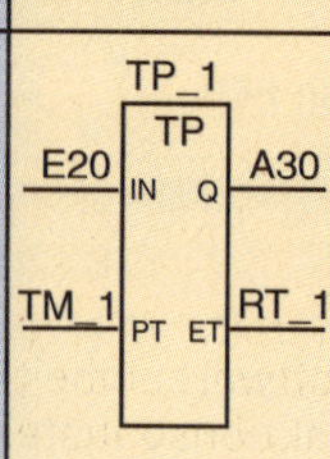	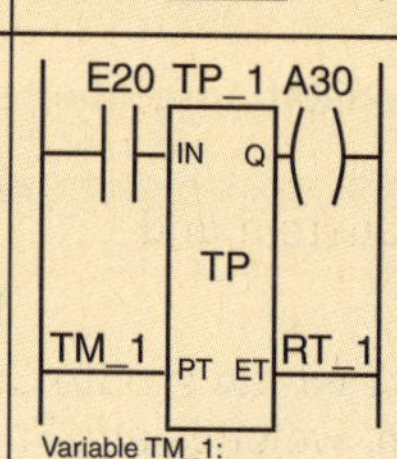	LD E20 ST TP_1.IN LD TM_1 ST TP_1.PT CAL TP_1 LD TP_1.Q ST A30 LD TP_1.ET ST RT_1

Beispiel für eine SPS-Steuerung

Ein Pumpwerk soll unter bestimmten Bedingungen eine Alarmmeldung zu einer Leitstation schicken. Das Pumpwerk ist nur am Tage mit Wartungspersonal besetzt. Es befinden sich in der Anlage drei Sensorschalter. Der Pumpenmotor läuft, wenn Sensorschalter S0 = 1-Signal meldet. Das Personal ist anwesend, wenn der Schlüsselschalter S 1 = 1-Signal meldet. Der Betrieb läuft dann ordnungsgemäß, wenn das Wartungspersonal eine Störung durch Betätigen eines Störungsquittierschalters S2 = 1-Signal bestätigt. Bei Wiederanlauf der Pumpe wird Quittierschalter zurückgesetzt S2 = 0-Signal.

In der Leitstation soll dann Alarm (X = 1-Signal) ausgelöst werden, wenn folgende Zustände eintreffen:

① Pumpe läuft nicht, Personal ist abwesend und Störung ist nicht quittiert.

② Pumpe läuft nicht, Personal ist anwesend und die Störung ist nicht quittiert.

③ Pumpe läuft nicht, Personal ist abwesend und die Störung ist quittiert.

④ Pumpe läuft, Personal ist abwesend und die Störung ist quittiert.

⑤ Pumpe läuft, Personal ist anwesend und die Störung ist quittiert (nach Wiederanlauf).

Die Alarmbedingungen lassen sich in einer Tabelle (Abb. 1) übersichtlich darstellen.

Störung S2 Port 1.2	Personal S1 Port 1.1	Pumpe S0 Port 1.0	Alarm X Port 4.0	KNF-Terme (konjunktive Normalform)
① 0	0	0	1	
0	0	1	0	$\leftarrow S2 \vee S1 \vee \overline{S0}$
② 0	1	0	1	
0	1	1	0	$\leftarrow S2 \vee \overline{S1} \vee \overline{S0}$
③ 1	0	0	1	
④ 1	0	1	1	
1	1	0	0	$\leftarrow \overline{S2} \vee \overline{S1} \vee S0$
⑤ 1	1	1	1	

Abb. 1: Alarmbedingungen

Aus Abb. 1 lässt sich entnehmen, dass in fünf von acht möglichen Fällen Alarm ausgelöst wird und in drei Fällen dagegen nicht. Deshalb bietet sich eine Lösung in der konjunktiven Normalform an. Für die ausgeschalteten Alarmzustände werden die negierten Schalterstellungen disjunktiv (ODER) verknüpft. Die drei disjunktiven Terme werden anschließend konjunktiv (UND) verknüpft.

Die Funktionsgleichung für das Alarmsignal lautet:

$$X = (S2 \vee S1 \vee \overline{S0}) \wedge (S2 \vee \overline{S1} \vee \overline{S0}) \wedge (\overline{S2} \vee \overline{S1} \vee S0)$$

Abb. 2 zeigt die SPS-Realisierung der Alarmmeldungssteuerung für das Pumpwerk. Dem Funktionsplan sowie dem Kontaktplan sind die Wirkungen der SPS-Anweisungen zu entnehmen.

Die Ergebnisse der drei ODER-Verknüpfungen werden jeweils in einem Merker zwischengespeichert. In der letzten Anweisung werden die Merker schließlich UND-verknüpft dem Ausgang zugewiesen.

Abb. 3 zeigt eine mögliche Übersetzung der SPS-Anweisungsliste aus Abb. 2 in Assembler für den Mikrocontroller 80535. Für die Einzelbitverarbeitung besitzt diese CPU einen boolschen Prozessor. Das Carry-Flag C wird dabei als 1Bit-Akkumulatur verwendet. Tab. 1.9 zeigt alle im Beispiel verwendeten Operanden-Bezeichnungen.

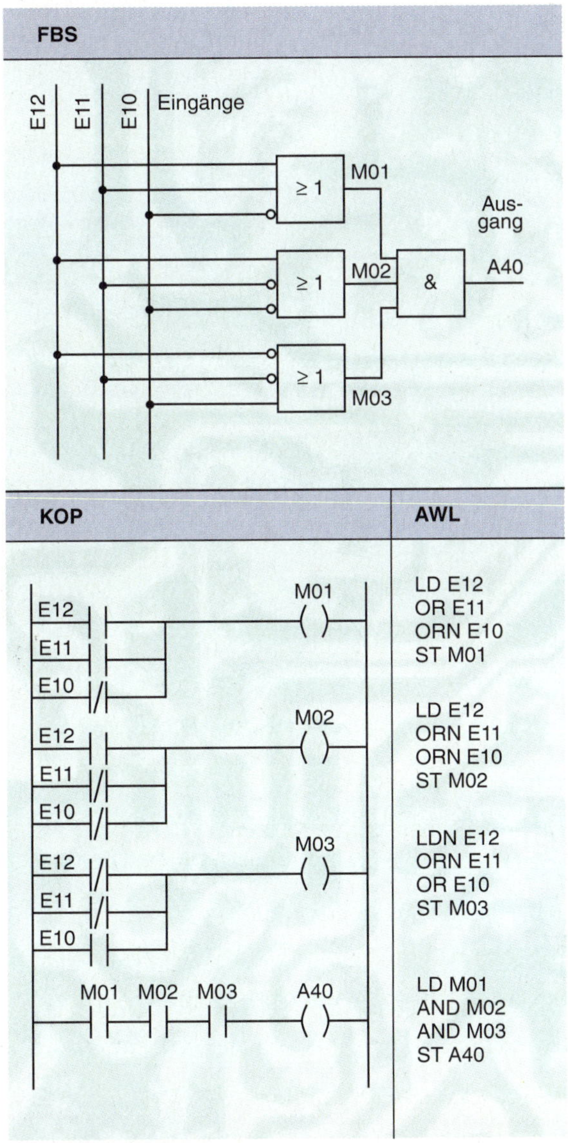

Abb. 2: Realisierung der Alarmmeldung für das Pumpenwerk in SPS

```
0000          ;**********************************
0000          ;* ASSEMBLERPROGRAMM für CPU 80535 *
0000          ;* Alarmsignal für Pumpenhaus      *
0000          ;**********************************
0000
0000                 ORG $0100       ;Startadresse
0100
0100          ;      1.ODER-Verknüpfung
0100          ;      ----------------------------
0100  A2 92   Start: MOV C,P1.2      ; S2     ->C
0102  72 91          ORL C,P1.1      ; S1 v C ->C
0104  A0 90          ORL C,/P1.0     ;/S0 v C ->C
0106  92 01          MOV [01],C      ; C      ->M01
0108
0108          ;      2.ODER-Verknüpfung
0108          ;      ----------------------------
0108  A2 92          MOV C,P1.2      ; S2     ->C
010A  A0 91          ORL C,/P1.1     ;/S1 v C ->C
010C  A0 90          ORL C,/P1.0     ;/S0 v C ->C
010E  92 02          MOV [02],C      ; C      ->M02
0110
0110          ;      3.ODER-Verknüpfung
0110          ;      ----------------------------
0110  A2 90          MOV C,P1.0      ; S0     ->C
0112  A0 91          ORL C,/P1.1     ;/S1 v C ->C
0114  A0 92          ORL C,/P1.2     ;/S2 v C ->C
0116  92 03          MOV [03],C      ; C      ->M03
0118
0118
0118          ;      UND-Verknüpfung
0118          ;      ----------------------------
0118  A2 01          MOV C,[01]      ;M01     ->C
011A  82 02          ANL C,[02]      ;M02 v C ->C
011C  82 03          ANL C,[03]      ;M03 v C ->C=X
011E  92 E8          MOV P4.0,C      ;X       ->P4.0
0120  80 DE          SJMP START      ;Rücksprung
0122
```

Abb. 3: Übersetzung der Anweisungsliste aus Abb. 2 in Assembler

Tab. 1.9: Gegenüberstellung der Operanden

	FBS/AWL/KOP	Mikrocontroller
Eingabe (Schalter) S0	E10	P 1.0 (Port 1, Pin 0)
S1	E11	P 1.1 (Port 1, Pin 1)
S2	E12	P 1.2 (Port 1, Pin 2)
Merker	M01	01 (Bit-Adresse 01)
	M02	02 (Bit-Adresse 02)
	M03	03 (Bit-Adresse 03)
Ausgabe (Alarm) X	A40	P 4.0 (Port 4, Pin 0)

Aufgaben zu 1.7.7

1. Wozu werden SPS-Geräte eingesetzt?
2. Nennen Sie Vorteile von Speicherprogrammierten Steuerungen gegenüber Steuerungen mit logischen Verknüpfungsgliedern!
3. Warum eignen sich Mikrocontroller als Prozessoren für SPS-Geräte besonders gut?
4. Woraus besteht eine SPS-Befehlszeile in AWL?
5. Welche Textsprachen und welche grafischen Sprachen können gemäß IEC 1131 zum Programmieren von SPS-Geräten verwendet werden?
6. Erstellen Sie für Abb. 1, S. 52 Funktionsgleichung, FBS, KOP und AWL in der disjunktiven (ODER) Normalform!
7. Welche Vorteile bieten nachgeschaltete Feldbussysteme?

2 Regelungstechnik

2.1 Regeln und Steuern

Regelungsvorgänge spielen in der Natur und Technik eine große Rolle. Biologische Regelungsvorgänge sind z. B. das Konstanthalten der Körpertemperatur (**Festwertregelung**) sowie die von anderen Körperfunktionen abhängige Regelung des Blutdrucks (**Folgeregelung**).

Am Anfang der technischen Entwicklung standen mechanische Regeleinrichtungen im Vordergrund. Der regelnde Eingriff erfolgte häufig von Hand. Mit der Weiterentwicklung der Handregelung zur selbsttätigen (automatischen) Regelung war die Voraussetzung für die zunehmende Automatisierung der Produktion gegeben.

Der Einsatz der Regelungstechnik reicht heute vom einfachen Haushaltsgerät bis zu rechnergeregelten Produktionsprozessen (vgl. 1). Die in der Technik zu regelnden Größen (**Regelgrößen**), wie z. B. Temperatur, Drehzahl oder Position, werden **fortlaufend** gemessen und einem vorgegebenen Wert (**Führungsgröße**) angeglichen.

Im **Regelkreis** gibt es elektrische und nichtelektrische Signale. Wegen der einfachen Übertragungsmöglichkeiten von elektrischen Signalen spielen heute elektronische Regelungseinrichtungen eine herausragende Rolle. Die von ihr verarbeiteten Signale sind analog oder digital.

2.1.1 Regelung

Am Beispiel der Benzin-Luft-Gemisch-Regelung (**λ-Regelung**) in der Einspritzanlage eines KFZ-Motors soll die grundsätzliche Arbeitsweise einer Regelung verdeutlicht werden (Abb. 2).

Ziel der Regelung ist es, den Wirkungsgrad des Dreiwegekatalysators unabhängig von äußeren Einflüssen (**Störgrößen *z***) wie z. B. Luftfeuchtigkeit und Luftdruck zu optimieren. Eine günstige Schadstoffzusammensetzung und damit verbunden eine optimale Reinigungswirkung für alle beteiligten Schadstoffe ergibt sich, wenn 1 kg Benzin mit dem Sauerstoff von 14,6 kg Luft verbrennt ($\lambda = 1$, Abb. 1). Die sich hierbei ergebende Schadstoffzusammensetzung bildet die **Führungsgröße *w***. Die Lambda-Sonde ermittelt die sich im Betrieb bildende Schadstoffzusammensetzung (**Regelgröße *x***) aus dem Restsauerstoffgehalt der Abgase. Das hier gebildete Signal wird als **Rückführgröße *r*** bezeichnet. Bei einer Abweichung vom optimalen Wert (**Führungsgröße *w***) entsteht eine **Regeldifferenz $e = w - r$**.

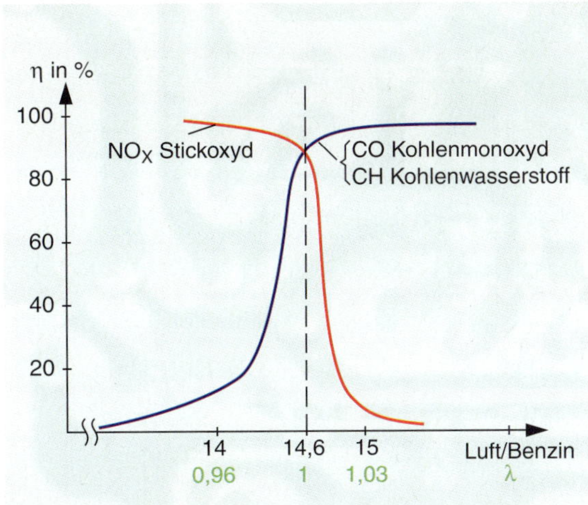

Abb. 1: Wirkungsgrad des Dreiwegekatalysators

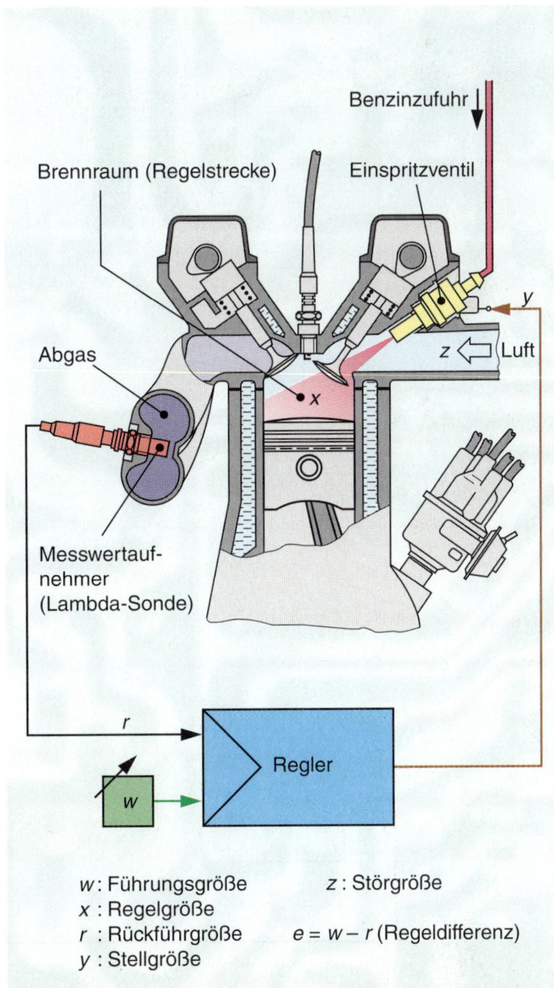

Abb. 2: Benzin-Luft-Gemisch-Regelung am Ottomotor

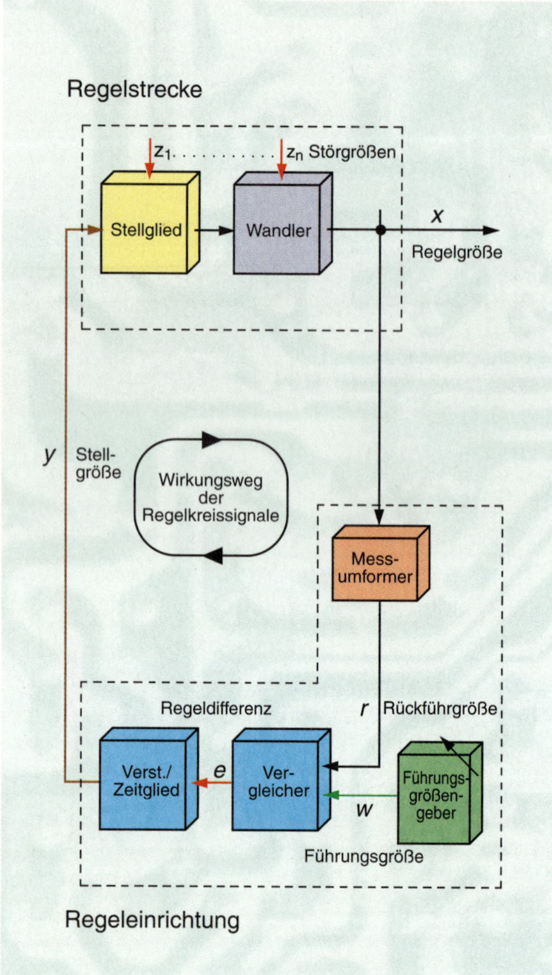

Abb. 1: Elemente und Signale im Regelkreis

Die Rückführgröße ist ein Maß für die Regelgröße. Die Regeleinrichtung erzeugt daraufhin ein Signal (**Stellgröße *y***), mit dem die Benzineinspritzmenge so verändert wird, dass Führungsgröße und Regelgröße sich angleichen.

Zusammenfassend lässt sich ein **Regelvorgang** wie folgt beschreiben:

- Regeln ist ein Vorgang, bei dem eine Regeleinrichtung die zu regelnde Größe (Regelgröße *x*) fortlaufend erfasst, sie mit der Führungsgröße vergleicht und im Sinne einer Angleichung an die Führungsgröße *w* beeinflusst. Kennzeichen der Regelung ist der geschlossene Wirkungsablauf.

Abb. 1 zeigt den geschlossenen Wirkungsweg der Regelkreissignale. Die Regelgröße *x* ist die Ausgangsgröße der Regelstrecke, aber auch Eingangsgröße der Regeleinrichtung. Sie wird mit der Führungsgröße *w* verglichen, die sowohl von außen der Regeleinrichtung zugeführt als auch intern erzeugt werden kann. Die Stellgröße *y* wird von der Regeleinrichtung gebildet und der Regelstrecke zugeführt.

In dieser Darstellung sind die Versorgungsgrößen für Regelstrecke und Regeleinrichtung nicht berücksichtigt. Es wird lediglich der Informationsfluss mit regelungstechnischen Symbolen dargestellt.

An einem weiteren Beispiel (Abb. 2) soll der geschlossene Wirkungsweg der Regelkreissignale verdeutlicht werden. Die Drehzahl eines Gleichstrommotors soll gegenüber Netzspannungsschwankungen und sich ändernden Belas-

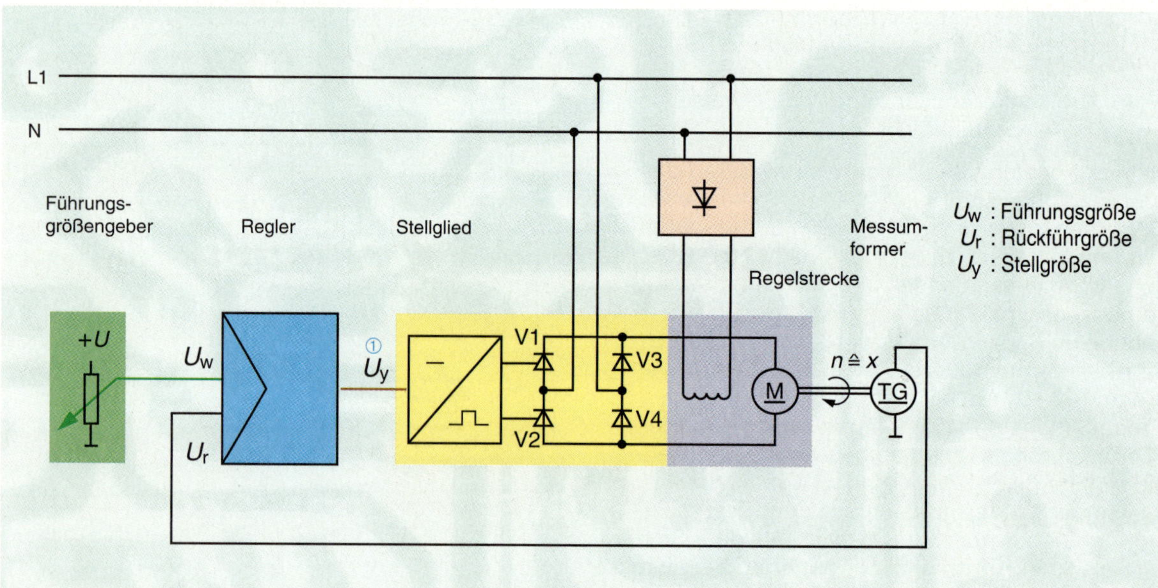

Abb. 2: Einfache Drehzahlregelung eines Gleichstrommotors

tungen konstant gehalten werden. Die Beeinflussung der Drehzahl geschieht durch Ändern des Ankerstroms. Als **Stellglied** kommt eine thyristorgesteuerte Gleichrichterschaltung (Phasenanschnittsteuerung) zum Einsatz. Die gewünschte Drehzahl (Führungsgröße) wird als Spannung U_w am Potentiometer eingestellt. Gleichzeitig wird die tatsächliche Drehzahl (Regelgröße) gemessen. Da Regelgröße (Drehzahl) und Führungsgröße (U_w) nicht direkt miteinander verglichen werden können, wird ein Tachogenerator als Messumformer eingesetzt. In ihm wird eine der Drehzahl proportionale Spannung U_r erzeugt.

Der Regler bildet eine Steuerspannung U_y (Stellgröße), die dem Steuergerät zugeführt wird ①. Hier wird die Impulslage und damit der Stromflusswinkel α der thyristorgesteuerten Gleichrichterschaltung verstellt um die Regeldifferenz zu verkleinern.

- Jeder Regelvorgang beinhaltet Messen, Vergleichen und Stellen.

2.1.2 Steuerung

Findet bei der beschriebenen KFZ-Einspritzanlage (Abb. 2, S. 55) keine Messung des Restsauerstoffgehaltes statt, so liegt eine Steuerung vor. Die Benzineinspritzmenge steht im festen Verhältnis zur angesaugten Luftmenge, Störungen können nicht ausgeglichen werden. Die Führungsgröße w (λ = 1) kann den verschiedenen Lastbedingungen des Motors angepasst werden. Dazu wird der Führungsgrößenverlauf (Lambda-Kennfeld, Abb. 3) im Steuergerät gespeichert.

Auch am Beispiel der Drehzahlregelung (Abb. 2) lässt sich das Steuern verdeutlichen, wenn eine kleine Schaltungsänderung vorgenommen wird. Die Regeleinrichtung wird entfernt und die als Spannung (U_w) vorliegende Führungsgröße direkt dem Steuergerät zugeführt. Durch Verändern der Potentiometereinstellung lässt sich zwar noch eine bestimmte Drehzahl vorgeben, diese wird aber bei Belastungsänderungen nicht konstant gehalten (geregelt), da keine Rückmeldung über die tatsächliche Drehzahl (Regelgröße) vorliegt.

- Das Steuern ist ein Vorgang, bei dem eine Steuereinrichtung mit ihrer von der Führungsgröße abhängigen Stellgröße die Steuerstrecke beeinflusst. Die sich bildende Steuergröße hat keinen Einfluss auf die Steuereinrichtung (offener Wirkungsweg).

Abb. 4 zeigt den offenen Wirkungsweg der Steuersignale. Die Stellgröße y wird ausschließlich von der Führungsgröße w gebildet und der Steuerstrecke zugeführt. Störungen werden von der Steuereinrichtung nicht erfasst, sie können somit nicht korrigiert werden.

2.1.3 Darstellung im Signalflussplan

Die bisher beschriebenen Regelkreise wurden im Blockschaltbild durch festgelegte gerätetechnische Kurzzeichen (Motor, Steuersatz) oder auch durch bildhafte Symbole (Ottomotor) dargestellt.

Kommt es weniger auf die Funktion der Geräte an, so wählt man den **Signalflussplan** (Abb. 1, S. 58). Der Signalflussplan zeigt die Richtung und Verknüpfung der regelungstechnischen Signale. In ihm sind zwei Arten von Signalleitungsverbindungen dargestellt:

1. Ein nicht ausgefüllter Kreis (Abb. 2a, S. 58) kennzeichnet eine **Additions- und Mischstelle**. An ihr ist das abfließende Signal gleich der Summe oder Differenz, entsprechend dem Vorzeichen, der zufließenden Signale.

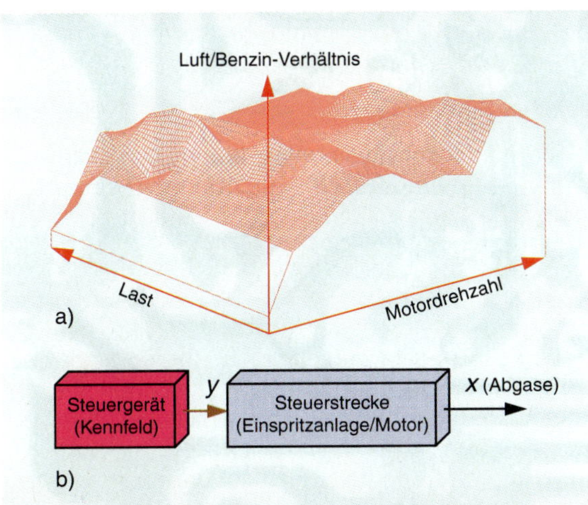

Abb. 3: Kennfeld-Steuerung eines KFZ-Motors

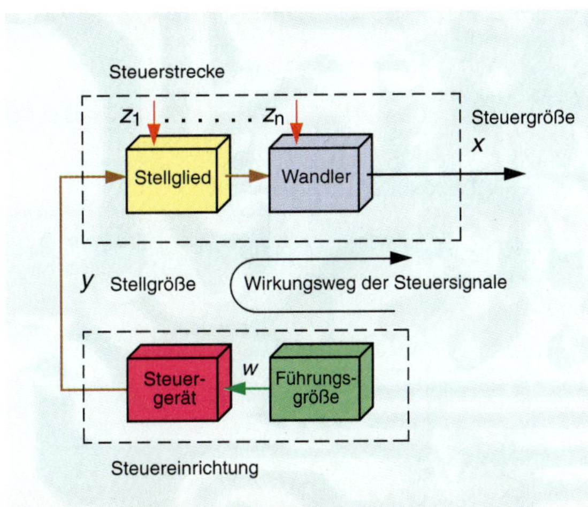

Abb. 4: Elemente und Signale in der Steuerkette

2. Ein kleiner ausgefüllter Kreis (Abb. 2b) kennzeichnet eine **Verzweigungsstelle**. Zu- und abfließende Signale sind untereinander gleich.

In der Praxis lassen sich Führungsgröße und Regelgröße selten direkt vergleichen. Der Regelkreis ist in diesem Fall um einen Messumformer oder Signalformer zu erweitern. Sie arbeiten mit Hilfsenergie, z. B. NTC-Widerstand oder ohne Hilfsenergie, z. B. Thermoelement. Zusammen mit dem eigentlichen Regler bilden sie die Regeleinrichtung.

Der häufig bestehende nichtlineare Zusammenhang zwischen Eingangs- und Ausgangsgröße muss in der Regeleinrichtung korrigiert werden.

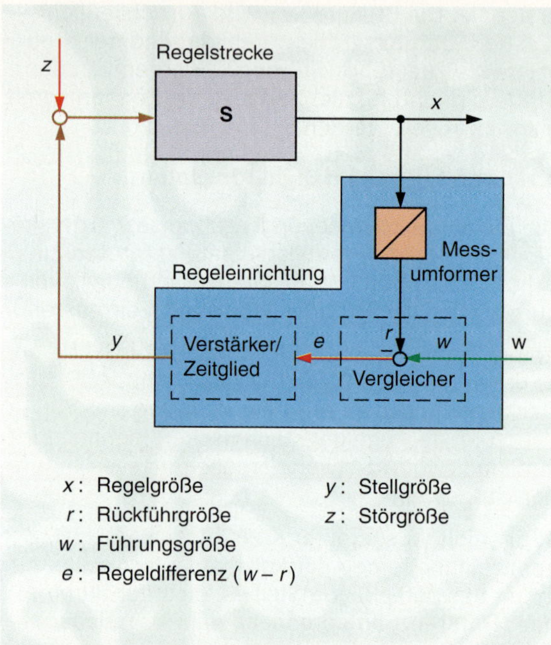

Abb. 1: Signalflussplan eines Regelkreises

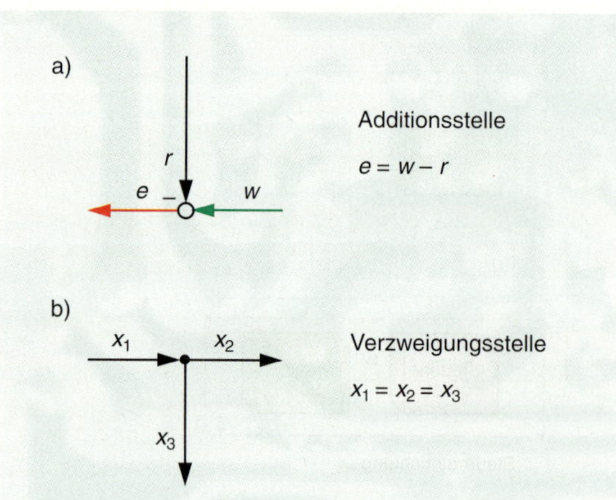

Abb. 2: Additions- und Verzweigungsstelle

6.2 Arten und Ziele der Regelung

Regelungen lassen sich nach der Führungsgröße unterscheiden:

Kennzeichen der **Festwertregelung** ist eine überwiegend konstante, d. h. auf einen festen Wert eingestellte Führungsgröße. Beispiel: Spannungsversorgung einer elektronischen Baugruppe mit $U_B = 5$ V, $U_B \triangleq w$.

Wird die Führungsgröße nach einem bestimmten Zeitplan verändert, spricht man von einer **Zeitplan-** oder **Programmregelung**. Beispiel: Nachtabsenkung der Temperatur bei einer Gebäudeheizungsanlage.

Bei der **Folgeregelung** folgt die Regelgröße den sich ändernden Werten der Führungsgröße. Beispiel: Nachführen einer Antenne auf den Stand eines Satelliten.

Regelungen lassen sich auch nach der Signalverarbeitung unterscheiden:

Bei der **zeitkontinuierlichen Regelung** wird die Regelgröße ununterbrochen erfasst (gemessen) und mit der Führungsgröße verglichen. Die Stellgröße wirkt ebenso ununterbrochen auf die Regelstrecke.

Die **Abtastregelung** erfasst die Regelgröße zu bestimmten Zeitpunkten, den so genannten Abtastzeitpunkten. Die Stellgröße wird aus den zu den Abtastzeitpunkten vorliegenden Werten für Regelgröße und Führungsgröße gebildet. Sie wirkt bis zur Bildung einer neuen Stellgröße auf die Regelstrecke ein.

Bei einer **Mehrpunktregelung** kann die Stellgröße nur wenige verschiedene Werte annehmen.

Beispiel Zweipunkttemperaturregelung:

Der Istwert der Temperatur wird fortlaufend gemessen. Bei Erreichen des oberen Grenzwertes wird die Heizung ab-, bei Erreichen des unteren Grenzwertes wieder eingeschaltet.

Beispiel Klimaanlage:

Im Vergleich zur Zweipunktregelung kann die Stellgröße einen dritten Wert (Kühlung) einnehmen. Eine Klimaanlage ist somit eine Dreipunktregelung.

Ziele einer Regelung

Ziel eines Regelvorgangs ist es, eine vorgegebene Führungsgröße (Sollwert) so schnell wie möglich als Regelgröße (Istwert) zu erreichen und sie dann trotz möglicher Störgrößen konstant zu halten. In der Praxis ist dabei eine vorübergehende bzw. bleibende Regeldifferenz nicht zu vermeiden.

Abb. 3a zeigt das Verhalten eines Regelkreises bei einem Spung der Führungsgröße (**Führungsverhalten**) bzw. der Störgröße (**Störverhalten** Abb. 3b) zum Zeitpunkt t_0. Die Einstellung des Reglers ist jeweils ein von der Regelaufgabe abhängiger Kompromiss zwischen schnellem Erreichen einer neuen Führungsgröße und möglichst geringem Überschwingen der Regelgröße. Hier ist die Reglereinstellung so gewählt, dass sich der ausgeregelte Zustand nach mehrmaligen Überschwingen einstellt.

Die Wahl des Reglertyps (**Reglerstruktur**) und die Einstellung der Kennwerte des Reglers (**Regelparameter**) werden in Abhängigkeit vom Regelstreckentyp und deren Kennwerte anhand von Tabellen vorgenommen (vgl. 2.8).

Es gibt Regelaufgaben, bei denen ein Überschwingen nicht erlaubt ist. Zum Beispiel ist dies bei Positionsregelungen von spanabhebenden Werkzeugen der Fall.

Der Sollwert gilt dann als erreicht, wenn die Regelgröße im vorgeschriebenen **Toleranzband** Δx bleibt.

- Auslegung (Struktur) und Einstellung (Regelparameter) der Regeleinrichtung sind von der jeweiligen Regelaufgabe und damit von der Regelstrecke abhängig.

Die Ermittlung der Regelstreckenkennwerte stellt den ersten Arbeitsgang bei der Projektierung eines Regelkreises dar.

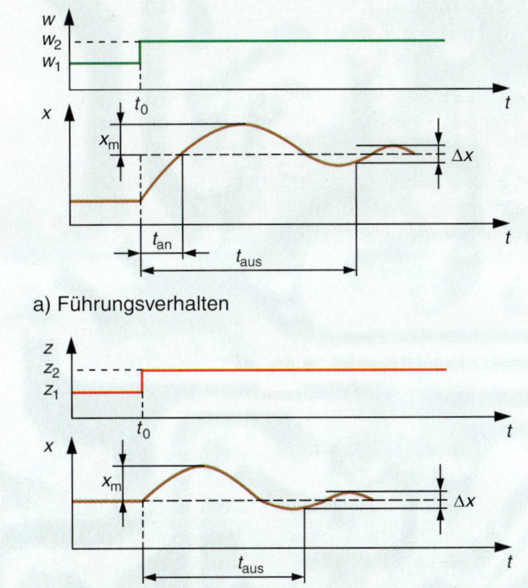

b) Störverhalten

x_m: Überschwingweite = Maximalwert der vorübergehenden Regeldifferenz.

t_{an}: Anregelzeit = Die Zeit, die nach einem Sprung vergeht bis die geforderte Regelgröße erstmalig erreicht wird.

t_{aus}: Ausregelzeit = Die Zeit, die nach einem Sprung vergeht bis sich die Regelgröße endgültig innerhalb der vereinbarten Toleranzgrenzen bewegt.

Abb. 3: Sprungverhalten eines Regelkreises

Tab. 2.1: Einsatzschwerpunkte der Regelungstechnik

Anwendungsbereich, Regelgrößen	Regelungsart, Anforderungen	Beispiele
Elektrische Größen: Spannung, Stromstärke, Frequenz, Wirk- und Blindleistung, Verstärkung	Festwertregelung: Kleine Überschwingweite, Ausregelzeit bis zu einigen Zehntelsekunden.	Netzgerät, Funktionsgenerator, Stromerzeuger, Netze
Antriebstechnik: Drehzahl, Drehmoment	Festwertregelung: Ausregelzeit bis zu einigen Millisekunden.	Kraftmaschinen, Walzwerke, Papier- und Textilherstellung
Verfahrenstechnik: Temperatur, pH-Wert, Durchfluss, Niveau	Festwert- und Folgeregelung: Kleine Überschwingweite, Ausregelzeit bis zu einigen Minuten.	Chemiefabrik, Erdölindustrie, Kraftwerke, Nahrungsmittelindustrie
Lageregelung: Position, räumliche Lage	Festwert- und Folgeregelung: Teilweise kein Überschwingen zulässig, kleine Ausregelzeiten, hohe Genauigkeiten.	Werkzeugmaschinensteuerung, Antennen, Scheinwerfer
Kursregelung: Winkel	Festwert- und Folgeregelung: Kleine Ausregelzeiten, hohe Betriebssicherheit, geringes Gewicht.	Flugzeuge, Raumkörper, Schiffe

2.3 Einsatzschwerpunkte der Regelungstechnik

Die Einsatzschwerpunkte in der Industrie grenzen sich durch die Art der Regelung sowie die zu regelnden Anlagen, Geräte und Maschinen gegeneinander ab. Es treten sehr unterschiedliche Anforderungen an Ausregelzeit und Überschwingweite auf (Tabelle 2.1, S. 59).

Abb. 1: Industrieanlage mit vielen Regelkreisen

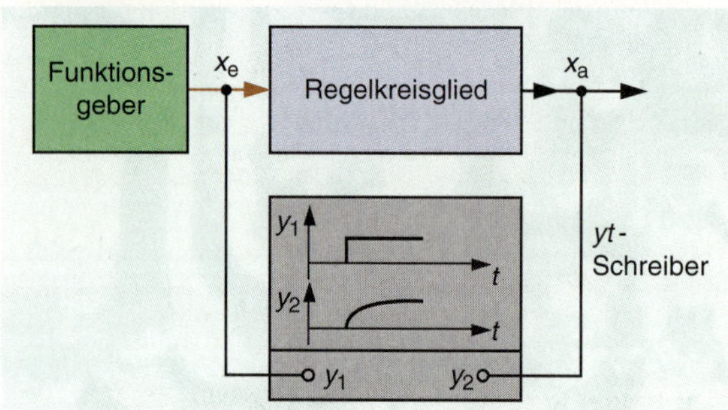

Abb. 2: Experimentelle Aufnahme des Zeitverhaltens

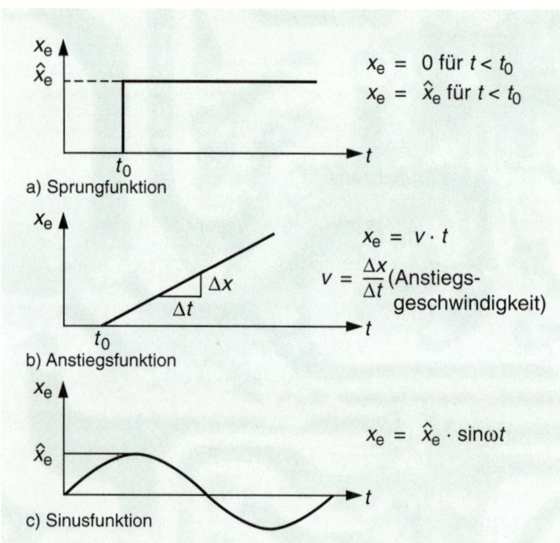

Abb. 3: Testfunktionen für Regelkreisglieder

2.4 Verhalten von Regelstrecken

2.4.1 Testfunktionen

Um den Regler an die spezifischen Anforderungen des Regelproblems anpassen zu können, ist die genaue Kenntnis des Verhaltens aller Regelkreisglieder erforderlich (Optimierung vgl. 2.8).

Auf den Eingang des zu untersuchenden Regelkreisgliedes lässt man eine mathematisch genau definierte zeitabhängige Testfunktion einwirken. Diese wird mit dem zeitlichen Verlauf der am Ausgang gemessenen Funktion verglichen (Abb.2 u. 4).

Hauptsächlich werden folgende Signalformen verwendet:

a) **Sprungfunktion** (Abb. 3a)
Sie ist die am häufigsten verwendete Testfunktion, da sie relativ einfach erzeugt werden kann.

Das zugehörige Ausgangssignal heißt **Sprungantwort**. Wird die Sprungantwort durch die Amplitude x_e dividiert, so erhält man die **Übergangsfunktion**.

b) **Anstiegsfunktion** (Abb. 3b)
Die Anstiegsgeschwindigkeit v muss dabei an die Verhältnisse der Regelstrecke angepasst werden.

Das zugehörige Ausgangssignal heißt **Anstiegsantwort**.

c) **Sinusfunktion** (Abb. 3c)
Bei der Aufnahme des Zeitverhaltens mittels einer sinusförmigen Testfunktion zeigt die Ausgangsgröße ebenfalls einen sinusförmigen Verlauf.

Bildet man das Verhältnis $\frac{\hat{x}_a}{\hat{x}_e}$ für einen Frequenzbereich, so erhält man den **Frequenzgang**. Der Frequenzgang lässt sich in der komplexen Ebene

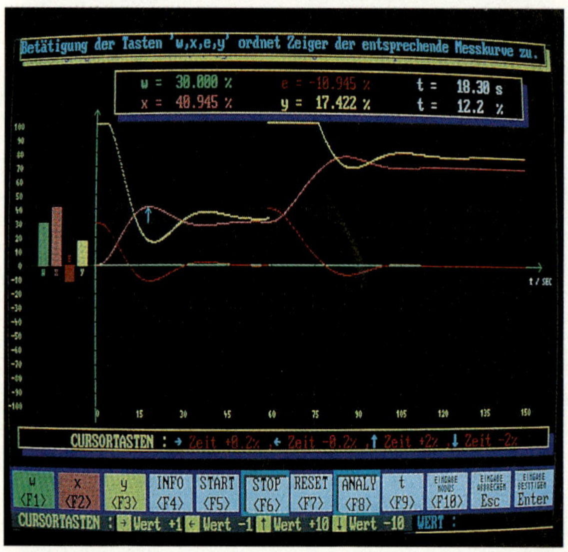

Abb. 4: Kennlinienaufnahme

als **Ortskurve** oder auch getrennt nach Amplituden und Phasengang (**Bodediagramm**) darstellen.

2.4.2 Zeitverhalten von Regelstrecken mit Ausgleich (Proportional-Regelstrecken)

Die Sprungantwort einer Regelstrecke mit Ausgleich zeigt nach längerer Zeit ($t \rightarrow \infty$) einen konstanten Wert x_∞ (Beharrungswert). Dieser Ausgleich erfolgt nach einer oder mehreren **Zeitkonstanten** bzw. einer **Totzeit**. Kennwerte einer solchen Regelstrecke sind somit der **Proportionalbeiwert** $K_{PS} = \frac{x_\infty}{y}$, (Streckenverstärkungsfaktor), die Zeitkonstanten T_1 ... T_n und die Totzeit T_t. Die aus der Sprungantwort bzw. Anstiegsantwort ermittelten Kennwerte können im Blockschaltbild der Regelstrecke neben der stilisierten Sprungantwort eingetragen werden.

P_0-Strecke
Kenngröße der Proportional-Regelstrecke ohne Zeitkonstanten ist der **Proportionalbeiwert** $K_{PS} = \frac{x}{y}$ (Abb. 5a). Da weder Verzögerungen noch Totzeit vorhanden sind, folgt die Regelgröße der Stellgröße unmittelbar.

Der Transistor (Abb. 5b) verhält sich in einigen Bereichen wie eine P_0-Strecke. Der Kollektorstrom (Regelgröße x) ist proportional dem Basisstrom (Stellgröße y).

Druck und Durchflussregelstrecken (Abb. 5c) in Rohrnetzen zeigen ebenfalls einen proportionalen Zusammenhang zwischen der Regelgröße Druck bzw. Durchflussmenge und der Stellgröße Ventilöffnung.

PT_1-Strecke
Kenngröße der Proportional-Regelstrecke mit einer Verzögerungszeitkonstanten ist der **Proportionalbeiwert** $K_{PS} = \frac{x_\infty}{y}$ und die **Verzögerungszeitkonstante** T_1. K_{PS} kann nach Abklingen der Verzögerung ($t \rightarrow \infty$) aus Regelgröße und Stellgröße ermittelt werden (Abb. 6a).

Da der Anstieg der Regelgröße nach einer e-Funktion verläuft, kann die Zeitkonstante T_1 grafisch aus der Sprungantwort ermittelt werden. Die Zeit T_1 ist abgelaufen, wenn die Regelgröße 63% ihres Endwertes (Beharrungswert) erreicht hat.

Als Beispiel sei der konstant erregte Gleichstrommotor (Abb. 6b) genannt. Bei sprunghafter Änderung der Ankerspannung (Stellgröße y) strebt die Drehzahl (Regelgröße x) verzögert einem neuen Endwert zu. Gleiches kann für ein RC-Glied (Abb. 6c) gesagt werden. Stellgröße ist hier die Eingangsspannung U_1, Regelgröße ist die Ausgangsspannung U_2.

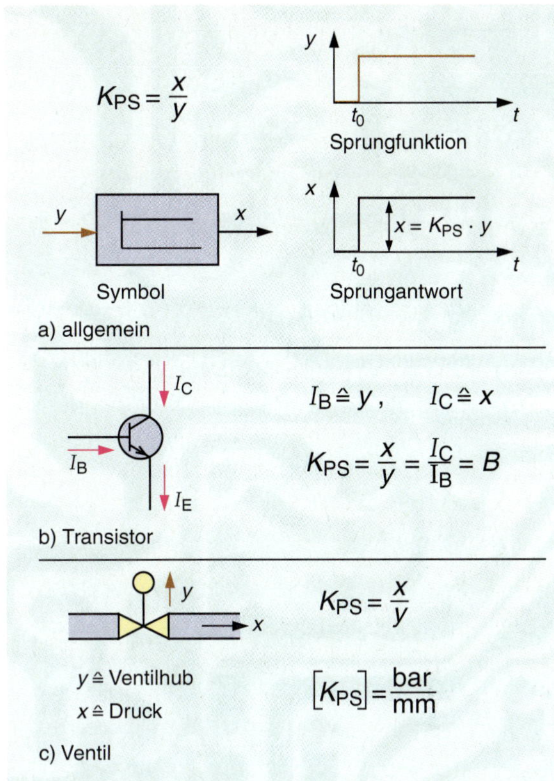

Abb. 5: P_0-Regelstrecke

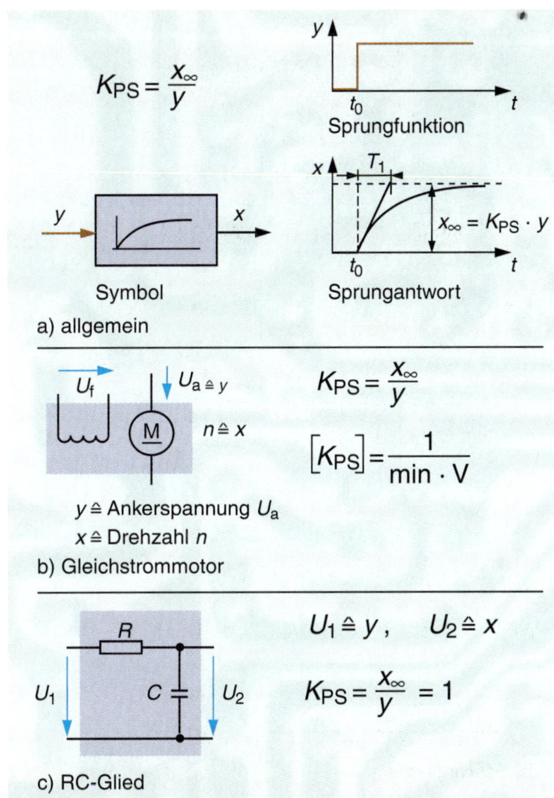

Abb. 6: PT_1-Regelstrecke

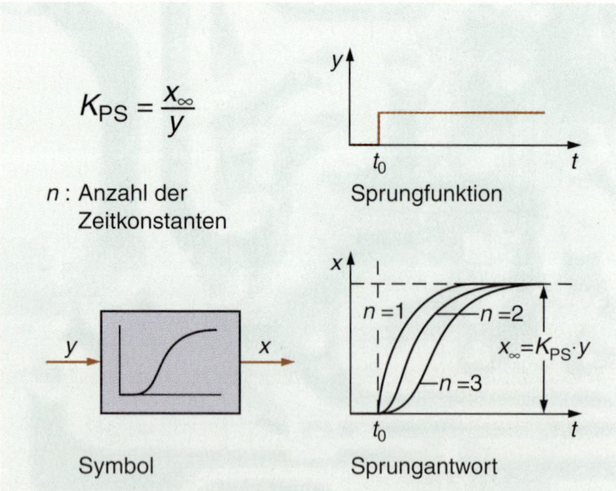

Abb. 1: Regelstrecken höherer Ordnung

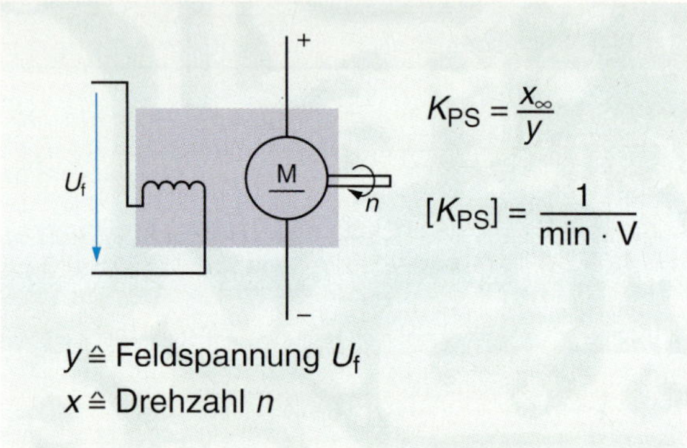

Abb. 2: Regelstrecke mit 2 Zeitkonstanten

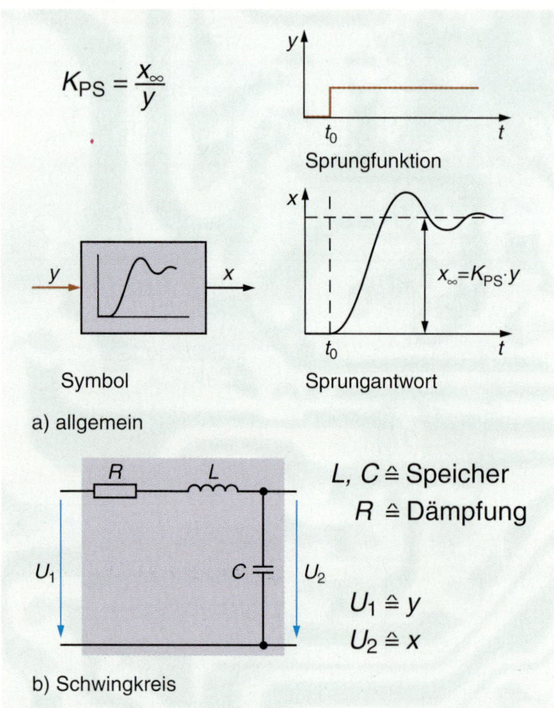

Abb. 3: PT_2- Regelstrecke

PT_n-Strecke
Kenngröße der Proportional-Regelstrecke mit mehreren Verzögerungszeitkonstanten ist der **Proportionalbeiwert** $K_{PS} = \frac{x_\infty}{y}$ sowie die **Zeitkonstanten** T_1 ... T_n. Die Anzahl und die Größe der einzelnen Zeitkonstanten sind aus der Sprungantwort nur schwer zu ermitteln. Die Anzahl der **Masse- oder Energiespeicher** entspricht der Zahl der Zeitkonstanten. In Abb. 1 sind Sprungantworten von Regelstrecken mit 1, 2 und 3 Verzögerungszeitkonstanten (1., 2. und 3. Ordnung) dargestellt.

- Temperaturregelstrecken stellen wegen der vorhandenen Wärmespeicher (Kessel, Rohr-system, Heizkörper) meist Regelstrecken höherer Ordnung dar.

Wird die Drehzahl eines Gleichstrommotors mit Hilfe der Erregerfeldspannung beeinflusst, so ergeben sich zwei Verzögerungszeitkonstanten (Abb. 2).

P-Strecke mit schwingendem Verhalten
Diese Regelstrecken enthalten Speicher, die im wechselseitigen **Energieaustausch** stehen. Dieser Austausch kann z. B. zwischen Spule und Kondensator im Schwingkreis oder in einem Feder-Masse-System stattfinden.

Kenngrößen sind der Proportionalbeiwert $K_{PS} = \frac{x_\infty}{y}$ und die Zeitkonstanten T_1 ... T_n.

Nach einer sprungartigen Erregung läuft die Regelgröße schwingend auf den neuen Beharrungswert ein (Abb. 3a).

Als Beispiel sei das Einschwingverhalten des Zeigers von analogen Messinstrumenten sowie die Spannung an Spule oder Kondensator im Reihenschwingkreis genannt (Abb. 3b).

PT_t-Strecke
Kenngrößen der Proportional-Regelstrecke mit **Totzeit** sind der Proportionalbeiwert $K_{PS} = \frac{x_{(t>T_t)}}{y}$ und die Totzeit T_t. Bei einem Sprung der Stellgröße zeigt sich erst nach Ablauf der Totzeit ($t>T_t$) eine Reaktion der Regelgröße (Abb. 4a). Ein Beispiel für eine Regelstrecke mit Totzeit ist ein Förderband (Abb. 4b). Regelgröße ist die transportierte Menge pro Zeiteinheit, die Schieberstellung stellt die Stellgröße dar.

Ein weiteres Beispiel ist der steuerbare Gleichrichter in der Antriebstechnik (Abb. 4c). Die Totzeit ergibt sich aus dem Verhalten der Thyristoren. Soll bei einem noch nicht gezündeten Thyristor der Zündwinkel aufgrund eines Laststoßes verändert werden, so kann dies unmittelbar (T_t=0) geschehen. War der Thyristor dagegen schon gezündet, so kann eine Korrektur des Zündzeitpunktes frühestens beim nächsten Impuls geschehen ($T_t = T$). Da also die Länge der Totzeit vom Zeitpunkt der Anforderung (Laststoß) abhängt, kann man lediglich eine mittlere Totzeit angeben.

Sie ergibt sich zu $T_{tm} = \frac{T}{2}$. Die Zeit T ist die Zeit bis zum Eintreffen des nächsten Impulses. Bei den in der Antriebstechnik üblichen Thyristorbrücken ergeben sich Totzeiten im Millisekundenbereich (Abb. 4c).

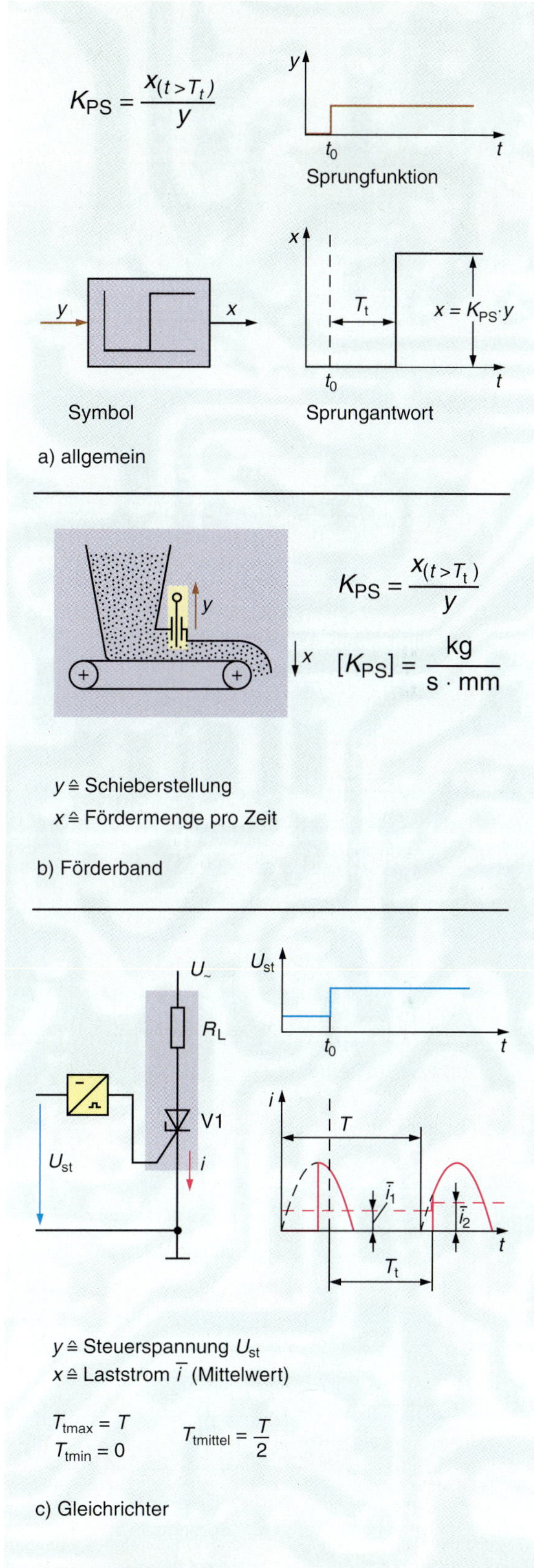

Abb. 4: PT_t-Regelstrecke

Aufgaben zu 2.1.1. bis 2.4.2

1. Zeichnen Sie einen einfachen Regelkreis mit jeweils einem Umformer für die Regelgröße und die Stellgröße! Tragen Sie die regelungstechnischen Signale ein!
2. Welche Eigenschaft besitzt der Wirkungsweg der Signale im Regelkreis?
3. Erläutern Sie die Signale Regelgröße, Führungsgröße und Stellgröße!
4. Erklären Sie den Begriff Regeldifferenz!
5. Wie heißt die Ausgangsgröße des Reglers, wie heißen seine Eingangsgrößen?
6. Beschreiben Sie einen Regelvorgang!
7. Geben Sie Regelgröße, Stellgröße sowie deren Einheiten im Drehzahlregelkreis auf S. 56 an!
8. Erläutern Sie den Unterschied zwischen einem Regelvorgang und einem Steuervorgang!
9. Was wird im Signalflussplan eines Regelkreises dargestellt?
10. Wie werden Additions- bzw. Verzweigungsstellen im Signalflussplan dargestellt? Nennen Sie jeweils ein Beispiel!
11. Nennen Sie vier verschiedene Arten von Regelungen!
12. Beschreiben Sie eine Folgeregelung!
13. Welche möglichen Ziele kann ein Regelvorgang haben? Nennen Sie dazu jeweils Beispiele!
14. Erläutern Sie den Unterschied zwischen bleibender und vorübergehender Regeldifferenz!
15. Was ist mit dem Störverhalten bzw. dem Führungsverhalten eines Regelkreises gemeint?
16. Erklären Sie den Begriff der Überschwingweite und der Ausregelzeit!
17. Nennen Sie einige Anwendungsbereiche der Regelungstechnik! Nennen Sie die jeweiligen Regelgrößen!
18. Beschreiben Sie die bevorzugten Testfunktionen zur Untersuchung von Regelkreisgliedern!
19. Welche Kenngrößen besitzt eine Proportionalregelstrecke? Erläutern Sie die Kenngrößen am Beispiel der Temperaturregelstrecke!

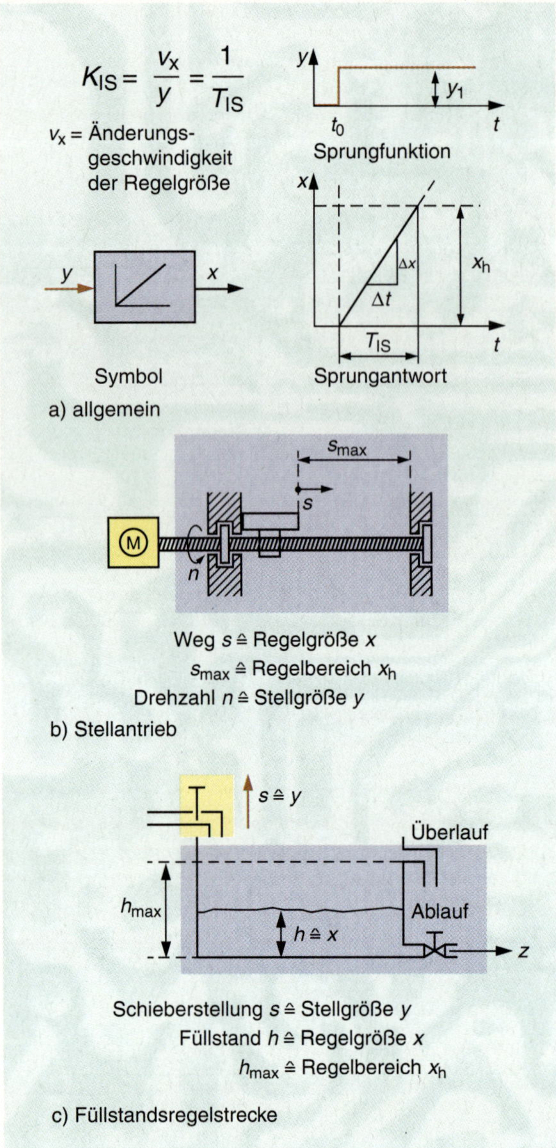

Abb. 1: Integral-Regelstrecke

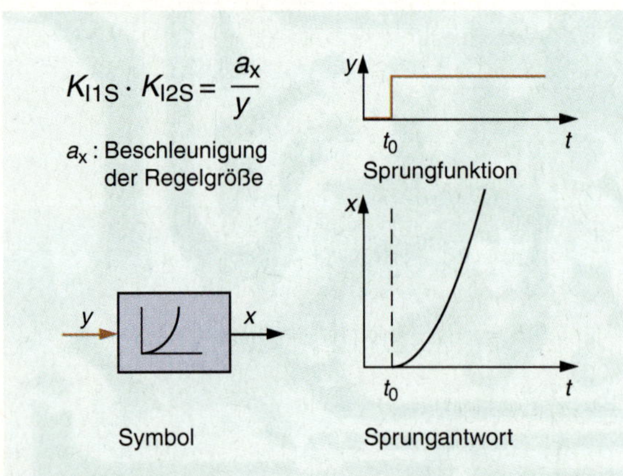

Abb. 2: Doppelt integrierende Regelstrecke

2.4.3 Zeitverhalten von Regelstrecken ohne Ausgleich (Integral-Regelstrecken)

Nach einem Sprung der Stellgröße y zum Zeitpunkt t_0 nimmt die Regelgröße x an einer integrierenden Regelstrecke mit konstanter Änderungsgeschwindigkeit v_x zu (Abb. 1a). Dieser Vorgang kann unverzögert aber auch mit einer oder mehreren Verzögerungszeitkonstanten bzw. einer Totzeit einsetzen. Der Anstieg bleibt solange bestehen, bis die Stellgröße abgeschaltet wird oder die Regelgröße ihren Maximalwert (Begrenzung) erreicht.

Kenngröße der Integral-Regelstrecke ist der **Integrierbeiwert K_{IS}** bzw. die **Integrierzeit T_{IS}**. Es bestehen folgende Zusammenhänge:

$$K_{IS} = \frac{1}{T_{IS}} \cdot \frac{X_h}{Y_h}\,;\quad K_{IS} = \frac{v_{xmax}}{Y_h} = \frac{v}{y}\,;\quad v_x = \frac{\Delta x}{\Delta t}\,;\quad v_{xmax} = \frac{X_h}{T_{IS}}$$

- T_{IS} ist die Zeit, die die Regelstrecke bei Anlegen der maximalen Stellgröße $y_{max} = Y_h$ und der daraus resultierenden maximalen **Änderungsgeschwindigkeit** v_{xmax} der Regelgröße zum Durchlaufen des gesamten **Regelbereichs** X_h benötigt.

I_0-Strecke

Die unverzögerte Integral-Regelstrecke erreicht unmittelbar zum Zeitpunkt t_0 die Änderungsgeschwindigkeit v_x.

Beispiel dafür sind der Stellantrieb (Abb. 1b) und die Füllstandsregelstrecke (Abb. 1c). Hier bleibt der Flüssigkeitsstand nur dann konstant, wenn Zulaufmenge und Ablaufmenge gleich sind. Andernfalls steigt bzw. sinkt der Flüssigkeitsstand bis zum Überlaufen bzw. bis der Behälter leer ist. Aufgrund der fehlenden Selbststabilisierung ist eine Integral-Regelstrecke im Allgemeinen schwieriger zu regeln als eine Proportional-Regelstrecke.

IT_n-Strecken bzw. IT_t-Strecke

Zusätzliche Verzögerungszeitkonstanten können sich durch den Motor eines Stellantriebes, eine Totzeit kann sich durch ein Getriebespiel ergeben. Schwingendes Verhalten kann sich durch die Torsion einer Vorschubspindel einstellen.

I^2-Strecke

Die doppeltintegrierende Regelstrecke (Abb. 2) zeigt bei einem Sprung der Stellgröße eine konstante **Beschleunigung** a_x der Regelgröße x.

Beispiele dafür sind die Regelung des Neutronenflusses und die Kurs- oder Lageregelung von Flugkörpern.

2.4.4 Dynamische Kenngrößen von Regelstrecken

Die dynamischen Kenngrößen einer Regelstrecke werden grafisch aus der Sprungantwort ermittelt. Ihre Kenntnis erleichtert die Auswahl und Einstellung der Regeleinrichtung (vgl. Optimierung).

Als Kenngrößen werden u. a. die **Totzeit** T_t, die **Verzugszeit** T_u und die **Ausgleichszeit** T_g bzw. die **Integrierzeit** T_{IS} ermittelt. Voraussetzung dafür ist ein Stellgrößensprung mit der Sprunghöhe des Stellbereichs Y_h (Abb. 3b). Das Hochlaufen der Regelgröße x erfolgt dann mit der maximalen Änderungsgeschwindigkeit v_{xmax} aus der sich als weitere Kenngröße der **Anlaufwert** $A = \frac{1}{v_{xmax}}$ errechnen lässt.

Wenn aus technischen oder betrieblichen Gründen eine geringere Sprunghöhe gewählt werden muss, ist v_{xmax} nach folgender Beziehung zu errechnen:

$$v_{xmax} = \frac{Y_h}{y_1} \cdot v_1$$

Y_h : Stellbereich

y_1 : gewählte Sprunghöhe

v_1 : ermittelte Geschwindigkeit

Als weitere Kenngrößen werden der Übertragungsbeiwert K_{PS} und bei der Proportional-Regelstrecke der Regelbereich X_h ermittelt.

Kenngrößen der Proportional-Regelstrecken

Zur Ermittlung der o. g. Zeiten wird eine Tangente an den Wendepunkt (Abb. 3b ④) der Sprungantwort gezeichnet. Es ergibt sich die Möglichkeit T_g, T_t und T_u abzulesen. T_t und T_u können als Ersatztotzeit T_{TE} zusammengefasst werden.

Die in Abb. 3b angegebenen Formeln ergeben für die P_0-Strecke ① einen Anlaufwert $A = 0$. T_t, T_u und T_g sind jeweils null.

Bei der PT_1-Strecke ② ist $T_t = 0$, $T_g = T_1$.

Als Anlaufwert ergibt sich $A = \frac{T_1}{K_{PS} Y_h} = \frac{T_1}{X_{Yh}}$

Kenngrößen der Integral-Regelstrecken

Zur Ermittlung der o. g. Zeiten wird der ansteigende Ast der Sprungantwort bis zur Nulllinie verlängert (Abb. 3c). Die Integrierzeit ergibt sich von diesem Schnittpunkt bis zum Erreichen des Endwertes des Stellbereiches.

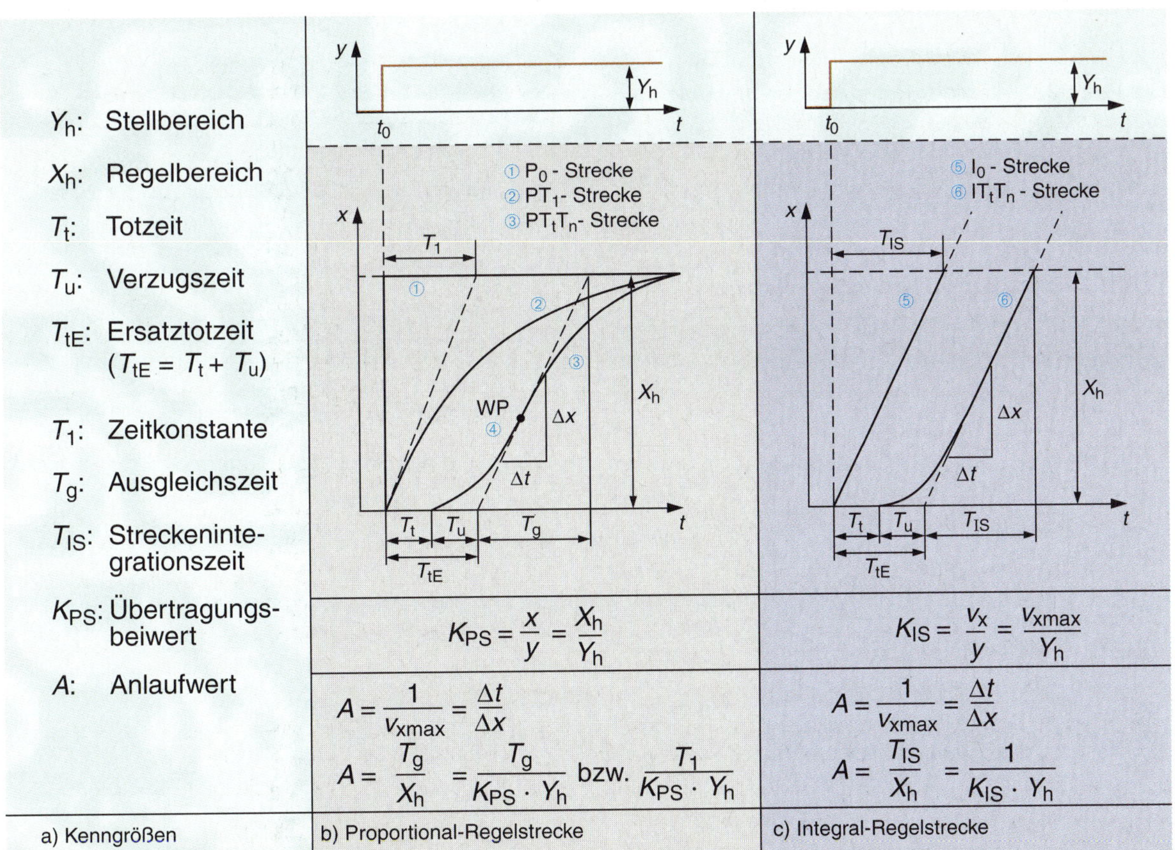

Abb. 3: Kenngrößen der Regelstrecken

2.4.5 Regelbarkeit von Regelstrecken

Die Regelbarkeit einer Strecke hängt von der Ausgleichszeit T_g bzw. der Zeitkonstante T_1 und den häufig auftretenden Tot- und Verzugszeiten ab. Die Zusammenhänge sollen an einer verzögert reagierenden Regelstrecke mit zusätzlicher Totzeit (PT_1T_t-Strecke) verdeutlicht werden.

Eine Störung macht sich erst nach Ablauf der Totzeit als Regelgrößenänderung bemerkbar. Der darauf folgende Reglereingriff wird ebenfalls erst nach Ablauf der Totzeit am Regelstreckenausgang wirksam. Durch diese Zeitverschiebungen stellt sich eine Regeldifferenz ein, die um so größer ist, je größer die Totzeit der Strecke ist.

- Große Totzeiten verschlechtern die Regelbarkeit.

Eine weitere Verschlechterung der Regelbarkeit liegt bei einer nach Ablauf der Totzeit schnell reagierenden Regelstrecke vor. Dies ist der Fall, wenn Ausgleichszeit T_g, Zeitkonstante T_1 oder Integrationszeit T_{IS} klein sind. Da die Stellgröße y erst nach Ablauf der Totzeit T_t wirksam wird, kann es während dieser Zeit zu einer großen Regeldifferenz kommen.

- Große Zeitkonstanten verbessern die Regelbarkeit.

Die Regelbarkeit einer Regelstrecke lässt sich durch folgende Beziehung ausdrücken:

Regelbarkeit $\frac{T_1}{T_t}$ bzw. $\frac{T_g}{T_{tE}}$.

Erfahrungswerte aus der Praxis sind in Tabelle 2.2 aufgelistet.

Tab. 2.2: Regelbarkeit einer Regelstrecke

Verhältnis $\frac{T_1}{T_t}$ bzw. $\frac{T_g}{T_{tE}}$	Regelbarkeit
0 1,2	kaum regelbar
1,2 2,5	schlecht regelbar
2,5 5	mäßig regelbar
5 10	gut regelbar
> 10	sehr gut regelbar

Eine PT_1-Strecke ist sehr gut zu regeln, da keine Tot- oder Verzugszeit vorhanden ist.

Eine PT_t-Strecke ist kaum regelbar, da keine Verzögerungs- bzw. Ausgleichszeit vorliegt.

Bei Regelstrecken ohne Ausgleich (Integral-Regelstrecken) muss anstelle von T_1 die Integrierzeit T_{IS} zur Berechnung der Regelbarkeit herangezogen werden.

Aufgaben zu 2.4.3 bis 2.4.5

1. Welche Kennwerte hat eine Integral-Regelstrecke?
2. Welchen Wert muss die Stellgröße einnehmen, wenn an einer integrierenden Regelstrecke die Regelgröße konstant gehalten werden muss?
3. Wie wird die Integrationszeitkonstante einer Regelstrecke ermittelt?
4. Zeichnen Sie die Sprungantwort einer integrierenden Regelstrecke mit Totzeit!
5. Nennen Sie ein Beispiel für eine doppeltintegrierende Regelstrecke!
6. Beschreiben Sie die grafische Ermittlung der Verzugszeit und der Ausgleichszeit einer Regelstrecke!
7. Was wird durch den Anlaufwert beschrieben?
8. Wie wirkt sich eine Totzeit in der Regelstrecke auf die Regelbarkeit einer Regelgröße aus?
9. Ermitteln Sie die Kenngrößen der in Abb. 1 dargestellten Sprungantwort!
10. Die Vorschubeinheit einer CNC-Maschine hat eine maximale Verstellgeschwindigkeit von vmax = 10 mm/s. Der Stellbereich der Strecke beträgt 500 mm.
    Berechnen Sie die Integrierzeit der Vorschubeinheit!
11. Ermitteln Sie die Kenngrößen der in Abb. 2 dargestellten Sprungantwort einer Füllstandsregelstrecke!

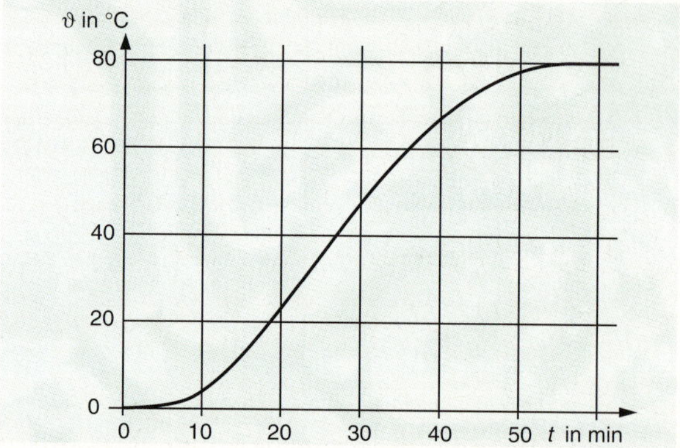

Abb. 1: Sprungantwort einer Temperaturregelstrecke

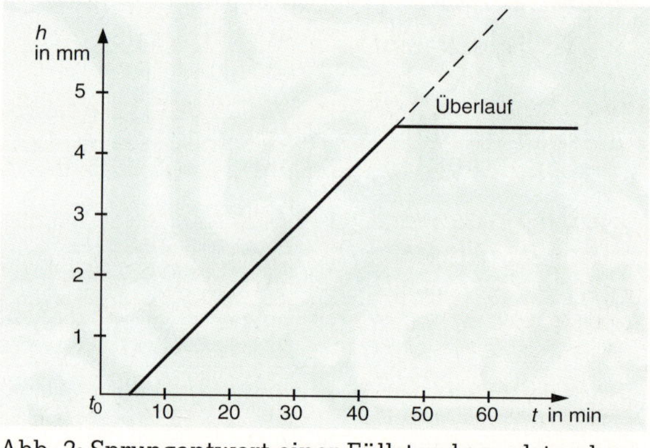

Abb. 2: Sprungantwort einer Füllstandsregelstrecke

2.5 Verhalten analoger Regler

2.5.1 Benennung von Reglern

Die Benennung von Reglern kann nach unterschiedlichen Gesichtspunkten erfolgen. Verschiedene Möglichkeiten dazu zeigt Tabelle 2.3.

In den folgenden Abschnitten sollen zunächst die analogen elektronischen Regler behandelt werden. Hier werden vor allem Operationsverstärkerschaltungen eingesetzt. Das spezielle Übertragungsverhalten wird durch die äußere Beschaltung des Opertionsverstärkers bestimmt. Durch zusätzliche Verstärker und Wandler muss das Reglerausgangssignal dem jeweiligen Stellglied angepasst werden (digitale Regelungstechnik, vgl. 2.10).

2.5.2 Stetige Regler

Regler dieses Typs zeigen bei einer stetigen Reglereingangsgröße *w* bzw. *r* (**wert- und zeitkontinuierlich**) ein stetiges Ausgangssignal (Stellgröße *y*). Es kann innerhalb eines bestimmten Bereichs (Aussteuergrenze) beliebige Werte annehmen (Abb. 3). Bei der Realisierung mit einem Operationsverstärker ist die Aussteuergrenze durch die Betriebsspannung $\pm U_B$ gegeben. Die Reglerausgangsgröße (Stellgröße *y*) wird auf die Reglereingangsgröße (Regeldifferenz $e = w - r$) bezogen und als **Übertragungsverhalten** bezeichnet. Dadurch ist die Stellgröße des Reglers zu jedem beliebigen diskreten Zeitpunkt genau definiert.

- Das Übertragungsverhalten eines stetigen Reglers kann durch eine Gleichung, der Sprungantwort bzw. der Anstiegsantwort oder durch den Frequenzgang beschrieben werden.

Die allgemeine Beschreibung durch eine Gleichung berücksichtigt eine zeitabhängige Regeldifferenz *e*. Dies führt zu einer Differential- bzw. Integralgleichung, deren Lösung u. U. Schwierigkeiten bereitet. Der in der Praxis selten vorkommende Verlauf der Regeldifferenz als Sprung- bzw. Anstiegsfunktion eignet sich besser zur Untersuchung des Reglerverhaltens. Der Frequenzgang des Reglers hat vor allem seine Bedeutung bei der Untersuchung des geschlossenen Regelkreises auf **Stabilität** (vgl. 2.7).

Prinzipiell unterscheidet man das **P-Verhalten** (Proportionalverhalten), das **I-Verhalten** (Integralverhalten) und das **D-Verhalten** (Differentialverhalten). Regler mit reinem P- und I-Verhalten sind möglich, während ein Regler mit reinem D-Verhalten eine Regeldifferenz nicht ausregeln kann. Vorteilhaft erweisen sich jedoch Regler mit kombiniertem Verhalten (Abb. 1, S. 68).

- Bei stetigen Analogreglern unterscheidet man Regler mit P-, I-, PI-, PD- und PID-Verhalten.

Tabelle 2.3: Benennung von Reglern

Benennung nach den Aufgaben	**Beispiele**
Regelgröße	Drehzahlregler, Temperaturregler, Spannungsregler, Lageregler
Regelaufgabe	Gleichlaufregler, Verhältnisregler, Grenzwertregler
geregeltes Objekt	Motorregler, Heizungsregler, Wasserstandsregler, Flugregler
Führungsgröße	Festwertregler, Folgeregler, Zeitplanregler
Benennung nach den Eigenschaften	**Beispiele**
Signalform	Analogregler, Digitalregler
Werteverlauf	stetige Regler, unstetige Regler
Übertragungsverhalten	P-Regler, PID-Regler, Zweipunktregler
Hilfsenergie	elektronischer Regler, hydraulische Regler, pneumatische Regler
Benennung nach	**Beispiele**
Aufstellungsort	Schaltwartenregler
konstruktiver Aufbau	Kompaktregler
charakteristische Bauelemente	Bimetall-Temperaturregler

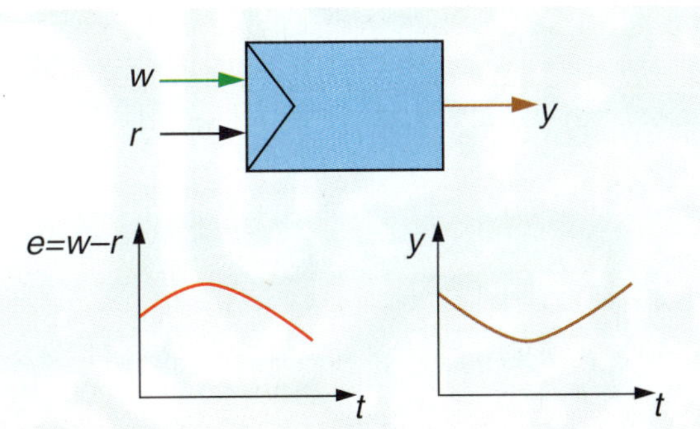

Abb. 3: Verhalten eines stetigen Reglers (Beispiel)

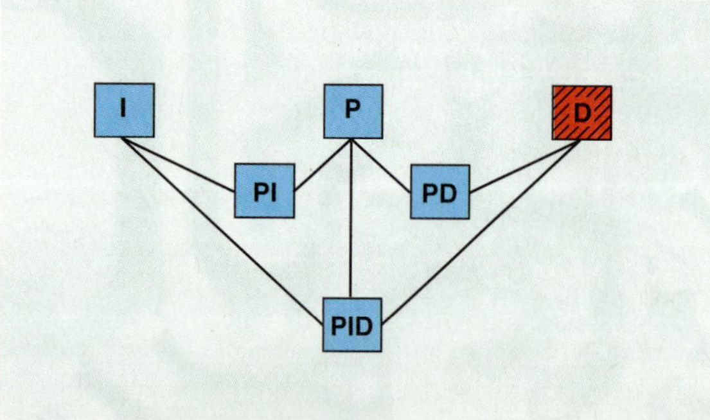

Abb. 1: Mögliche Reglertypen

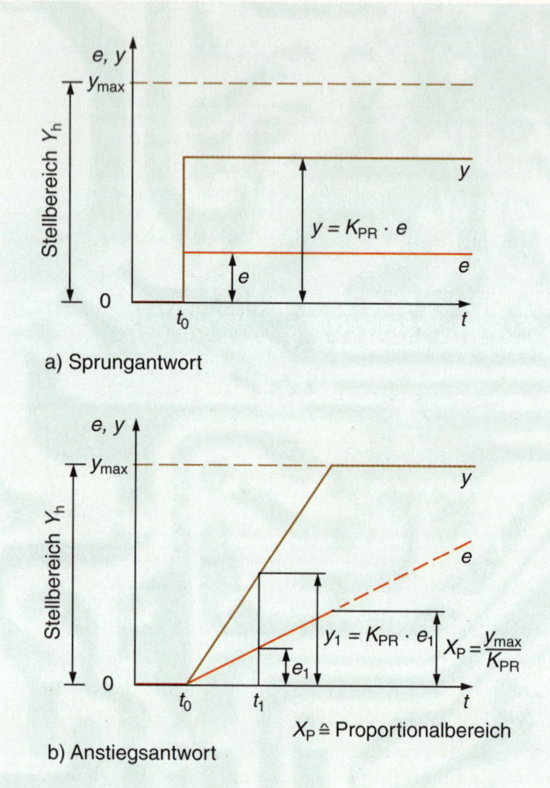

Abb. 2: Sprung- und Anstiegsantwort des P-Reglers

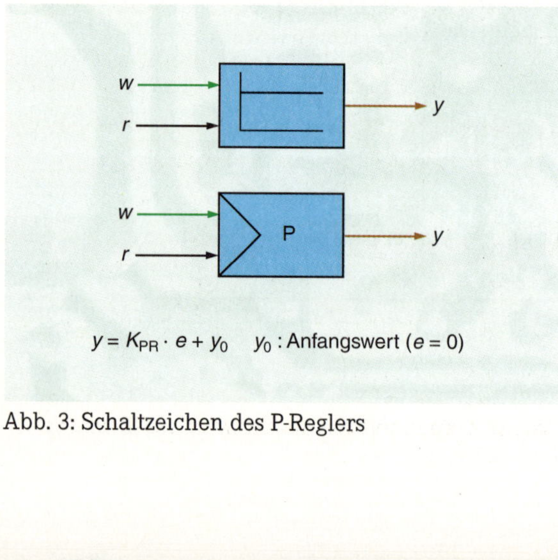

Abb. 3: Schaltzeichen des P-Reglers

2.5.3 P-Regler (Proportionalregler)

Bei einem P-Regler ist jeder Regeldifferenz e ein bestimmter Wert der Stellgröße y zugeordnet. Kenngröße ist der **Proportionalbeiwert** K_{PR} (Regelverstärkungsfaktor).

- Bei einem P-Regler ist die Stellgröße proportional der Regeldifferenz.

Das Übertragungsverhalten des P-Reglers (Abb. 2a) wird durch folgende Gleichung beschrieben:

$$y = K_{PR} \cdot e + y_0$$

y_0 ist der Anfangswert der Stellgröße, wenn $e = 0$ ($w = r$) ist.

Der konstruktive Aufbau des Reglers legt die maximale Stellgröße und damit den **Stellbereich** fest. Innerhalb des Stellbereichs folgt die Stellgröße y der Regeldifferenz e proportional und verzögerungsfrei. Eine weitere Erhöhung der Regeldifferenz e hat keine Erhöhung der Stellgröße y mehr zu Folge, da der maximale Wert der Stellgröße y_{max} bereits erreicht wurde.

Der proportionale Zusammenhang zwischen Regeldifferenz e und Stellgröße y ist also nur dann gegeben, wenn der **Proportionalbereich** X_P (e_{max}) nicht überschritten wird (Abb. 2b). Deshalb kann anstelle des Proportionalbeiwertes K_{PR} auch der Proportionalbereich X_P angegeben werden. Falls der Regler eine Istwertanzeige besitzt, wird er üblicherweise in Prozent des Skalenendwertes angegeben.

Zur Darstellung im Signalflussplan wird das allgemeine Blockschaltbild eines Reglers durch die stilisierte Sprungantwort bzw. duch den Buchstaben P ergänzt (Abb. 3).

Bei einem Einsatz des P-Reglers im Regelkreis ist zu beachten, dass bei einem Verschwinden der Regeldifferenz e (Ziel der Regelung) keine Stellgröße y gebildet wird. Da diese in jedem Regelkreis im Fall der Störung benötigt wird, entsteht hier eine **bleibende Regeldifferenz** e_b.

- Ein P-Regler ist ein schneller Regler ohne Verzögerungen. Er kann Störungen im Regelkreis nicht vollständig ausregeln, es entsteht eine bleibende Regeldifferenz.

Abb. 4 zeigt einen elektronischen P-Regler auf der Basis des invertierenden Operationsverstärkers. Um eine positive Stellgrößenspannung U_y zu bekommen muss die Sollwertspannung U_w invertiert auf den Eingang geschaltet werden.

Der in Abb. 5 dargestellte P-Regler ohne Hilfsenergie (mechanischer Regler) arbeitet in einem Füllstandsregelkreis (I-Regelstrecke). Durch eine Längenänderung des Schwimmergestänges kann der Sollwert und durch Verschieben des Hebellagers der Proportionalbeiwert (Hebelverhältnis) variiert werden.

An diesem Beispiel kann das Entstehen der bleibenden Regeldifferenz e_b verdeutlicht werden. Eine Erhöhung der Abflussmenge (Störgröße z) muss notwendigerweise eine Erhöhung der Zuflussmenge (Stellgröße y) zur Folge haben. Dies ist aber nur möglich, wenn der Schwimmer auf niedrigerem Niveau (Istwert) bleibt.

- Die bleibende Regeldifferenz ist um so kleiner, je größer der Proportionalbeiwert K_{PR} ist.

2.5.4 I-Regler (Integralregler)

Bei einem I-Regler ist jeder Regeldifferenz e eine bestimmte **Änderungsgeschwindigkeit** v_y der Stellgröße zugeordnet. Kenngröße ist der **Integrierbeiwert** K_{IR} bzw. die **Integrierzeit** $T_{IR} = \frac{1}{K_{IR}}$.

- Der I-Regler bildet eine Regeldifferenz e proportionale Stellgrößenänderungsgeschwindigkeit v_y.

Das Übertragungsverhalten des I-Reglers wird durch folgende Gleichungen beschrieben:

$$y = K_{IR} \cdot e \cdot t + y_0 \text{ bzw. } v_y = K_{IR} \cdot e$$

y_0 ist der Anfangwert der Stellgröße ($e = 0$).

Abb. 6 zeigt das Integralverhalten anhand der Sprungantwort (Abb. 6a) und der Anstiegsantwort (Abb. 6b). bei einem Sprung der Regeldifferenz e steigt die vom I-Regler gebildete Stellgröße y vom Anfangswert y_0 geradlinig an. Solange die Regeldifferenz konstant ist, ist auch die Anstiegsgeschwindigkeit v_y konstant. Jedem Wert einer Regeldifferenz ist also eine dazu proportionale Anstiegsgeschwindigkeit v_y zugeordnet. Aus der Sprungantwort kann man die Integrierzeit T_{IR} ① des I-Reglers direkt ablesen.

- Die Integrierzeit T_{IR} ist die Zeit, die die Stellgröße y benötigt um den Wert der Regeldifferenz zu durchlaufen.

Steigt dagegen die Regeldifferenz e geradlinig an (Abb. 6b), so erhöht sich die Stellgrößengeschwindigkeit v_y kontinuierlich. Die Stellgröße y folgt somit einer quadratischen Funktion.

Wird aufgrund des Regelvorgangs im Regelkreis die Regeldifferenz e null, so ändert sich die Stellgröße y nicht mehr, sie bleibt auf diesem Wert stehen. Wird die Regeldifferenz e negativ, so wird die Stellgrößenänderung ebenfalls negativ, d. h. die Stellgröße y wird kleiner.

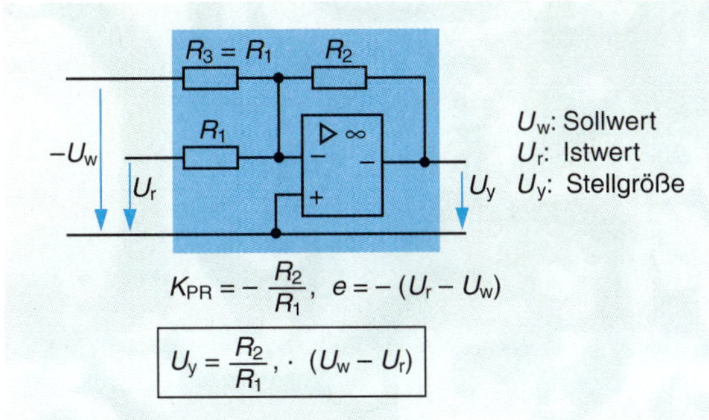

Abb. 4: Elektronischer P-Regler

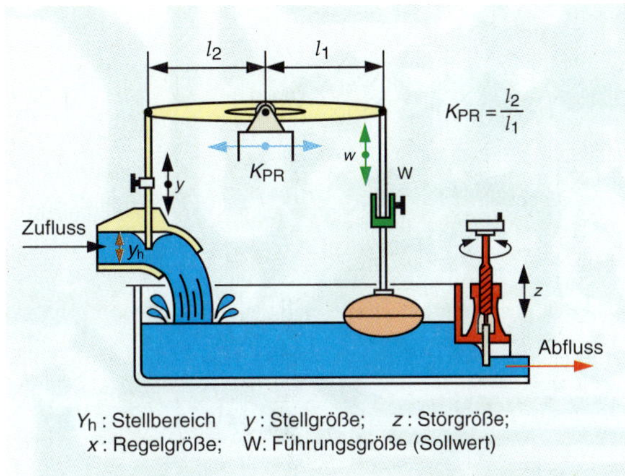

Abb. 5: P-Regler ohne Hilfsenergie im Füllstandsregelkreis

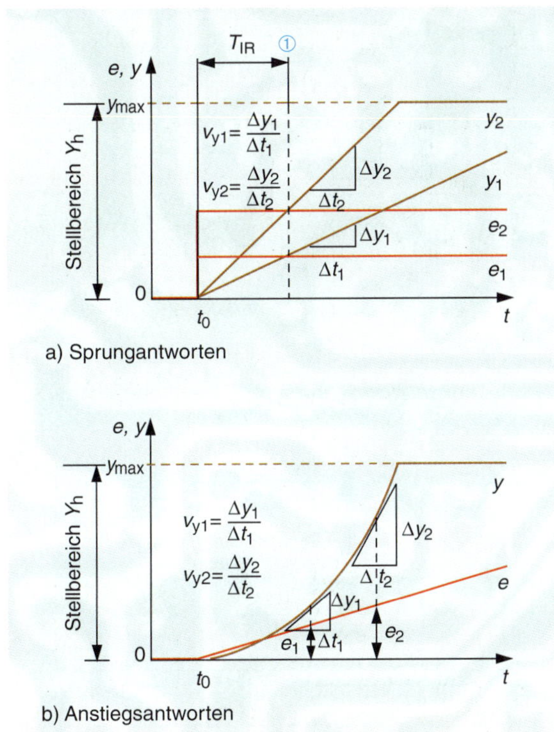

Abb. 6: Sprung- und Anstiegsantwort des I-Reglers

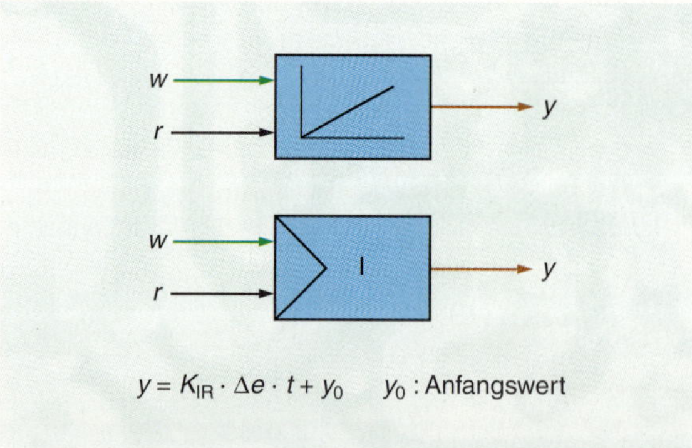

Abb. 1: Schaltzeichen des I-Reglers

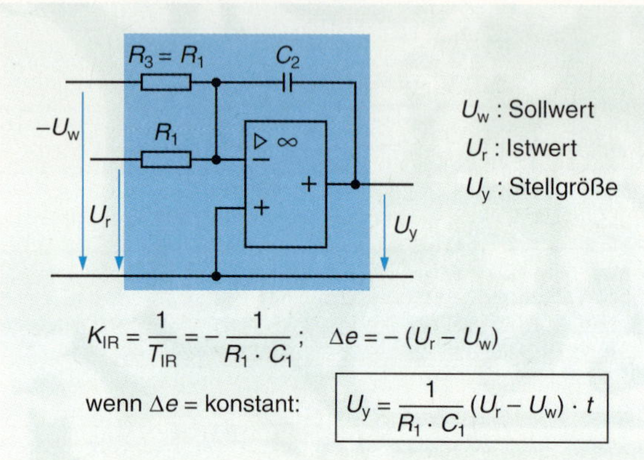

Abb. 2: Elektronischer I-Regler

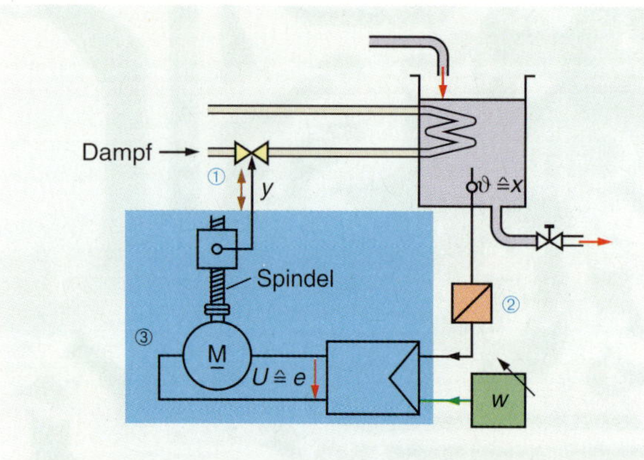

Abb. 3: Temperaturregelung mit I-Regeleinrichtung

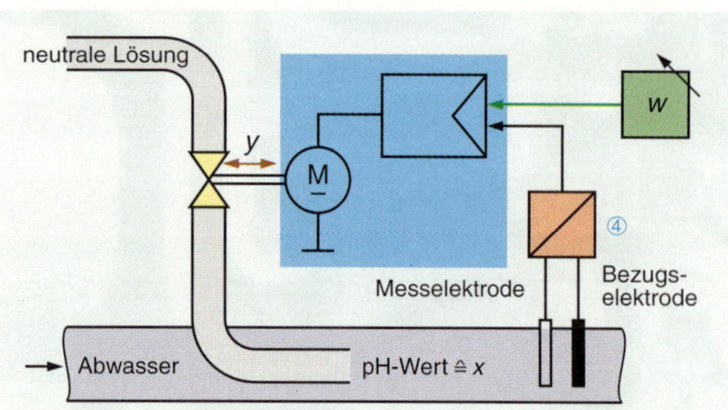

Abb. 4: pH-Wert-Regelung mit I-Regeleinrichtung

- Ein I-Regler ist ein langsamer Regler, der die zur Behebung einer Störung notwendige Stellgröße y langsam ansteigend erzeugt. Er kann Störungen vollständig ausregeln, da bei einem Verschwinden der Regeldifferenz e die bis dahin erreichte Stellgröße y erhalten bleibt.

Zur Darstellung im Signalflussplan wird das Blockschaltbild durch die stilisierte Sprungantwort bzw. den Buchstaben I ergänzt (Abb. 1).

Abb. 2 zeigt einen elektronischen I-Regler auf der Basis des invertierenden Operationsverstärkers. Das Integralverhalten wird durch den Kondensator im Rückkopplungsweg erzeugt. Beim Anliegen einer konstanten Regeldifferenz *e* wird der Kondensator mit Konstantstrom geladen, die Spannung am Ausgang steigt somit linear an. Verschwindet die Regeldifferenz, bleibt die Kondensatorspannung erhalten, da kein Entladestromkreis vorhanden ist.

Das Integralverhalten einer Regeleinrichtung kann auch durch ein integrierendes Stellglied erzeugt werden. In den Regeleinrichtungen der Abb. 3 und 4 wird das I-Verhalten jeweils durch einen Stellantrieb realisiert.

Abb. 3 zeigt das Konstanthalten einer Flüssigkeitstemperatur durch eine geregelte Dampfzufuhr ①. Die über einen Messumformer ② gemessene Temperatur wird mit der Führungsgröße verglichen. Der Stellmotor ③ kann die Ventilstellung nur verändern, wenn eine Regeldifferenz vorhanden ist. Die Dampfzufuhr wird solange geändert, bis Soll- und Istwert übereinstimmen.

Eine ähnliche Regeleinrichtung wird zur Regelung des pH-Wertes von Industrieabwässern eingesetzt (Abb. 4). Die Wasserstoffionenkonzentration (pH-Wert) wird als Spannungsvergleich zwischen Mess- und Bezugselektrode ④ gemessen.

Die I-Regeleinrichtung führt dem Abwasser eine neutrale Lösung zu, bis der geforderte pH-Wert erreicht ist. Da der Stellmotor jetzt spannungslos ist, verändert sich die Ventilstellung nicht mehr.

2.5.5 D-Verhalten eines Reglers

Das differenzierende Verhalten (D-Verhalten) eines Reglers bildet eine der Änderungsgeschwindigkeit v_e der Regeldifferenz proportionale Stellgröße *y*. Kenngröße ist der **Diffenzierbeiwert** K_{DR} oder die **Differenzierzeit** T_{DR}. Das Übertragungsverhalten wird durch folgende Gleichung beschrieben:

$$y = K_{DR} \cdot v_e; \qquad v_e = \frac{\Delta e}{\Delta t}$$

Abb. 5 zeigt das D-Verhalten anhand der Sprung- bzw. der Anstiegsantwort. Daraus ergibt sich, dass ein D-Verhalten nur dann eine Stellgröße bildet, wenn eine Änderung der Regeldifferenz vorliegt. Eine konstante Regeldifferenz zeigt also keine Wirkung. Aus diesem Grunde ist ein alleiniges D-Verhalten als Arbeitsprinzip für einen Regler ungeeignet.

- Ein D-Regler ist technisch nicht realisierbar, da er nur auf Änderungen der Regeldifferenz reagiert, sie aber nicht beseitigen kann.

Ein zusätzliches D-Verhalten im Regler macht die Regelung im Allgemeinen schneller, da beim Entstehen einer Regeldifferenz sofort eine kräftige Stellgröße erzeugt wird.

Abb. 6 zeigt die Bildung des D-Verhaltens an einem invertierenden Operationsverstärker. Der Kondensator C_1 erzeugt zusammen mit dem Rückkopplungswiderstand R_2 den Differenzierbeiwert K_{DR} bzw. die Differenzierzeit $T_{DR} = K_{DR} = R_2 \cdot C_1$. Da die Eingangsspannung U_e (Regeldifferenz) einem Wandler mit Innenwiderstand R_i entnommen wird, entsteht hier die **parasitäre Zeitkonstante** $t_D = R_i \cdot C_1$. Die durch diese Zeitkonstante beeinflusste **Anfangssprunghöhe** sowie die dadurch entstehende **Spannungs-Zeit-Fläche** (Abb. 5①) ist in vielen Fällen erwünscht, da anderenfalls die zum Einsatz kommenden Stellglieder kaum reagieren könnten.

2.5.6 PI-Regler

Bei einem proportional und integrierend wirkenden Regler setzt sich die Stellgröße y aus der Summe der Stellgrößen eines P-Reglers und eines I-Reglers zusammen. Kenngrößen sind der **Proportionalbeiwert** K_{PR} und die **Nachstellzeit** T_n. Das Übertragungsverhalten kann durch folgende Gleichung beschrieben werden:

$$y = K_{PR} \cdot e + \frac{1}{T_{IR}} \cdot e \cdot t + y_0 \quad \text{bzw.}$$

$$y = K_{PR}\left(e + \frac{1}{T_n} \cdot e \cdot t\right) + y_0\,;\; T_n = K_{PR} \cdot T_{IR}$$

Abb. 7 zeigt die Sprungantwort des PI-Reglers. Zum Zeitpunkt t_0 erfolgt zunächst der Stellgrößensprung entsprechend dem P-Anteil im Regler. Der weitere Anstieg der Stellgröße erfolgt entsprechend dem I-Anteil. Es lässt sich die folgende Definition der Nachstellzeit T_n ② erkennen.

- Die Nachstellzeit T_n ist die Zeit, die der I-Anteil benötigen würde um die Stellgröße zu bilden, die der P-Anteil zum Zeitpunkt des Sprunges (t_0) sofort erzielt.

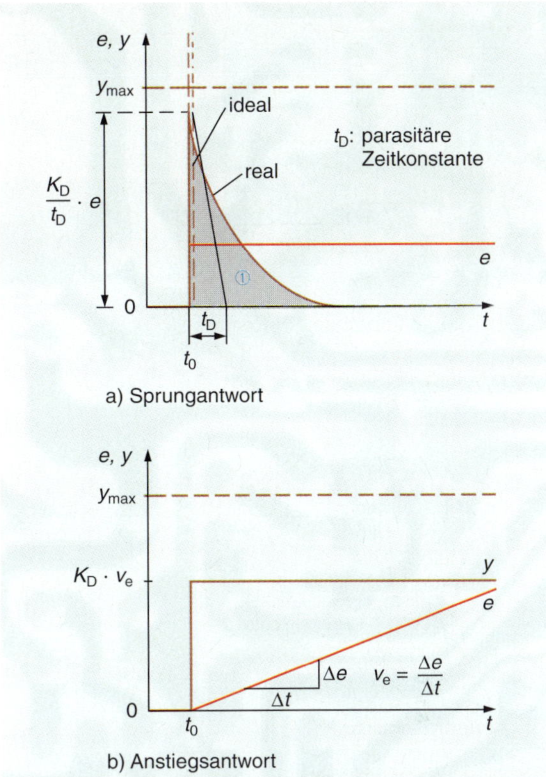

Abb. 5: Sprung- und Anstiegsantwort des D-Anteils

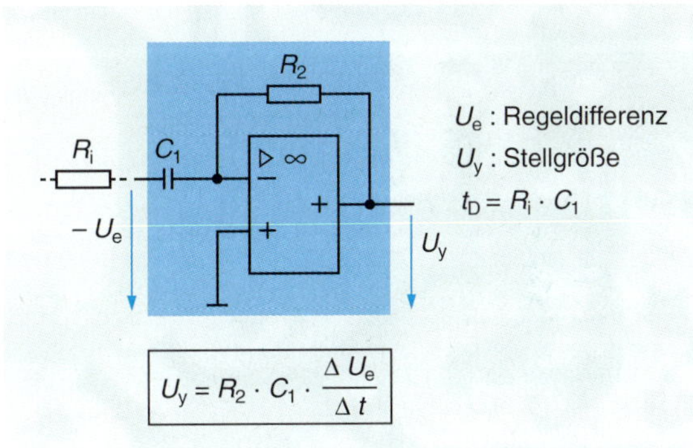

Abb. 6: Erzeugung des D-Verhaltens

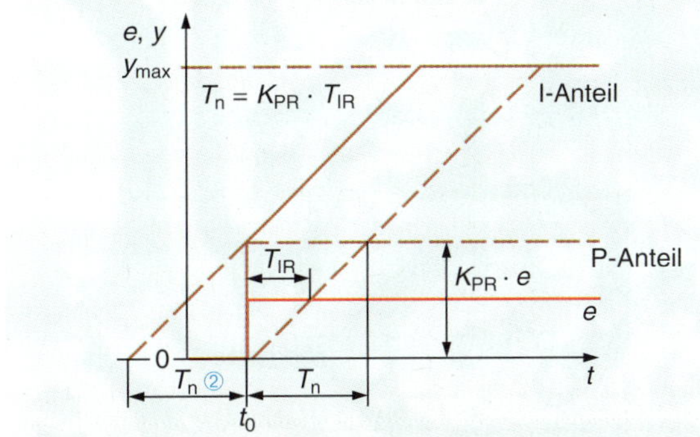

Abb. 7: Sprungantwort des PI-Reglers

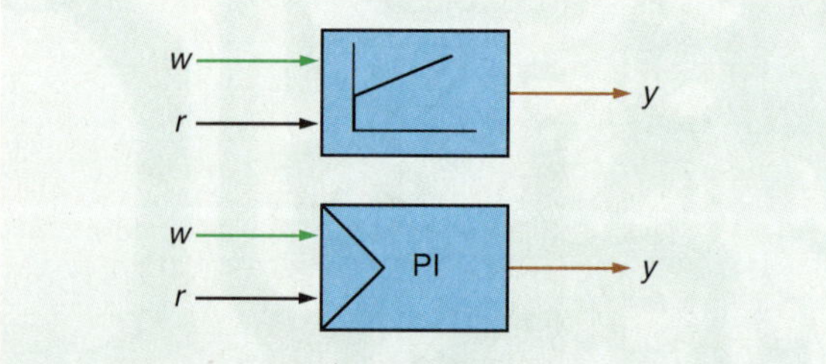

$y = K_{PR}\,(e + \frac{1}{T_n}\,e \cdot t) + y_0,\qquad T_n = K_{PR} \cdot T_{IR}$

Abb. 1: Schaltzeichen des PI-Reglers

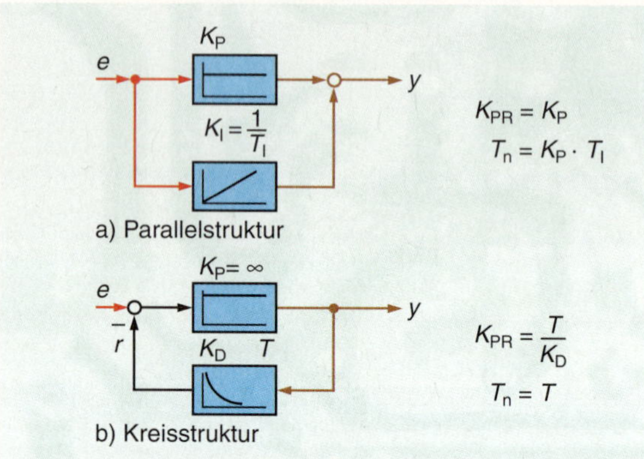

Abb. 2: Realisierung des PI-Reglers

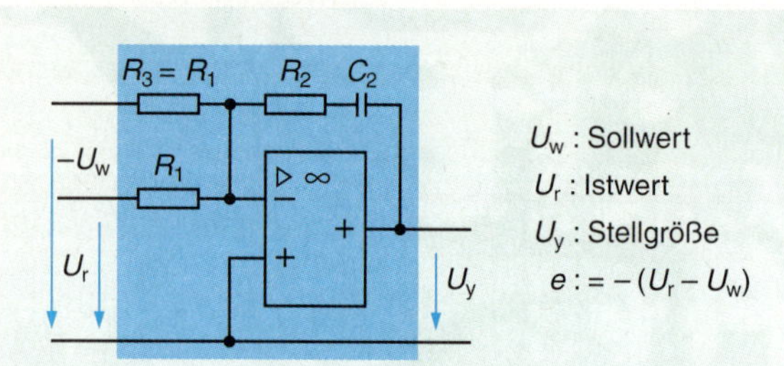

$K_{PR} = -\frac{R_2}{R_1}$ ①, $\quad T_n = K_{PR} \cdot T_{IR} = R_2 \cdot C_2$ ②

$U_y = \frac{R_2}{R_1}\left[(U_r - U_w) + \frac{1}{R_2 \cdot C_2}\,(U_r - U_w) \cdot t\right]$

Abb. 3: Elektronischer PI-Regler

Um eine bestimmte Stellgröße zu erzielen müsste ein I-Regler um die Nachstellzeit T_n früher mit der Bildung der Stellgröße beginnen. Durch die Kombination von P- und I-Regler werden auch die Eigenschaften dieser Regler vereint. Der P-Anteil macht den PI-Regler schnell, der I-Anteil verhindert eine bleibende Regeldifferenz.

- Der PI-Regler ist ein schneller Regler, der eine Regeldifferenz vollständig ausregelt.

Zur Darstellung im Signalflussplan bieten sich die in Abb. 1 gezeigten Schaltzeichen an. Technisch realisiert werden kann ein PI-Regler durch die Parallelschaltung von P- und I-Regler (Abb. 2a) bzw. durch eine differenzierende (nachgebende) Rückkopplung eines Verstärkers mit hohem Verstärkungsfaktor (Abb. 2b).

Abb. 2 zeigt einen elektronischen PI-Regler auf der Basis des invertierenden Operationsverstärkers. Die angegebenen Kennwerte ergeben sich aus der äußeren Beschaltung. Bei einem Sprung der Regeldifferenz e hat der Kondensator C_2 zunächst keine Wirkung, lediglich am Widerstand bildet sich ein Spannungsabfall. Erst im weiteren Verlauf lädt sich der Kondensator entsprechend dem fließenden Konstantstrom langsam auf.

Nachteilig ist hier, dass bei einer Veränderung des Proportionalbeiwertes K_{PR} durch R_2 auch die Nachstellzeit T_n verändert wird. Um die Kennwerte unabhängig voneinander einstellen zu können muss R_1 zur Veränderung von K_{PR} ① und C_2 zur Veränderung von T_n ② herangezogen werden.

2.5.7 PD-Regler

Bei einem proportional und diffenzierend wirkenden Regler setzt sich die Stellgröße y aus der Summe der Stellgrößen des P-Reglers und des D-Verhaltens zusammen. Kenngrößen sind der **Proportionalbeiwert** K_{PR} und die **Vorhaltezeit** T_V. Das Übertragungsverhalten kann durch folgende Gleichung beschrieben werden:

$$y = K_{PR} \cdot e + K_{DR}\,\frac{\Delta e}{\Delta t} + y_0 \text{ bzw.}$$

$$y = K_{PR}\left(e + T_V\,\frac{\Delta e}{\Delta t}\right) + y_0\,,\qquad T_V = \frac{K_{DR}}{K_{PR}}$$

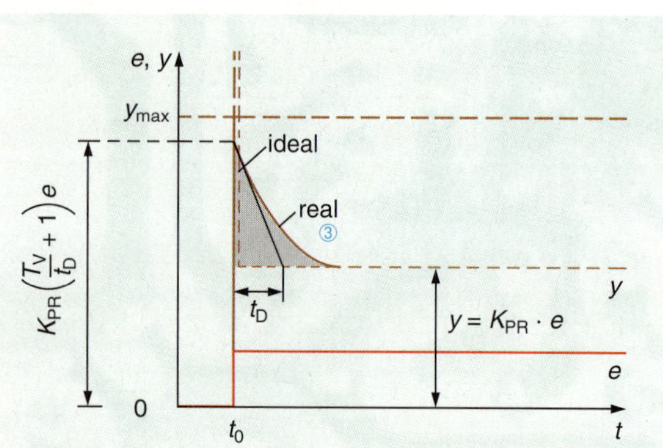

Abb. 4: Sprungantwort des PD-Reglers

Abb. 4 zeigt die Sprungantwort des PD-Reglers. Zum Zeitpunkt t_0 addieren sich die Stellgrößen des P- und des D-Anteils. Die sich ergebende Anfangssprunghöhe sowie die Spannungs-Zeit-Fläche ③ hängen von der parasitären Zeitkonstante t_D ab.

Begrenzt wird die Anfangssprunghöhe durch den Maximalwert der Stellgröße y_{max}.

Aus der Anstiegsantwort (Abb. 5) lässt sich die Definition der Vorhaltezeit T_v ① erkennen:

- Die Vorhaltezeit ist die Zeit, die ein P-Regler bei einer sich mit konstanter Geschwindigkeit ändernder Regeldifferenz e zur Bildung der Stellgröße y benötigen würde, wie sie infolge der D-Wirkung sofort entsteht.

Durch den zusätzlichen D-Anteil reagiert der PD-Regler auf plötzlich auftretende Störungen schneller als ein reiner P-Regler. Für das Langzeitverhalten ist der P-Anteil maßgebend, d. h. der PD-Regler benötigt eine dauerhafte Regeldifferenz e um eine Stellgröße y bilden zu können.

- Der PD-Regler ist ein sehr schneller Regler. Er kann aber Störungen im Regelkreis nicht vollständig ausregeln. Ebenso wie beim P-Regler entsteht eine bleibende Regeldifferenz.

Abb. 6 zeigt die in Blockschaltbildern verwendeten Schaltzeichen des PD-Reglers.

Technisch realisiert werden kann ein PD-Regler durch eine Parallelschaltung von P- und D-Anteil (Abb. 7a) sowie durch eine verzögerte Rückkopplung eines Verstärkers (Abb. 7b). Die Kennwerte des PD-Reglers (K_{PR}, T_V) können aus den Kennwerten der Blöcke in der angegebenen Weise berechnet werden.

Abb. 8 zeigt einen elektronischen PD-Regler, bei dem die D-Wirkung durch eine verzögerte Rückkopplung erzielt wird. Damit der Querkondensator C_q weder Eingang noch Ausgang des Verstärkers kurzschließen kann, wird der Rückkopplungswiderstand R_2 in zwei Teilwiderstände R_{21} und R_{22} geteilt. Der Dämpfungswiderstand R_D kann zur gezielten Einstellung der parasitären Zeitkonstanten t_D eingesetzt werden. Ist diese sehr klein, geht die Ausgangsspannung U_Y (Stellgröße) des PD-Reglers bei einem Sprung der Regeldifferenz in die Begrenzung über. Durch ein Vergrößern von t_D vermindert sich die Anfangssprunghöhe und der D-Impuls wird „verschliffen". Die Größe der Spannungs-Zeit-Fläche bleibt dabei konstant.

Bei einem Sprung der Regeldifferenz e findet zunächst keine Gegenkopplung statt, da der Kondensator C_q das Rückkopplungssignal kurzschließt. Der Verstärker hat zu diesem Zeitpunkt seine maximale Verstärkung. Im weiteren Verlauf wird der Kondensator C_q aufgeladen, bis sich die maximale Gegenkopplung ergibt.

Die D-Wirkung kann auch im Eingangspfad eines Verstärkers erzeugt werden. Nachteilig ist die dabei auftretende Übersteuerung und der damit verbundene teilweise Verlust der Spannungs-Zeit-Fläche der Stellgröße.

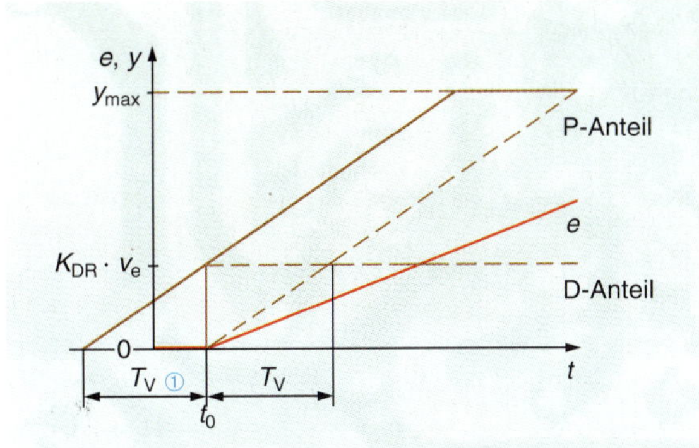

Abb. 5: Anstiegsantwort des PD-Reglers

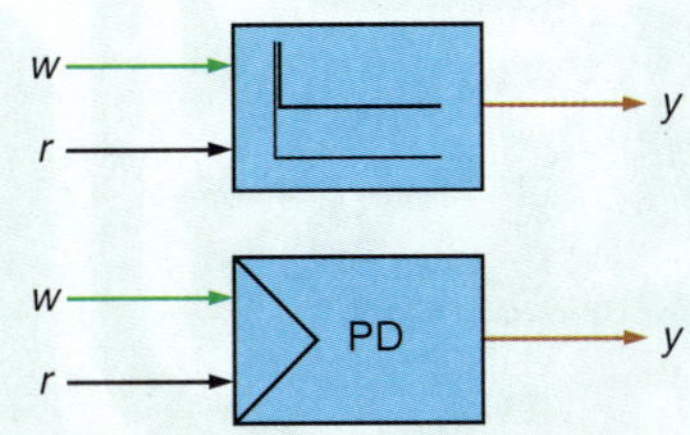

$$y = K_{PR}\left(e + T_V \cdot \frac{\Delta e}{\Delta t}\right) + y_0, \quad T_V = \frac{K_{DR}}{K_{PR}}$$

Abb. 6: Schaltzeichen des PD-Reglers

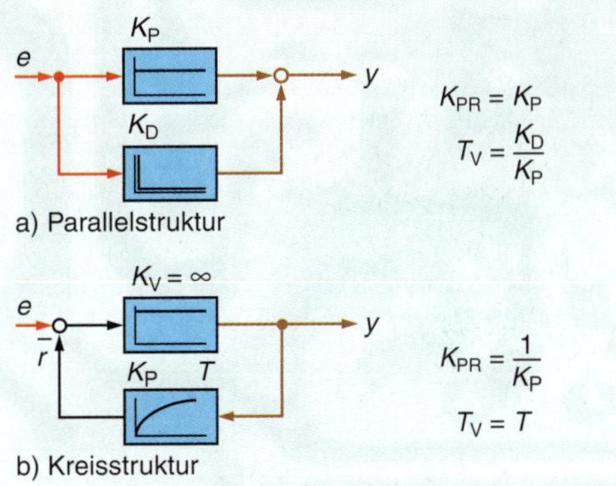

Abb. 7: Realisierung des PD-Reglers

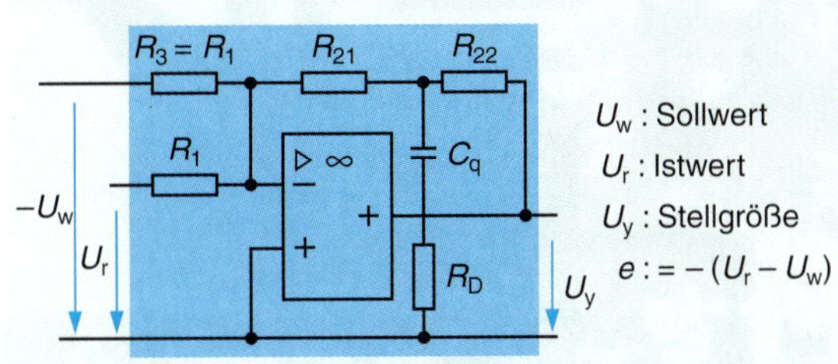

$$K_{PR} = -\frac{R_{21} + R_{22}}{R_1}, \quad T_V = \left(\frac{R_{21} \cdot R_{22}}{R_{21} + R_{22}} + R_D\right) \cdot C_q, \quad t_D = R_D \cdot C_q$$

$$U_y = \frac{R_{21} + R_{22}}{R_1}\left[(U_r - U_w) + \left(\frac{R_{21} \cdot R_{22}}{R_{21} + R_{22}}\right) \cdot C_q \cdot \frac{\Delta (U_r - U_w)}{\Delta t}\right]$$

Abb. 8: Elektronischer PD-Regler

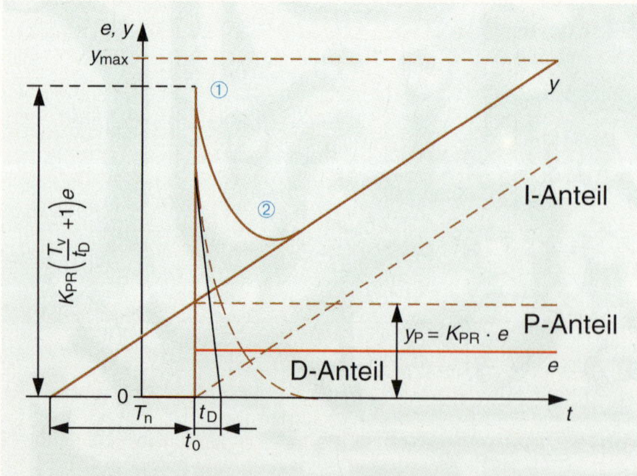

Abb. 1: Sprungantwort des PID-Reglers

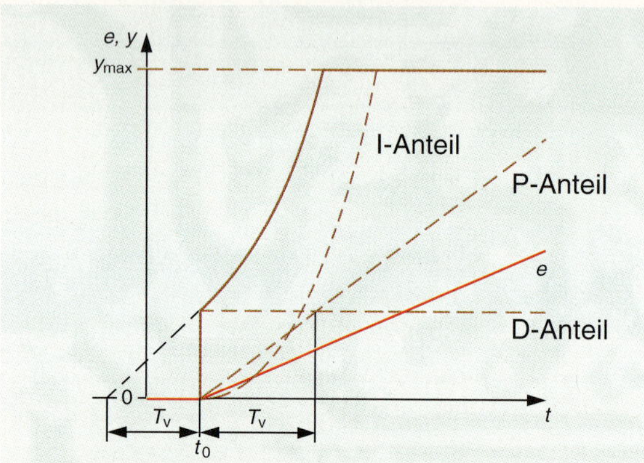

Abb. 2: Sprungantwort des PD-Reglers

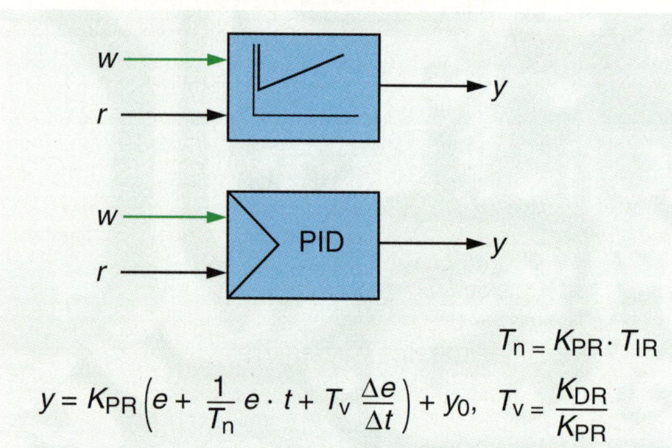

Abb. 3: Schaltzeichen des PID-Reglers

2.5.8 PID-Regler

Dieser proportional, integral und diffenzierend wirkende Regler bildet die Stellgröße y als Summe von P-, I- und D-Anteil. Kenngrößen sind der **Proportionalbeiwert** K_{PR}, die **Nachstellzeit** T_n und die **Vorhaltezeit** T_V.

Auch die das Übertragungsverhalten beschreibende Gleichung lässt die Einzelanteile an der Stellgröße erkennen:

$$y = K_{PR} \cdot e + K_{IR} \cdot e \cdot t + K_{DR} \frac{\Delta e}{\Delta t} + y_0 \quad \text{bzw.}$$

$$y = K_{PR}\left(e + \frac{1}{T_n} e \cdot t + T_V \frac{\Delta e}{\Delta t}\right) + y_0$$

$$T_n = K_{PR} \cdot T_{IR} \qquad T_V = \frac{K_{DR}}{K_{PR}}$$

In der Sprungantwort (Abb. 1) erkennt man, dass sich zum Zeitpunkt t_0 der P-Anteil und der D-Anteil addieren ①, während der I-Anteil noch keine Stellgröße bildet. Das Abklingen des D-Anteils ② ist auch hier von der parasitären Zeitkonstante t_D abhängig. Mit fortschreitender Zeit ergibt sich der Stellgrößenverlauf des PI-Reglers. Die Nachstellzeit T_n kann wie in Abb. 1 ermittelt werden. Zur Ermittlung der Vorhaltezeit T_V muss die Tangente an den Stellgrößenverlauf der Anstiegsantwort (Abb. 2) gelegt werden.

Beim PID-Regler (Abb. 3) werden die Eigenschaften aller anderen Regler miteinander verknüpft. Der I-Anteil verhindert die bleibende Regeldifferenz des P-Reglers, der D-Anteil lässt den Regler sehr schnell auf Störungen im Regelkreis reagieren.

- Der PID-Regler ist ein sehr schneller Regler, der keine bleibende Regeldifferenz zulässt.

PID-Regler lassen sich auf verschiedene Arten realisieren. Abb. 4a) zeigt die häufig verwendete Parallelstruktur, Abb. 4b eine mögliche Kreisstruktur mit nachgebender und verzögerter Gegenkopplung. Die genaue Einstellung der Kennwerte der Gesamtschaltung ist sehr schwierig. Das Variieren von K_{PR} wirkt sich beispielsweise auch auf T_n und T_V aus.

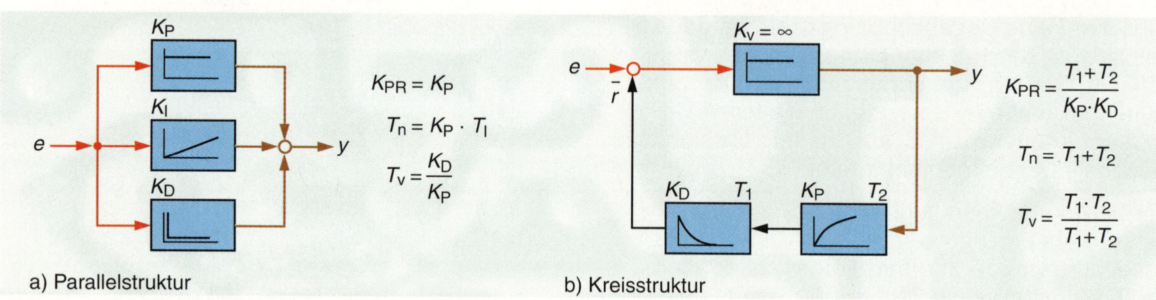

Abb. 4: Realisierung des PI-Reglers

Abb. 5 zeigt einen elektronischen PID-Regler mit nachgebender und verzögerter Gegenkopplung. Der Operationsverstärker N2 dient zur Entkopplung der RC-Glieder. Die Einstellung der Kennwerte wird dadurch erleichtert.

Bei einem Sprung der Regeldifferenz e findet zunächst keine Gegenkopplung statt, da der Kondensator C_q das Rückkopplungssignal kurzschließt. Der Regelverstärker N1 hat zu diesem Zeitpunkt seine maximale Verstärkung. Im weiteren Verlauf wird C_q aufgeladen, die D-Wirkung klingt ab. Die jetzt an C_q entstandene Gegenkopplungsspannung wird durch R_{21} und C_2 verzögert dem invertierenden Eingang des Regelverstärkers zugeführt. Die Verstärkung sinkt zunächst auf ein Minimum, da C_2 einen Kurzschluss bildet. Durch das Aufladen von C_2 vermindert sich die Gegenkopplungsspannung, die Verstärkung wird langsam größer (I-Anteil).

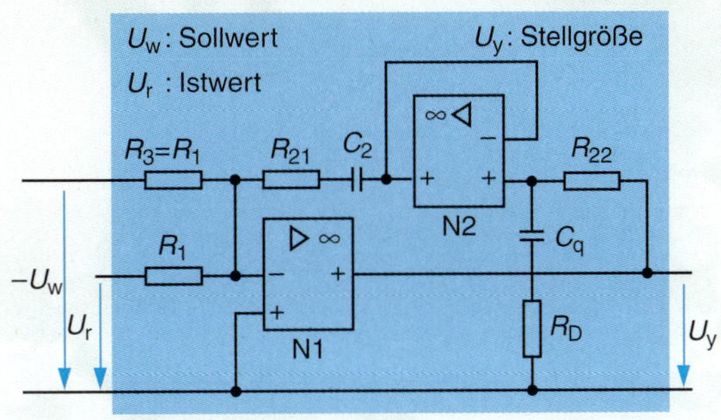

$$K_{PR} = -\frac{R_{21}}{R_1};\ T_n = R_{21} \cdot C_2;\ T_v = R_{22} \cdot C_q;\ t_D = R_D \cdot C_q$$

$$U_y = \frac{R_{21}}{R_1}\left[(U_r - U_w) + \frac{1}{R_{21} \cdot C_2}(U_r - U_w) \cdot t + R_{22} \cdot C_q \frac{\Delta (U_r - U_w)}{\Delta t}\right]$$

Abb. 5: Elektronischer PID-Regler

Aufgaben zu 2.5.1 bis 2.5.8

1. Nach welchen Gesichtspunkten können Regler benannt werden? Nennen Sie jeweils Beispiele!
2. Beschreiben Sie das Verhalten eines P-Reglers anhand der Anstiegsantwort!
3. Wie kann ein Regler im Signalflussplan dargestellt werden?
4. Erläutern Sie das Entstehen einer bleibenden Regeldifferenz beim Einsatz eines P-Reglers!
5. Beschreiben Sie das Verhalten eines I-Reglers durch seine Sprungantwort und tragen Sie die Integrierzeit ein!
6. Um welchen Betrag hat sich die Stellgröße eines I-Reglers nach Ablauf der Integrierzeit geändert?
7. Warum wird ein I-Regler als langsamer Regler bezeichnet?
8. Warum kann ein D-Regler allein keine Regeldifferenz beseitigen?
9. Erläutern Sie die Nachstellzeit eines PI-Reglers!
10. Welche Vorteile hat ein PI-Regler gegenüber einem P-Regler bzw. einem I-Regler?
11. Wie kann die Vorhaltezeit eines elektronischen PD-Reglers rechnerisch aus den Bauteilgrößen ermittelt werden?
12. Erläutern Sie Vor- und Nachteile eines PD-Reglers!
13. Wodurch entsteht die „parasitäre" Zeitkonstante des PD-Reglers?
14. Beschreiben Sie das Übertragungsverhalten eines PID-Reglers durch seine Sprungantwort! Kennzeichnen Sie P-, I- und D-Anteil!
15. Ein elektronischer Regler zeigt die in Abb. 6 dargestellte Sprungantwort. Ermitteln Sie den Proportionalbeiwert K_{PR} und die Nachstellzeit T_n!
16. Abb. 7 zeigt die Anstiegsantwort eines elektronischen PD-Reglers. Ermitteln Sie den Proportionalbeiwert K_{PR} und die Vorhaltezeit T_V!

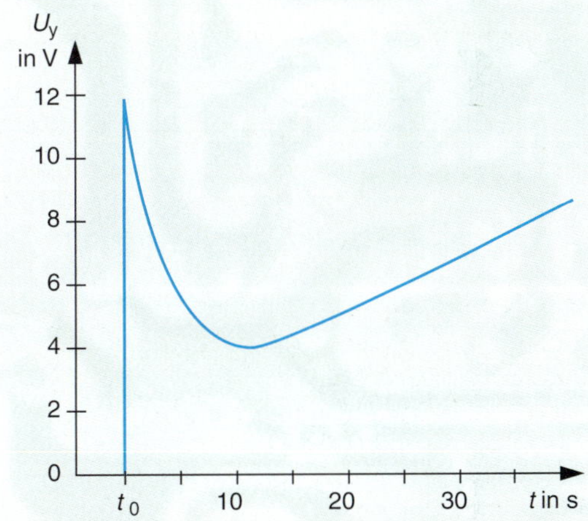

Abb. 6: Sprungantwort eines PID-Reglers

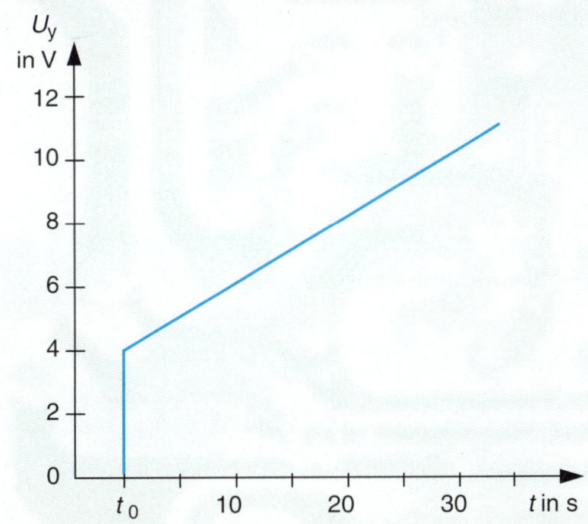

Abb. 7: Anstiegsantwort eines PD-Reglers

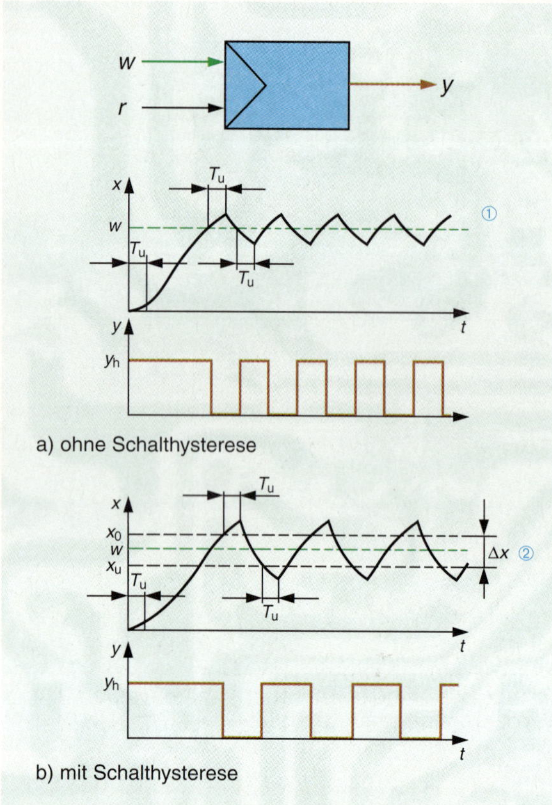

Abb. 1: Verhalten des Zweipunktreglers

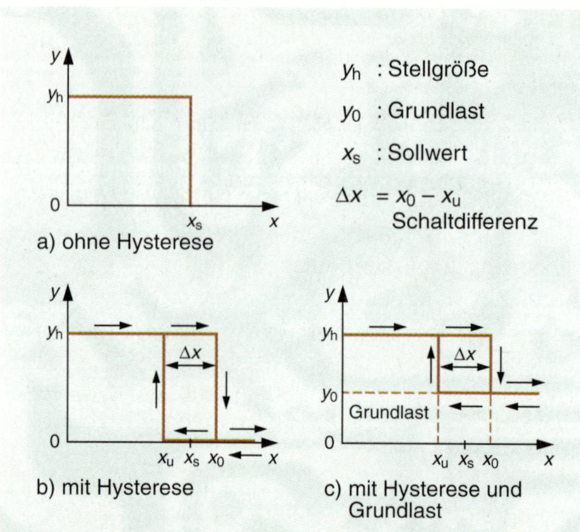

Abb. 2: Kennlinien eines Zweipunktreglers

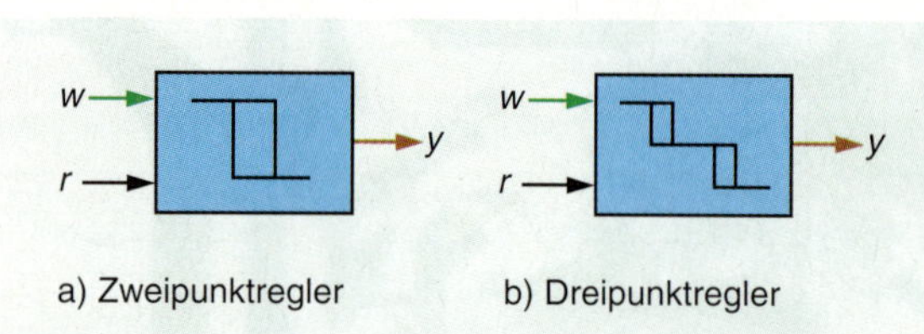

Abb. 3: Unstetige Reglersymbole

2.6 Unstetige Regler

Unstetige Regler erzeugen bei einem stetigen Verlauf der Reglereingangsgröße einen unstetigen Stellgrößenverlauf. Die Stellgröße des **Zweipunktreglers** kann zwei Schaltzustände (Abb. 3), die des **Dreipunktreglers** kann drei Schaltzustände annehmen.

Ein weit verbreitetes Einsatzgebiet dieser Regler ist die Heizungs- und Klimatechnik (Temperaturregelstrecken). Hier ergeben sich als Schaltzustände des Zweipunktreglers z. B. Heizung EIN oder AUS. Die Schaltzustände des Dreipunktreglers können z. B. Heizung EIN, Kühlung EIN oder alles AUS sein.

- Die Stellgröße unstetiger Regler kann nur diskrete Werte annehmen.

Unstetige Regler können nur an verzögerten und integrierenden Regelstrecken sinnvoll arbeiten, da hier der Sollwert der Regelgröße mit zeitlichem Verzug (T_u) erreicht wird (Abb. 1a). An einer Regelstrecke ohne Verzögerungen (P_0-Strecke) würde bei einem Einschalten der Stellgröße der Sollwert der Regelgröße sofort überschritten werden. Unabhängig von der Größe des Sollwertes würde dann die Stellgröße sofort wieder abschalten. Dieser Vorgang würde sich fortlaufend wiederholen.

- Zwei- und Mehrpunktregler können nur an verzögerten bzw. integrierenden Regelstrecken arbeiten. Der Istwert der Regelgröße pendelt dabei um den eingestellten Sollwert ①.

In einigen Anwendungsfällen ist die genaue Einhaltung des gewünschten Sollwertes nicht so wichtig wie die Lebensdauer der Schaltkontakte. Um die Schalthäufigkeit zu verringern wird eine Schalthysterese Δx ② mit oberen und unteren Schaltpunkten (x_o, x_u) vorgesehen (Abb. 1b). In der Verfahrenstechnik hat sich ein weiteres Einsatzgebiet der Mehrpunktregler herausgebildet. Für die motorische Betätigung von Ventilen und Klappen (integrierende Stellglieder) ist es vorteilhaft die Verstellung mit konstanter Geschwindigkeit in Schritten vorzunehmen (**Schrittregler**).

2.6.1 Zweipunktregler

Der Zweipunktregler arbeitet mit zwei Schaltzuständen, die beim Über- bzw. Unterschreiten des eingestellten Sollwertes eingenommen werden. Wie bei den stetigen Reglern kann das Verhalten durch Kennlinien beschrieben werden. Abb. 2 zeigt den Zusammenhang zwischen der Regelgröße und der Stellgröße.

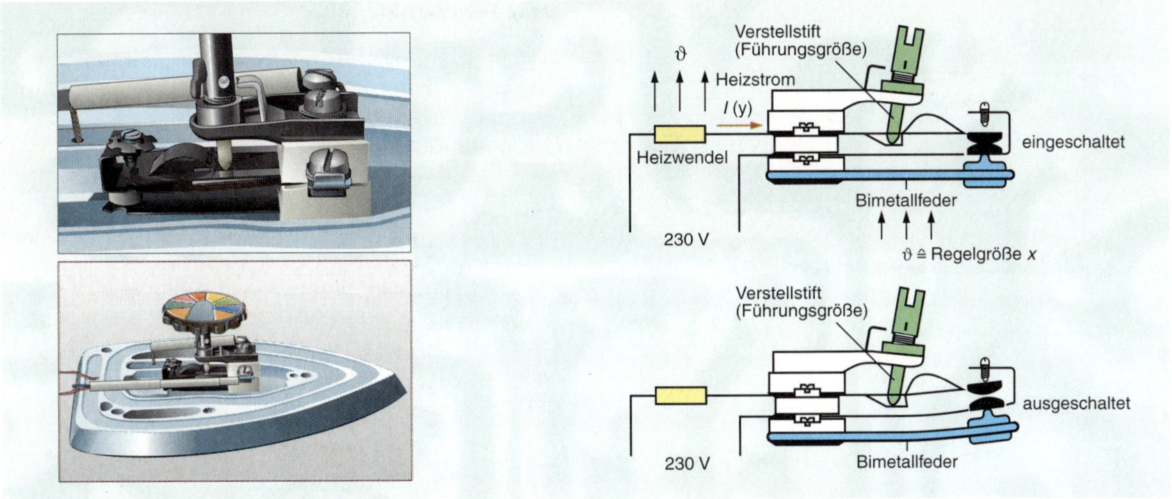

Abb. 4: Bimetallstreifen als Zweipunktregler im Bügeleisen

Der Zweipunktregler kann entweder die maximale Stellgröße (y_{max}) oder einen Teil davon (y_{max}-y_0) ein- oder ausschalten (Abb. 2c). Um die Schalthäufigkeit des Reglers herabzusetzen ist es insbesondere bei schnellen Regelstrecken notwendig eine Schalthysterese Δx vorzusehen.

Abb. 4 zeigt einen Zweipunktregler (Thermostat) im Bügeleisen. Dieser, ohne Hilfsenergie arbeitende Regler besteht im Wesentlichen aus einer Bimetallfeder, deren Metalle sich bei Erwärmung unterschiedlich ausdehnen und so einen Kontakt betätigen. Nach Erreichen der gewünschten Endtemperatur x_o (Abb. 2b) wird der Stromfluss durch die Heizspirale abgeschaltet. Das Bügeleisen und die damit thermisch verbundene Bimetallfeder kühlen allmählich ab, bis bei einer Mindesttemperatur x_u die Heizung wieder eingeschaltet wird. Das in den Kennlinien sichtbare Rechteck wird dabei ständig umfahren. Diese Kennlinie wird zur Darstellung im Signalflussplan verwendet. (Abb. 3a).

Bei dem in Abb. 5 dargestellten elektronischen Zweipunktregler kann mit einem Potentiometer eine Schaltdifferenz eingestellt werden. Durch die Diode im Gegenkopplungszweig kann der Ausgang des Operationsverstärkers nur die Werte Null oder U_b (y_{max}) annehmen. Solange U_r kleiner als U_w ist, ergibt sich U_y als positive Spannung. Entsprechend der Potentiometerstellung (R_3) wird ein Teil dieser Spannung mitgekoppelt. Die Istwert-Spannung U_r muss deshalb um den Wert der Schaltdifferenz höher sein als die Sollwert-Spannung U_w, um U_y auf den Wert Null umzuschalten.

Mit R_3 kann der Regler an die konkreten Anforderungen der Regelstrecke und des Stellgliedes angepasst werden. Dabei ergeben sich folgende Zusammenhänge:

- Durch ein Vergrößern der Schalthysterese nimmt die Schalthäufigkeit ab, während die Schwankungsbreite der Regelgröße zunimmt.

Durch eine Rückkopplung des Reglerausgangssignals lässt sich das Verhalten des Zweipunktreglers dem der stetigen Regler angleichen. Eine verzögerte Rückkopplung erzeugt ein Verhalten, das dem des PD-Reglers ähnlich ist (Abb. 6). Eine verzögert nachgebende Rückkopplung erzeugt PID-Verhalten.

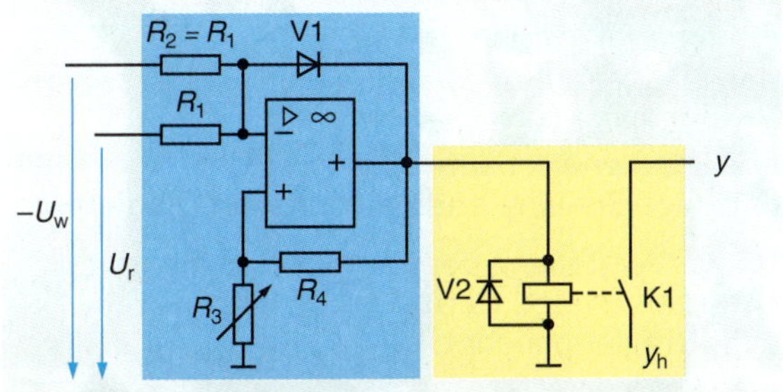

Abb. 5: Elektronischer Zweipunktregler

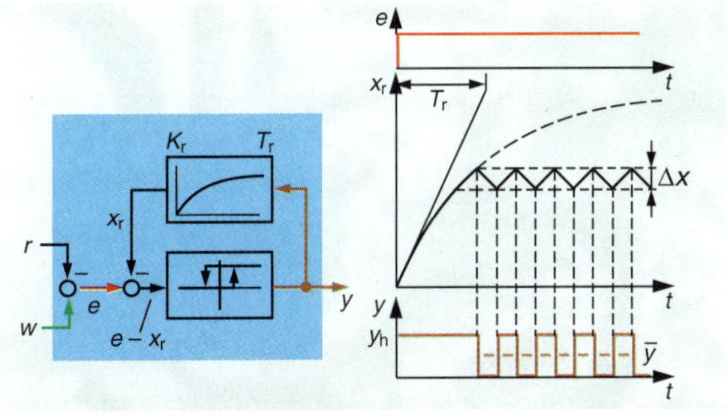

Abb. 6: Verzögert rückgekoppelter Zweipunktregler und Signalverläufe

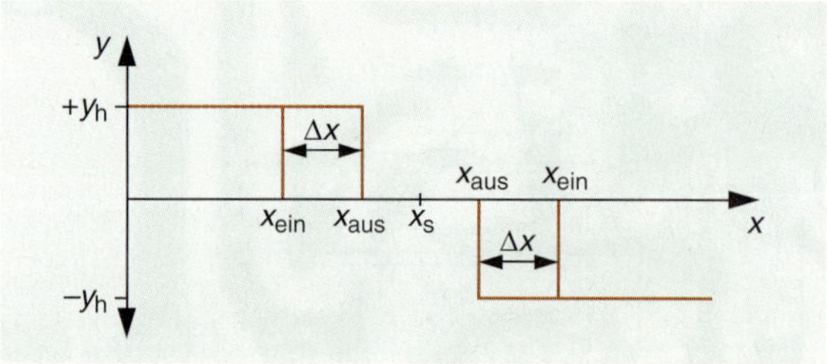

Abb. 1: Kennlinie eines Dreipunktreglers

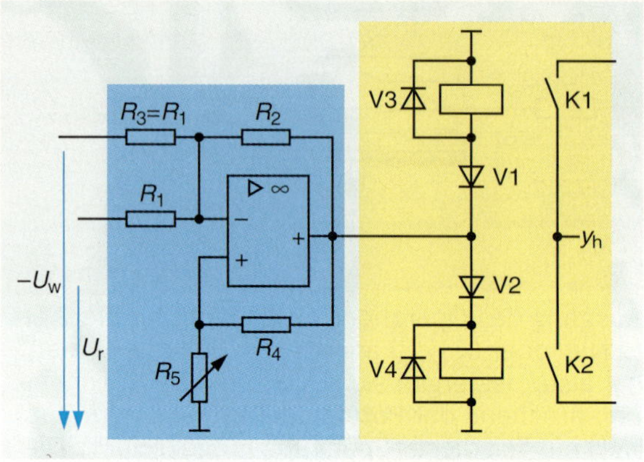

Abb. 2: Elektronischer Dreipunktregler

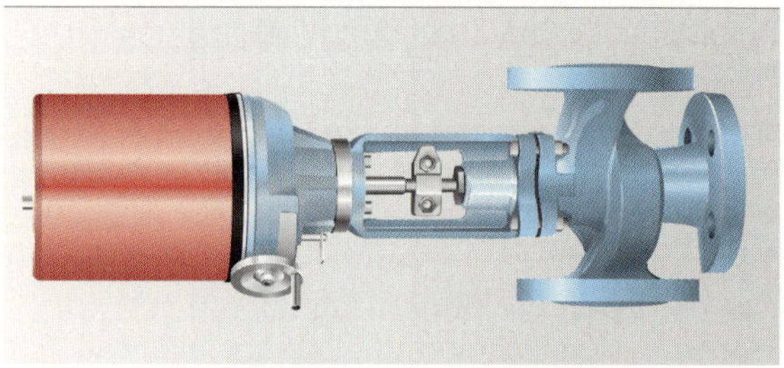

Abb. 3: Ventil als Stellglied mit elektrischem Antrieb

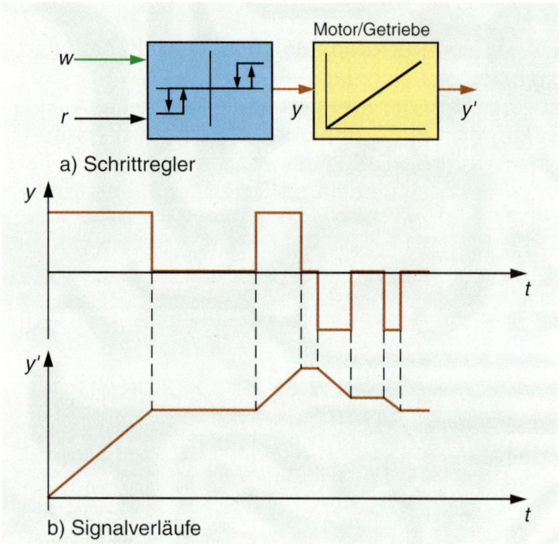

Abb. 4: Signalverläufe beim Dreipunktregler mit integrierendem Stellglied

2.6.2 Dreipunktregler

Der Dreipunktregler besitzt im Vergleich zum Zweipunktregler eine weitere Schaltstellung. An Temperaturregelstrecken kann dies z. B. Folgendes bedeuten:

1. Heizung EIN
2. Heizung/Kühlung AUS
3. Kühlung EIN

Durch diese zusätzliche Schaltstellung wird der Einsatzbereich des Reglers wesentlich erweitert. Durch die Möglichkeit der Kühlung kann die Raumtemperatur auch dann noch konstant gehalten werden, wenn die Umgebungstemperatur oberhalb des gewünschten Sollwertes liegt.

Abb. 1 zeigt den Zusammenhang zwischen Stellgröße *y* und Regelgröße *x*. Auch hier ist es sinnvoll eine Schalthysterese Δx vorzusehen um die Schalthäufigkeit herabzusetzen. Abb. 3b, S. 76 zeigt das Reglersymbol des Dreipunktreglers.

Abb. 2 zeigt einen einfachen elektronischen Dreipunktregler. Die Dioden V1 und V2 sorgen dafür, dass entsprechend der Ausgangsspannung des Operationsverstärkers nur ein Relais anziehen kann. Mit R_5 kann die Schalthysterese und damit die Schalthäufigkeit der Relais eingestellt werden.

2.6.3 Schrittregler

Für die in der Verfahrenstechnik (Chemieindustrie) häufig zu regelnden Größen wie Durchfluss, Menge und Mischungsverhältnis werden meist elektromotorisch angetriebene Ventile und Klappen als Stellglieder eingesetzt (Abb. 3).

Durch die notwendigen Getriebe können einerseits hohe Kräfte ausgeübt werden, andererseits wird die momentane Ventil- oder Klappenstellung im stromlosen Zustand des Motors blockiert. Diese Stellglieder haben integrierendes Verhalten. Der Antriebsmotor wird mit fester Betriebsspannung betrieben (z. B. 230 V), die durch einen Dreipunktregler geschaltet wird. Schaltstellungen sind:

1. Motor-Rechtslauf
2. Motor-Stillstand
3. Motor-Linkslauf

Abb. 4 zeigt den Dreipunktregler mit integrierendem Stellglied (z. B. Motorventil) und die zugehörigen Signalverläufe. Das Stellglied kann jede beliebige Stellung erreichen und dort verharren.

Da die Verstellung der Ventile, Klappen usw. in Schritten erfolgt, werden diese Regler auch Schrittregler genannt.

Eine weitere Verbesserung des Regelverhaltens kann durch eine Rückkopplung des Reglerausgangssignals erreicht werden. Abb. 5 zeigt einen Schrittregler, bestehend aus Dreipunktregler, integrierendem Stellglied und verzögerter Rückkopplung. In Abb. 6 ist das Sprungverhalten des Schrittreglers dargestellt. Zum Zeitpunkt t_0 liegt die Eingangsgröße x_e des Dreipunktreglers oberhalb der Ansprechschwelle x_{ein}, sodass der Stellmotor und die verzögerte Rückkopplung eingeschaltet werden. Die Stellgröße y' steigt mit konstanter Geschwindigkeit an, während das Rückkopplungssignal x_r das Regeldifferenzsignal e zeitverzögert mindert. Wird die Abschaltschwelle x_{aus} unterschritten ①, bleibt der Motor stehen und das Rückkopplungssignal klingt langsam ab, bis die Ansprechschwelle wieder erreicht wird ②. Nach dem ersten größeren Stellschritt führt das Stellglied periodische Schaltungen aus. Es bewegt sich mit einer mittleren Geschwindigkeit in Richtung seiner Endlage ③. Bei einer negativen Regeldifferenz arbeitet der Schrittregler in gleicher Weise. Der Motor des Stellgliedes läuft in entgegensetzter Richtung.

Die Regeleinrichtung zeigt ein ähnliches Verhalten wie ein PI-Regler. Proportionalbeiwert und Nachstellzeit werden durch die Rückkopplung bestimmt.

Durch eine verzögert nachgebende Rückkopplung stellt sich ein PID-ähnliches Verhalten ein.

- Schrittregler mit Rückkopplung zeigen in Zusammenarbeit mit einem integrierenden Stellglied ein quasistetiges Verhalten, das dem eines stetigen Reglers ähnlich ist.

An vielen Regelstrecken zeigen Schrittregler ein günstigeres Verhalten als ein stetiger Regler, da sie nicht auf Störungen reagieren, die kleiner als die eingestellte Ansprechschwelle (Schalthysterese) sind.

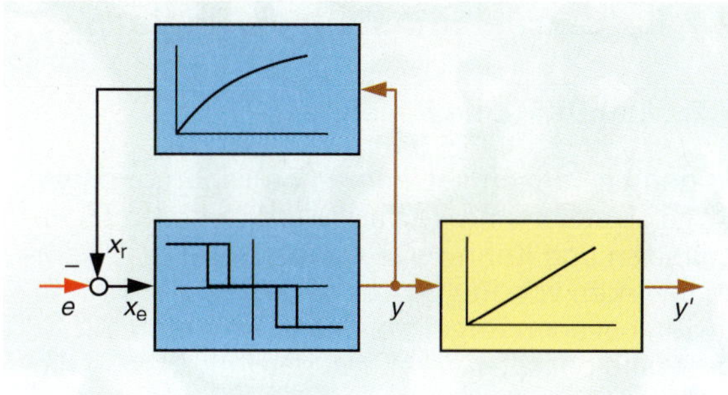

Abb. 5: Schrittregler mit verzögerter Rückführung

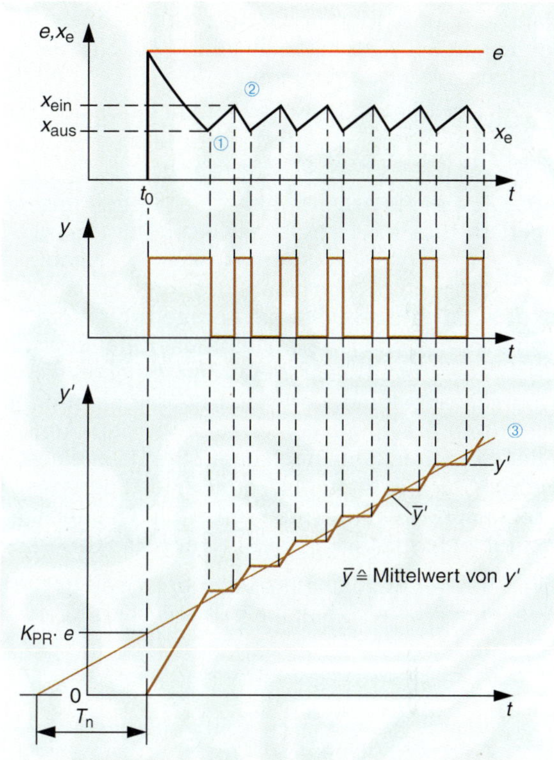

Abb. 6: Zeitverhalten des Schrittreglers

Aufgaben zu 2.6

1. An welchen Regelstrecken können Zwei- und Mehrpunktregler sinnvoll eingesetzt werden?
2. Wie wird beim elektronischen Zweipunktregler die Schalthysterese erzeugt?
3. Welcher Zusammenhang besteht zwischen der Schalthysterese und der Schalthäufigkeit eines Zweipunktreglers?
4. Durch welche schaltungstechnische Maßnahme kann das Verhalten des Zweipunktreglers dem des PD-Reglers angenähert werden?
5. Beschreiben Sie Aufbau, Verhalten und Einsatzmöglichkeiten eines Schrittreglers!
6. Abb. 7 zeigt die Sprungantwort einer IT_t-Regelstrecke. Zeichnen Sie Regelgrößen- und Stellgrößenverlauf beim Einsatz eines Zweipunktreglers mit den angegebenen Schaltschwellen!

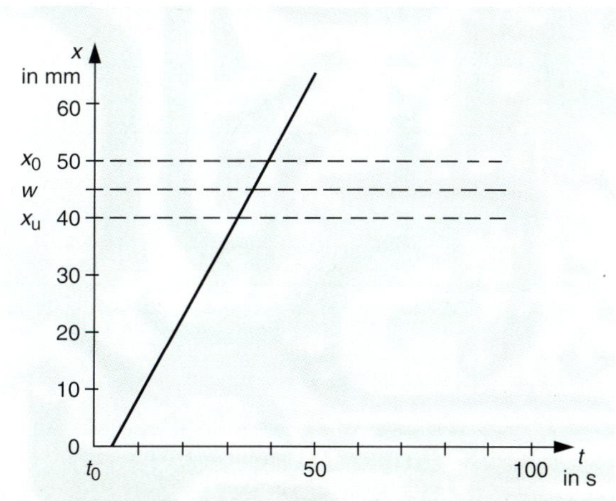

Abb. 7: Sprungantwort einer IT_t-Regelstrecke

2.7 Regelkreis mit stetigen Reglern

2.7.1 Stabilität und Regelgüte

In den bisherigen getrennten Betrachtungen von Regelstrecken und Reglern wurden deren Eigenschaften und Kennwerte ermittelt. Beim Zusammenwirken von Regelstrecke und Regler im geschlossenen Regelkreis kann sich ein sehr unterschiedliches Verhalten der Regelgröße einstellen.

Unüberlegte Inbetriebnahme eines Regelkreises kann z. B. dazu führen, dass die Regelgröße aufklingende Schwingungen ausführt (Abb. 1), die die Anlage zerstören können.

- Regelkreise müssen vor Inbetriebnahme auf Stabilität geprüft werden.

Abb. 2 zeigt die Arbeitsweise eines Regelkreises, bei dem sich jeweils nach gewisser Zeit (Ausregelzeit t_{aus}) ein stabiles Verhalten ergibt. Nach dem Anfahren ① (Schließen) des Regelkreises benötigt die Regelgröße die Anregelzeit t_{an1} um den vorgegebenen Wert (Führungsgröße) erstmalig zu erreichen. Dieser Wert kann dabei ohne Überschwingen (aperiodisch) bzw. mit einer oder mehreren Schwingungen erreicht werden. Ähnliches Verhalten kann nach dem Eintreffen einer Störung (Störverhalten) ② oder eines Führungsgrößensprunges (Führungsverhalten) ③ beobachtet werden.

Die Güte der Regelung (Regelgüte) ist von der Art des Regelproblems abhängig. Die Forderungen nach einem Regelgrößenverlauf mit kleiner **Überschwingweite** x_m, kleinen An- und Ausregelzeiten sowie kleiner **Regelfläche** A widersprechen sich teilweise. Jede spezielle Regelaufgabe erfordert deshalb eine ganz bestimmte Einstellung der Reglerkennwerte.

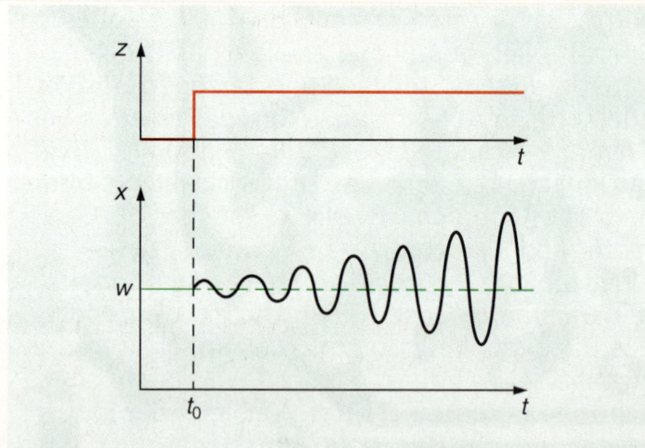

Abb. 1: Instabiles Regelkreisverhalten

In der Verfahrensindustrie, bei der Regelung elektrischer Größen und bei Lageregelungen von spanabhebenden Werkzeugen kommt es auf eine möglichst geringe Überschwingweite an. Das Überschreiten von bestimmten Temperaturen in chemischen Prozessen kann eine dauerhafte Produktänderung zur Folge haben. Überspannungen in elektrischen Anlagen gefährden Bauteile und Geräte. Bei der Lageregelung des Bearbeitungswerkzeuges einer Dreh- oder Fräsmaschine ergibt ein Überschreiten des jeweiligen Sollwertes Ausschuss.

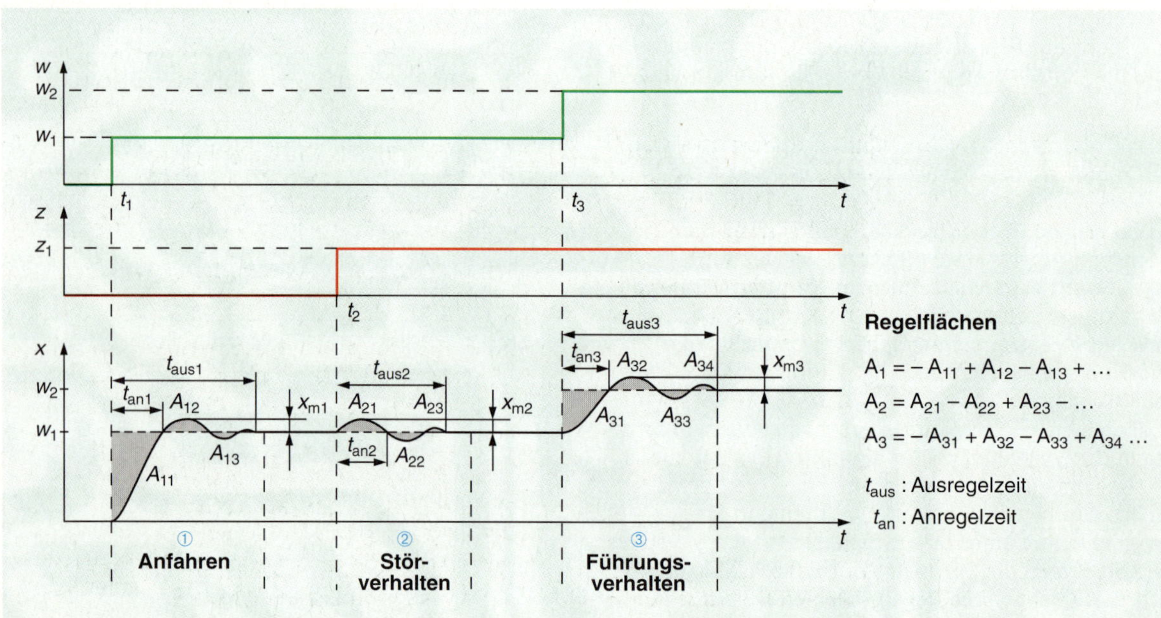

Abb. 2: Arbeitsweise eines Regelkreises

Bei Antriebsregelungen wird dagegen mehr auf eine kurze Ausregelzeit als auf eine geringe Überschwingweite Wert gelegt. Bei Durchflussregelungen und Kursregelungen von Fahrzeugen soll die Regelfläche möglichst klein sein, da diese die Mengenabweichung bzw. die Kursabweichung bestimmt.

- Die Forderungen der Regelgüte nach kleiner Überschwingweite und kurzen An- und Ausregelzeiten müssen an die spezielle Regelaufgabe angepasst werden.

Eine bleibende Regeldifferenz ist in den meisten Fällen unzulässig. Der Einsatz von P- bzw. PD-Reglern ist deshalb stark eingeschränkt.

2.7.2 Regelung von Proportional-Regelstrecken

Statisches Verhalten des Regelkreises bei Einsatz eines P- bzw. PD-Reglers

Nach Ablauf aller zeitabhängigen Ausgleichsvorgänge wirken an Regelstrecke und Regler jeweils die Proportionalbeiwerte K_{PS} bzw. K_{PR}. Bei Eingriff einer Störgröße am Eingang der Regelstrecke ergeben sich die in Abb. 3 dargestellten Verhältnisse.

Der Einfluss der im Betrieb veränderlichen Größen (Führungsgröße, Störgröße) wird nach folgender Umstellung sichtbar:

$$x = \frac{K_{PR} \cdot K_{PS}}{1 + K_{PR} \cdot K_{PS}} \cdot w + \frac{K_{PS}}{1 + K_{PR} \cdot K_{PS}} \cdot z$$

Führungsgrößeneinfluss Störgrößeneinfluss

Diese Gleichung gilt ebenso für die Änderungen Δx, Δw und Δz.

- P-Regler sind an Regelstrecken mit Ausgleich nicht in der Lage, den Istwert an den Sollwert anzugleichen. Es entsteht eine bleibende Regeldifferenz.

Die Änderung der bleibenden Regeldifferenz aufgrund einer Störgrößenänderung ergibt sich, wenn $\Delta w = 0$ gesetzt wird:

$$\Delta x = \frac{1}{1 + K_{PR} \cdot K_{PS}} \cdot \Delta z$$

Ohne Regler würde sich die Störgröße wie folgt auswirken:

$$\Delta x = K_{PS} \cdot \Delta z$$

Im Regelkreis wird der Einfluss der Störgrößenänderung um den **Regelfaktor** R gemindert.

$R = \frac{1}{1 + K_0} < 1$; $K_0 = K_{PR} \cdot K_{PS}$ (**Kreisverstärkung**)

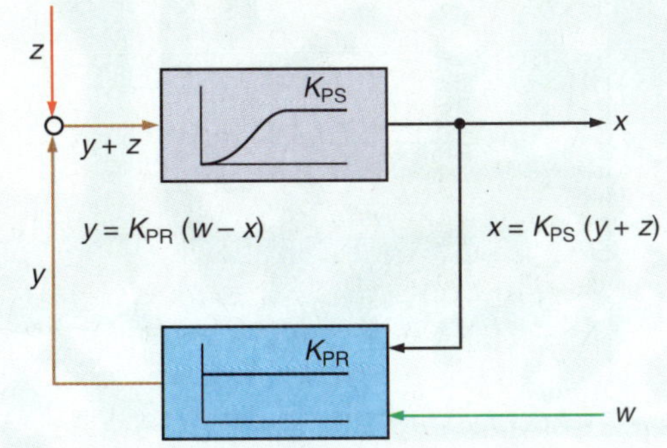

$$x = K_{PS}\,[K_{PR}\,(w - x) + z]$$

$$x = \frac{K_{PS}\,(K_{PR} \cdot w + z)}{1 + K_{PS}\,K_{PR}}$$

Abb. 3: P(PD)-Regler an einer Regelstrecke mit Ausgleich

Bei einer Änderung der Führungsgröße sollte sich die Regelgröße um den gleichen Betrag ändern. Da dies nicht der Fall ist, ergibt sich als bleibende Regeldifferenz $e_b = \Delta w - \Delta x$

$$e_b = \Delta w - \frac{K_0}{1 + K_0} \cdot \Delta w, \quad e_b = R \cdot \Delta w$$

- Je kleiner der Regelfaktor R, d. h. je größer die Kreisverstärkung K_0 ist, desto kleiner ist die bleibende Regeldifferenz e_b.

Bei gegebenem Proportionalbeiwert der Regelstrecke lässt sich die Kreisverstärkung durch eine Erhöhung des Proportionalbeiwertes des Reglers verbessern. Die Eigenschaften eines Operationsverstärkers erlauben aber keine beliebige Erhöhung des Verstärkungsfaktors, der Regelkreis würde instabil werden.

Statisches Verhalten des Regelkreises bei Einsatz eines I-Reglers

Abb. 1, S. 82 zeigt den Regelkreis, der nach einiger Zeit einen stabilen Zustand mit der Regeldifferenz null erreicht.

Tritt die Wirkung einer Störung als Regeldifferenz am Eingang des I-Reglers auf, reagiert er mit einer Änderung der Stellgröße, die die Störgrößenänderung aufhebt. Die Regelgröße wird somit wieder auf den durch die Führungsgröße vorgegebenen Wert zurückgeführt. Dieser Vorgang ist um so schneller, je kürzer die Integrierzeit T_{IR} des Reglers ist.

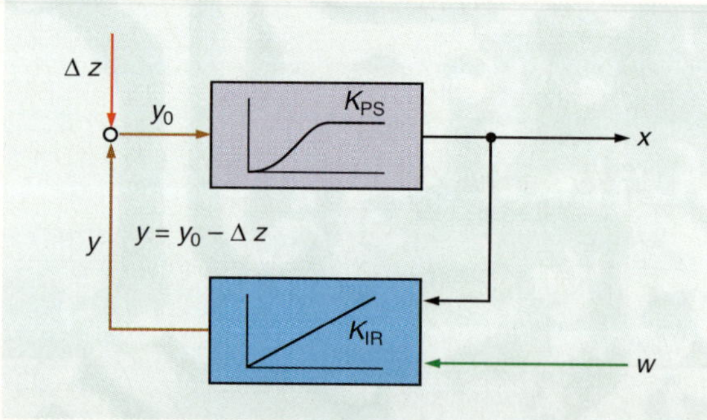

Abb. 1: I-Regler an Regelstrecke mit Ausgleich

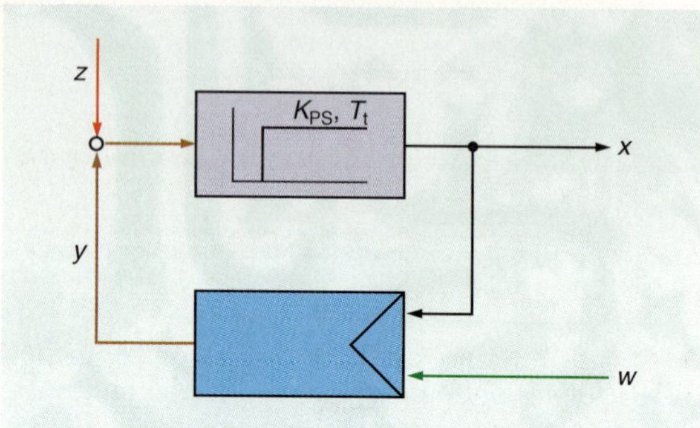

Abb. 2: Signalflussplan des Totzeit-Regelkreises

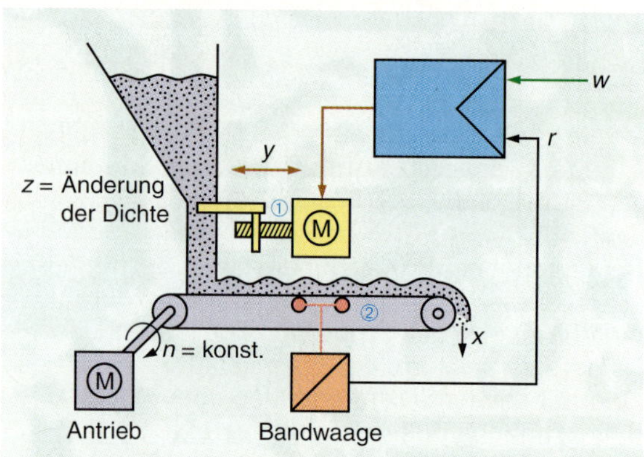

Abb. 3: Regelung auf konstante Menge pro Zeit

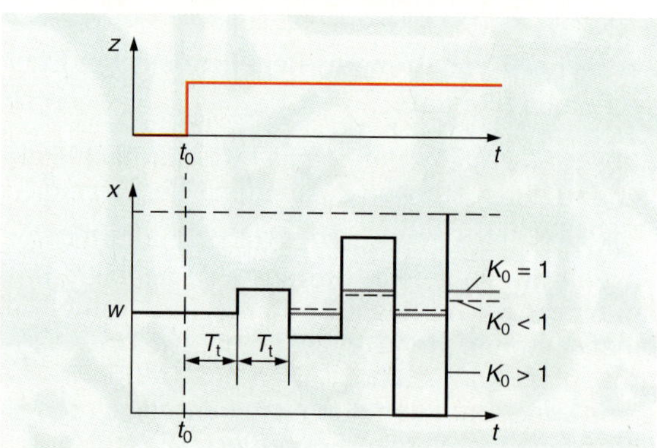

Abb. 4: Regelung einer Totzeit-Regelstrecke mit P-Regler

- I-Regler bzw. Regler mit I-Anteil (PI-, PID-Regler) regeln Störungen und Führungsgrößenänderungen vollständig aus. Es tritt lediglich eine vorübergehende Regeldifferenz auf.

Regelung einer Proportional-Regelstrecke mit Totzeit

Bei dieser Regelstrecke stellt sich nach Ablauf der Totzeit T_t ein proportionaler Zusammenhang zwischen Regelgröße und Stellgröße ein. Kennwerte sind der Proportionalbeiwert K_{PS} und die Totzeit T_t. Im Schaltzeichen ist die sich ergebende Sprungantwort dargestellt (Abb. 2).

Beim praktischen Beispiel der Mengenregelung am Förderband (Abb. 3) ergibt sich die Totzeit aus der Transportzeit zwischen Stellort ① (Schieber) und Messort ② (Bandwaage). Bei der Beurteilung der Regelbarkeit wurde diese Regelstrecke als „kaum regelbar" eingestuft da hier die Totzeit T_t sehr groß gegenüber der Ausgleichzeit T_g ist ($T_g = 0$).

Abb. 4 zeigt das Regelkreisverhalten bei Einsatz eines P-Reglers. Nach Ablauf der Totzeit springt die Regelgröße um den Wert $\Delta x = K_{PS} \cdot \Delta z$. Der P-Regler bildet sofort eine Stellgrößenänderung $\Delta y = K_{PR} \cdot K_{PS} \cdot \Delta z$, die bei einer Kreisverstärkung $K_0 > 1$ die Stellgrößenänderung mehr als kompensiert. Es tritt eine aufklingende, periodische Rechteckschwingung der Regelgröße auf. Bei einer Kreisverstärkung $K_0 = 1$ tritt eine periodische Rechteckschwingung mit konstanter Amplitude auf.

Erst bei Kreisverstärkungen < 0,5 tritt eine ausreichende Dämpfung ein. Ein P-Regler ist deshalb zur Regelung einer Totzeit-Regelstrecke ungeeignet.

Ein I-Regler liefert bessere Ergebnisse, da er seine Stellgröße langsam ändert. Abb. 5 zeigt den Regelgrößenverlauf bei Einsatz eines I-Reglers. Bei einer plötzlich auftretenden Störung tritt nach Ablauf der Totzeit am Ausgang der Regelstrecke die Überschwingweite $x_m = K_{PS} \cdot z$ auf. Die durch die Störgröße verursachte Regelgrößenänderung bleibt solange bestehen, bis die Stellgröße nach Ablauf einer weiteren Totzeit die Regelgröße zurückzuführen beginnt. Wird die Integrierzeit T_{IR} des Reglers verkleinert, ergibt sich ein schwach gedämpfter Regelvorgang. Günstiger wird das Regelergebnis bei Einsatz eines PI-Reglers.

- Proportional-Regelstrecken mit Totzeit werden mit einem PI-Regler geregelt. Die Regelgüte (Überschwingweite, An- und Ausregelzeit) bleibt aber unzureichend.

Regelung einer P0-Regelstrecke

Eine ideale P_0-Regelstrecke reagiert ohne jeglichen zeitlichen Verzug auf eine Störgröße bzw. eine Stellgrößenänderung. Kenngröße ist der Proportionalbeiwert K_{PS}. In der Praxis ergeben sich jedoch sehr kleine Verzögerungen oder Totzeiten wie z. B. bei der Durchflussregelstrecke (Abb. 6) oder dem Transistor. Abb. 8 und 9 zeigen das Führungs- bzw. das Störverhalten des Regelkreises bei Einsatz von verschiedenen Reglern.

Der ebenfalls ohne Verzug arbeitende P-Regler bildet sofort eine neue Stellgröße um die Auswirkung der Störung zu mindern. Er bildet im Regelkreis eine ideale Gegenkopplung (Abb. 7). Die bleibende Regeldifferenz kann durch einen hohen Proportionalbeiwert K_{PR} klein gehalten werden. Durch die immer vorhandenen kleinen Verzugs- oder Totzeiten in der Regelstrecke wie auch im Regler, führt die Regelgröße schon bei relativ kleinen Kreisverstärkungen periodische Schwingungen aus. Es liegt somit der Fall der Regelung einer Totzeitregelstrecke vor. Der P-Regler ist deshalb selten zur Regelung einer P_0-Regelstrecke geeignet.

Der I-Regler reagiert auf einen Führungsgrößensprung mit einem langsamen Anstieg der Stellgröße. Die Regelgröße erreicht deshalb erst nach einiger Zeit den vorgegebenen Wert der Führungsgröße (Abb. 8). Eine plötzliche Störung macht sich am Ausgang der Regelstrecke als Überschwingweite $x_m = K_{PS} \cdot z$ bemerkbar. Es entsteht keine bleibende Regeldifferenz.

Die besten Ergebnisse erzielt der PI-Regler an der P_0-Regelstrecke. Zusätzliches D-Verhalten ist nicht erforderlich, da die Regelstrecke ohnehin sehr schnell ist (Abb. 9).

- P_0-Regelstrecken werden mit einem PI-Regler ohne bleibende Regeldifferenz geregelt. Zusätzliches D-Verhalten ist an der schnellen P_0-Regelstrecke nicht erforderlich.

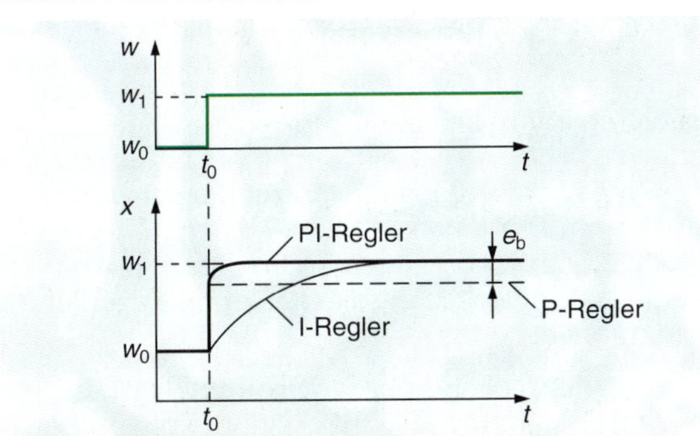

Abb. 8: Führungsverhalten des Regelkreises mit P_0-Regelstrecke

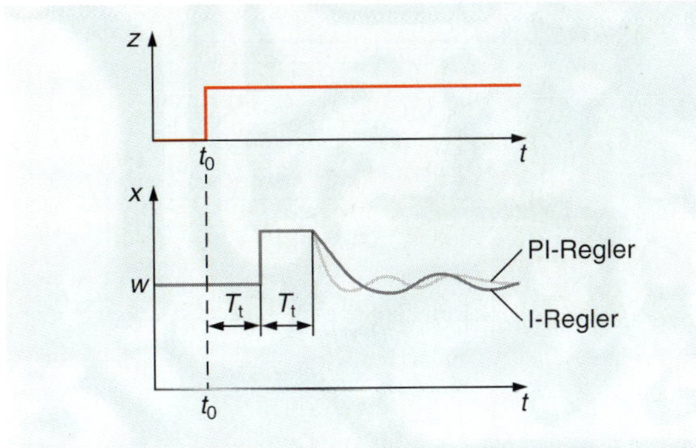

Abb. 5: Regelung einer Totzeit-Regelstrecke mit I- und PI-Regler

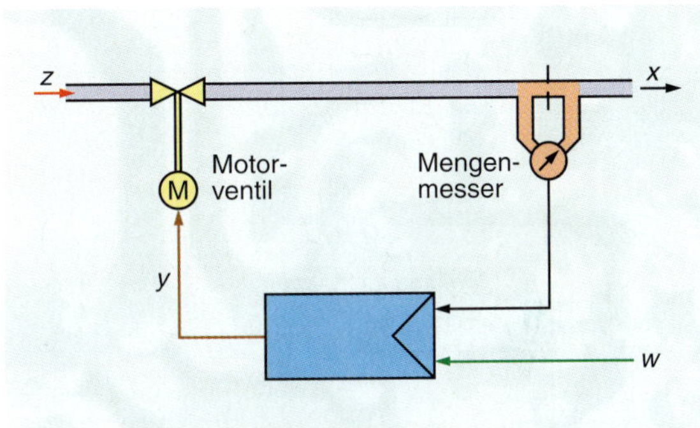

Abb. 6: Durchflussregelung in einer Rohrleitung

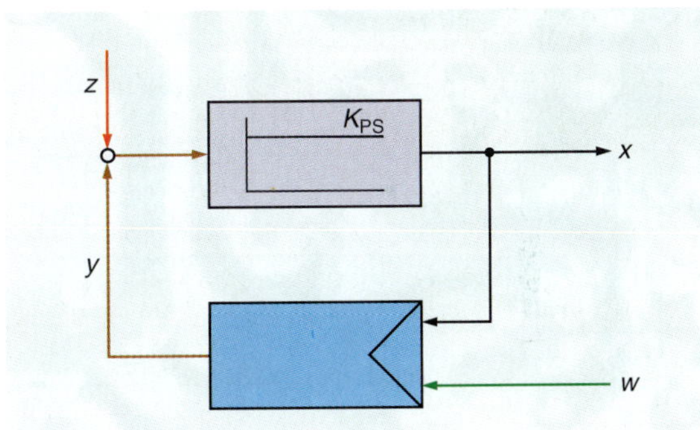

Abb. 7: Signalflussplan zur Regelung einer P_0-Regelstrecke

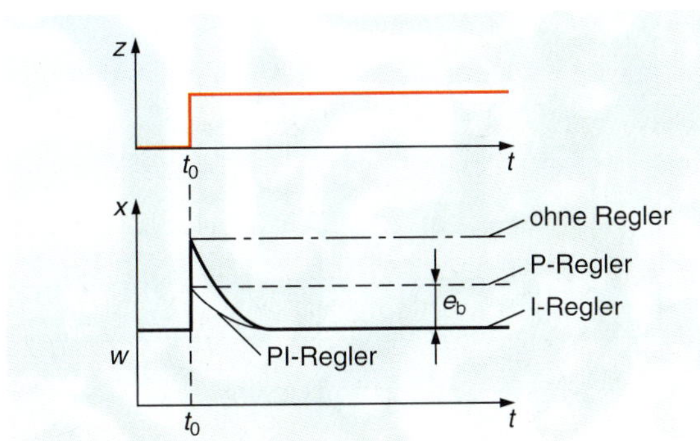

Abb. 9: Störverhalten des Regelkreises mit P_0-Regelstrecke

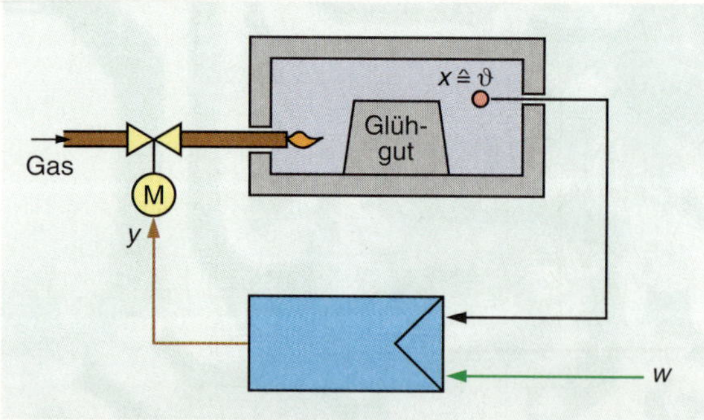

Abb. 1: Temperaturregelung in einem Glühofen

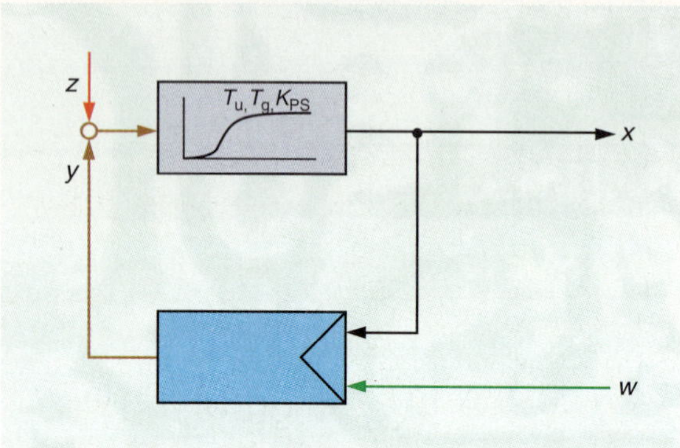

Abb. 2: Signalflussplan zur Regelung einer PT_n-Regelstrecke

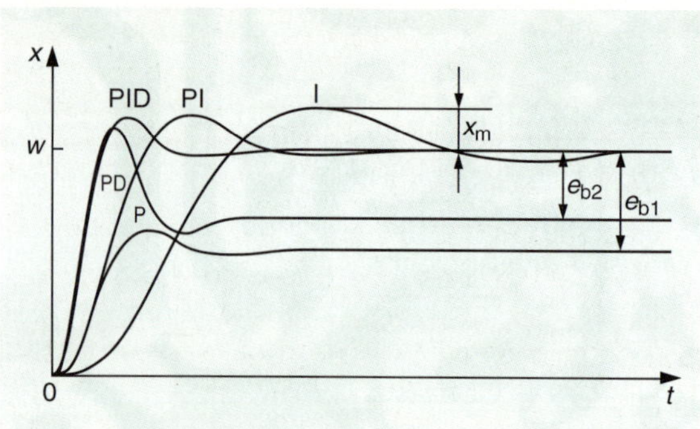

Abb. 3: Führungsverhalten verschiederner Regler an der PT_n-Regelstrecke

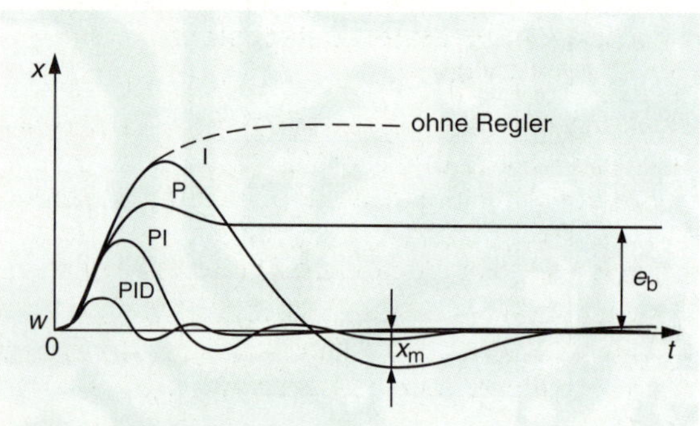

Abb. 4: Störverhalten verschiederner Regler an der PT_n-Regelstrecke

Regelung von PT_n-Regelstrecken

Regelstrecken höherer Ordnung, z. B. Temperaturregelstrecken (Abb. 1), besitzen mehrere Zeitkonstanten, deren Zahl und Größen schwer zu ermitteln sind.

Die Anzahl der Zeitkonstanten ergibt sich aus der Anzahl der Wärmespeicher in der Regelstrecke. Im angeführten Beispiel ist das Glühgut, der Innenraum sowie die Außenwand des Glühofens jeweils ein Wärmespeicher, die jeweils eine Zeitkonstante unterschiedlicher Größe verursachen.

Abb. 2 zeigt den Signalflussplan zur Regelung der PT_n-Regelstrecke mit einer Störgröße am Eingang der Regelstrecke. Am gasbeheizten Glühofen könnte dies eine Heizwertschwankung des Gases sein.

Für diese Regelstrecken hat sich die in 2.4 gezeigte grafische Auswertung mittels Wendetangente bewährt. Die so ermittelte Verzugszeit und Ausgleichszeit T_g bilden ein Maß für die Regelbarkeit der Regelstrecke. Die Verzugszeit führt, ähnlich wie eine Totzeit, schon bei kleinen Kreisverstärkungen K_0 zu Schwingungen der Regelgröße. Die Kreisverstärkung, die zu einer gleichbleibenden Schwingung der Regelgröße führt, wird auch als **kritische Kreisverstärkung** K_{0krit} bezeichnet. Sie ist proportional dem Verhältnis T_u/T_g (Regelbarkeit). Um eine Selbsterregung des Regelkreises zu vermeiden muss der Proportionalbeiwert K_{PR} des eingesetzten Reglers relativ klein gehalten werden. Dies führt bei Einsatz eines P- bzw. PD-Reglers zu einer großen bleibenden Regeldifferenz, da der Regelfaktor relativ groß wird. Dies wird im Führungsverhalten (Abb. 3) wie auch im Störverhalten (Abb. 4) deutlich.

Die Verbesserung der Regelgüte durch den Einsatz eines PD-Reglers fällt praktisch nicht ins Gewicht, da die bleibende Regeldifferenz zu sehr stört. Sie ist jedoch kleiner als beim P-Regler, da größer eingestellt werden kann, ohne dass Schwingungen hervorgerufen werden.

Wird ein I-Regler an der PT_n-Regelstrecke eingesetzt, so ergibt sich eine sehr große Überschwingweite x_m und eine lange Ausregelzeit t_{aus}. Die Regelschwingungen sind zudem schwach gedämpft. Der Einsatz eines I-Reglers führt deshalb zu unbefriedigenden Ergebnissen. Ein I-Anteil im Regler macht die bleibende Regeldifferenz zu null.

- Regelstrecken höherer Ordnung werden mit einem PI- oder PID-Regler geregelt. Der D-Anteil verbessert die Regelgüte, da er die An- und Ausregelzeit verkürzt.

2.7.3 Regelung von Integral-Regelstrecken

Statisches Verhalten bei Einsatz eines P- bzw. PD-Reglers

In diesem Regelkreis ist ein stabiler Gleichgewichtszustand gegeben, wenn die Stellgröße null geworden ist. Bei einer Führungsgrößenänderung regelt der P- bzw. PD-Regler solange, bis die Regeldifferenz $e = w - x$ zu null geworden ist.

Im Fall der Störung muss der P- bzw. PD-Regler eine Stellgröße y bilden um die vorangegangene Störgröße z zu kompensieren. Zur Bildung dieser Stellgröße ist eine bleibende Regeldifferenz e_b notwendig. Abb. 5 zeigt den Gleichgewichtszustand des gestörten Regelkreises.

Je größer der Proportionalbeiwert K_{PR} des Reglers ist, desto schneller wird eine neue Führungsgröße erreicht und um so kleiner ist im Fall der Störung die bleibende Regeldifferenz.

- Der P- bzw. PD-Regler stellt an einer Regelstrecke ohne Ausgleich die Regelgröße entsprechend der Führungsgröße ein. Nur im Fall der Störung entsteht eine bleibende Regeldifferenz, die um so kleiner ist, je größer der Proportionalbeiwert des Reglers ist.

Eine positiv wirkende Störgröße erzeugt eine negative und bleibende Regeldifferenz, d. h. die sich einstellende Regelgröße ist größer als die Führungsgröße.

Statisches Verhalten bei Einsatz eines I-Reglers

Ein I-Regler erzeugt an einer Regelstrecke ohne Ausgleich, z. B. Füllstandregelung, Lage- oder Positionsregelung einen schwingenden Verlauf der Regelgröße. Das Entstehen dieser Schwingungen kann am besten im „aufgeschnittenen" Regelkreis nachvollzogen werden (Abb. 6). Wird eine sinusförmige Stellgröße y_1 auf die Regelstrecke gegeben, so ergibt sich eine um 90° phasenverschobene Regelgröße x. Diese Phasenverschiebung wird durch den I-Regler wieder aufgehoben. Die Stellgröße y_2 ist also phasengleich zu y_1, die gedachte Trennstelle kann wieder geschlossen werden, ohne dass die Schwingungen abreißen. Je nach Amplitudenverhältnis y_1 zu y_2 klingt die Schwingung auf oder ab. Die Periodendauer der Regelgrößenschwingung ist dabei proportional der Integrierzeit T_{IR} des Reglers.

- Ein I-Regler an einer Regelstrecke ohne Ausgleich (Integral-Regelstrecke) führt zu Schwingungen der Regelgröße. Ursache für die Instabilität des Regelkreises ist die Mitkopplung der Regelkreissignale.

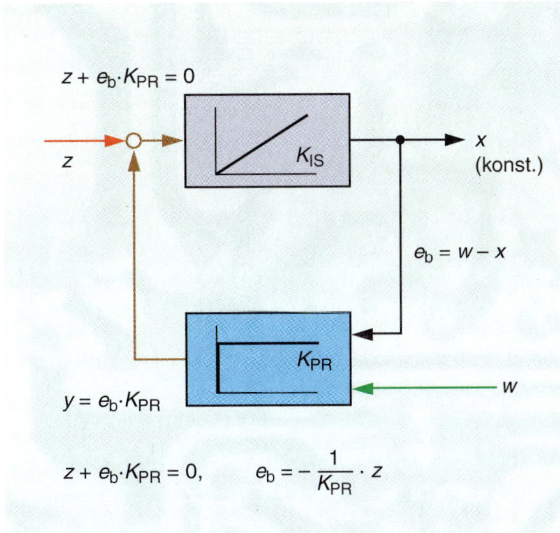

Abb. 5: P-Regler an einer Regelstrecke ohne Ausgleich

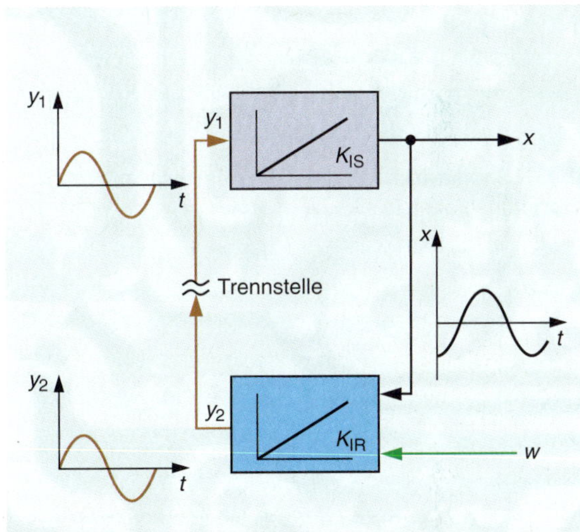

Abb. 6: Signalverlauf an einer Regelstrecke ohne Ausgleich und I-Regler

Regelung einer IT_n-Regelstrecke

Die meisten Regelstrecken ohne Ausgleich sind mit einer oder mehreren Zeitkonstanten bzw. einer Totzeit behaftet.

Bei der in Abb. 1, S. 86 dargestellten Füllstands-Regelstrecke entsteht eine Verzögerungszeitkonstante durch die elektromotorisch angetriebene Pumpe. Eine Totzeit ergibt sich durch den räumlichen Abstand der Pumpe zum Flüssigkeitsbehälter.

In Abb. 2, S. 86 ist der Signalflussplan dieses Regelkreises mit einer am Eingang wirkenden Störgröße dargestellt. Je nach Größenverhältnis der Zeitkonstanten und der jeweiligen Aufgabenstellung im Regelkreis kann ein P-, PI- oder PID-Regler günstig eingesetzt werden.

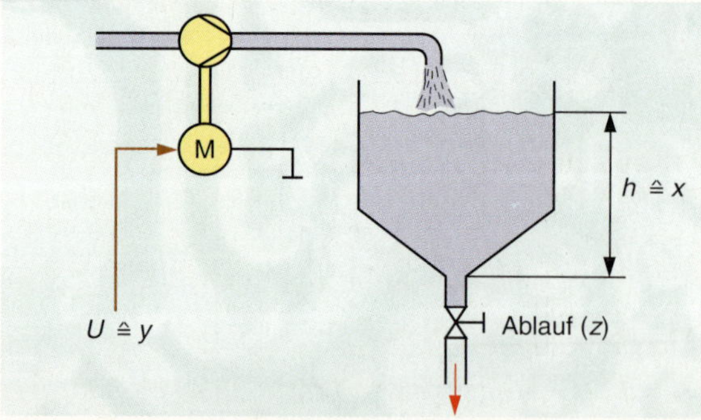

Abb. 1: Füllstandsregelstrecke

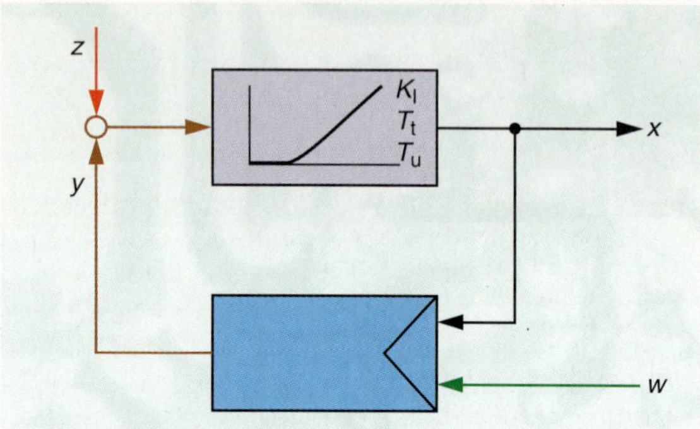

Abb. 2: Signalflussplan eines Regelkreises mit integrierender Regelstrecke

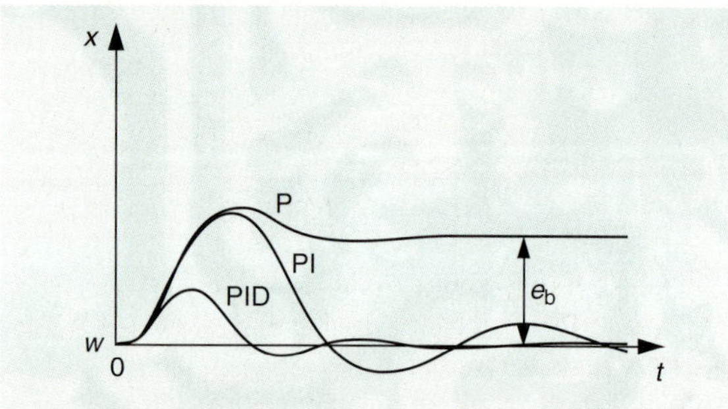

Abb. 3: Störverhalten verschiedener Regler an der IT_n-Regelstrecke

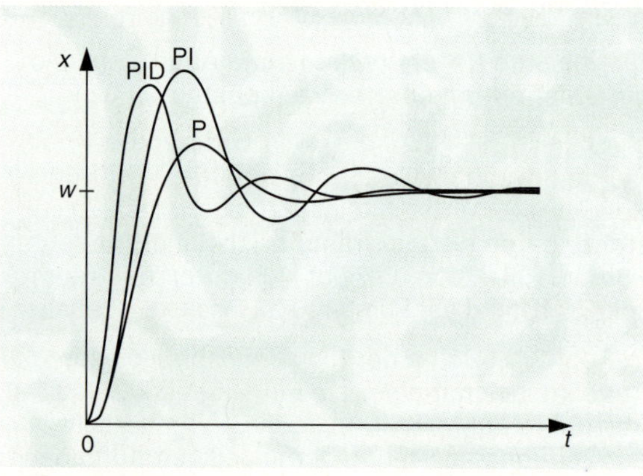

Abb. 4: Führungsverhalten verschiedener Regler an der IT_n-Regelstrecke

Müssen im Regelkreis überwiegend Störungen ausgeregelt werden, so empfehlen sich PI- oder PID-Regler, da hier keine bleibende Regeldifferenz auftritt (Abb. 3). Treten dagegen überwiegend Führungsgrößenänderungen auf, so liefert der P-Regler ein gutes Ergebnis mit geringer Überschwingweite (Abb. 4).

- Ein Regelkreis mit integrierender Regelstrecke (Regelstrecke ohne Ausgleich) zeigt beim Einsatz eines P-Reglers ein gutes Führungsverhalten. Ein gutes Störverhalten wird durch den Einsatz von PI- oder PID-Reglern erreicht.

Regelung einer doppeltintegrierenden Regelstrecke (I^2-Regelstrecke)

Bei diesen Regelproblemen, wie z. B. die Neutronenflussregelung oder die Kurs- und Lageregelung von Raumschiffen, Flugzeugen oder Schiffen, zeigt sich nach einem Sprung der Stellgröße ein beschleunigter Anstieg der Regelgröße.

Der eingesetzte Regler muss deshalb sehr schnell reagieren. Beim Einsatz eines P-Reglers kommt es aufgrund von Phasenverschiebungen zu einer Mitkopplung im Regelkreis. Beim Einsatz von I- und PI-Regler kommt es ebenfalls zu Schwingungen im Regelkreis, da diese Regler zu langsam sind. Ein PD-Regler mit relativ hohem Proportionalbeiwert K_{PR} und Differenzierbeiwert K_{DR} liefert gute Regelergebnisse mit einer kleinen bleibenden Regeldifferenz. Soll diese vermieden werden, muss ein PID-Regler eingesetzt werden, dessen Einstellung aber recht schwierig ist. (Abb. 5).

- Zur Regelung einer doppeltintegrierenden Regelstrecke eignen sich PD- und PID-Regler.

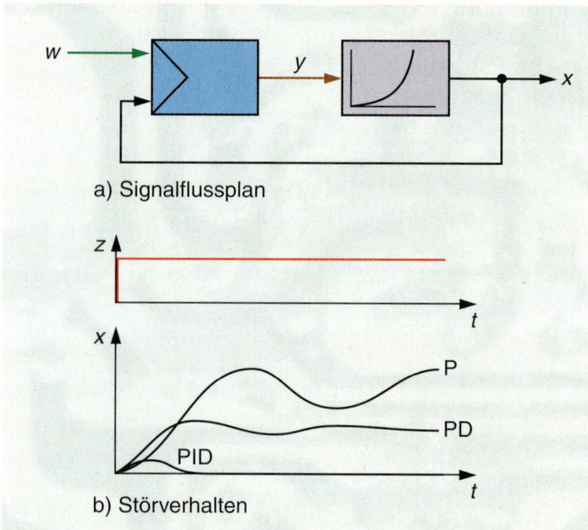

Abb. 5: Regelkreis mit I^2-Regelstrecke

2.8 Optimierung des Regelkreises

2.8.1 Reglerauswahl bei gegebenen Regelstreckenverhalten

Bei der Auswahl eines geeigneten Reglers für eine bestimmte Regelstrecke steht die geforderte Regelgüte im Vordergrund. Oft wird auf eine weitere Verbesserung (Optimierung) des Regelkreisverhaltens verzichtet, wenn der Einstellaufwand bzw. die Kosten der Regeleinrichtung zu hoch werden.

In den vorangegangenen Abschnitten wurde die Zusammenarbeit zwischen Regelstrecke und Regler gezeigt. Vom Prinzip untauglich erwiesen sich die Kombinationen I-Regelstrecke / I-Regler und I^2-Regelstrecke / P-Regler, da hier eine Mitkopplung zu Schwingungen der Regelgröße führt. Ein P(PD)-Regler erzeugt immer eine bleibende Regeldifferenz, außer bei einer Führungsgrößenänderung an der Regelstrecke ohne Ausgleich (I-Regelstrecke).

In Tab. 2.4 wird für die wichtigsten Regelstrecken ein geeigneter Reglertyp angegeben. Je nachdem ob überwiegend Führungsgrößenänderungen oder Störgrößen ausgeregelt werden sollen, können unterschiedliche Regler zum Einsatz kommen.

Die Grenzen zwischen den Beurteilungen sind fließend, da in der Praxis die Regelstreckenkennwerte und die Größenverhältnisse der Zeitkonstanten untereinander sehr unterschiedlich sein können. Unter Umständen kann dies zu einer abweichenden Beurteilung führen.

2.8.2 Einstellung der Reglerkennwerte

Die Einstellung der Reglerkennwerte kann nach folgenden Kriterien vorgenommen werden:

- gutes Führungsverhalten,
- gutes Störverhalten,
- kleine An- und Ausregelzeiten,
- geringe Überschwingweite,
- Qualität des Produkts (Genauigkeit),
- einfache Einstellung.

Die optimale Reglereinstellung ist von der speziellen Art des Regelproblems abhängig, zumal sich widersprechende Forderungen gleichzeitig bestehen können. Ist z. B. ein Überschwingen der Regelgröße nicht zulässig, so ergeben sich zwangsläufig größere An- und Ausregelzeiten.

Einstellung nach Ziegler und Nichols

Tab. 2.5 auf S. 88 zeigt Reglereinstellwerte für ein gutes Störverhalten, wenn die Kenngrößen der Proportional-Regelstrecke (K_{PS}, T_u, T_g) bzw. die Kenngrößen der Integralregelstrecken (K_{IS}, T_u) bekannt sind. Das Verhältnis T_u/T_g (T_{IS}) sollte kleiner als 0,3 sein. Bei der Abstimmung des Regelkreises auf gutes Führungsverhalten muss K_{PR} etwas kleiner gewählt werden.

Die so ermittelten Einstellwerte bilden die Ausgangsbasis für die Feinabstimmung des Regelkreises. Folgende Zusammenhänge sind zu beachten:

- Die Überschwingweite der Regelgröße wird größer bzw. der Regelkreis kann instabil werden, wenn K_{PR} vergrößert, T_n bzw. T_v des Reglers verkleinert werden.

Tab. 2.4: Auswahl geeigneter Regler

Regelstrecke		Regler				
Typ	Regelgröße	P	I	PI	PD	PID
P_0	Durchfluss	ungeeignet	gut geeignet	gut geeignet für Führung und Störung	ungeeignet	zu aufwendig
PT_1	Drehzahl, Spannung, Druck	gut geeignet für Führung	geeignet	gut geeignet für Störung	geeignet	zu aufwendig
PT_n	Temperatur	ungeeignet	ungeeignet	gut geeignet	geeignet	gut geeignet für Führung und Störung
PT_t	Förderband, Zuteiler	ungeeignet	gut geeignet	gut geeignet für Führung und Störung	ungeeignet	ungeeignet
IT_n	Höhenstand	geeignet	ungeeignet	gut geeignet für Führung	geeignet	gut geeignet für Störung
I^2	Kurs, Lage	ungeeignet	ungeeignet	ungeeignet	gut geeignet für Führung und Störung	zu aufwendig

Tab. 2.5: Reglerkennwerte für gutes Störverhalten

Regelstrecke		mit Ausgleich $\frac{T_u}{T_g} < 0{,}3$			ohne Ausgleich $\frac{T_u}{T_{IS}} < 0{,}3$		
Reglerkennwerte		K_{PR}	T_n	T_v	K_{PR}	T_n	T_v
Reglertyp	P	1	–	–	0,5	–	–
	PI	0,8	3	–	0,42	5,8	–
	PD	1,2	–	0,25 ... 0,5	0,5	–	0,5
	PID	1,2	2	0,42	0,4	3,2	0,8
Faktor		$\frac{T_g}{K_{PS} \cdot T_u}$	T_u	T_u	$\frac{1}{K_{IS} \cdot T_u}$	T_u	T_u

Tab. 2.6: Reglerkennwerte bei unbekannten Regelstreckenkennwerten

Reglertyp	Reglerkennwerte		
	K_{PR}	T_n	T_v
P	$0{,}5\ K_{PRkrit}$	–	–
PI	$0{,}45\,K_{PRkrit}$	$0{,}85\,T_{krit}$	–
PD	$0{,}8\ K_{PRkrit}$	–	$0{,}12\,T_{krit}$
PID	$0{,}6\ K_{PRkrit}$	$0{,}5\ T_{krit}$	$0{,}12\,T_{krit}$

Tab. 2.7: Reglerkennwerte nach Chien, Hrones und Reswick

	Regler	Führung	Störung
Aperiodischer Regelvorgang	P	$K_{PR} = 0{,}3 \cdot \frac{T_g}{K_{PS} \cdot T_{tE}}$	$K_{PR} = 0{,}3 \cdot \frac{T_g}{K_{PS} \cdot T_{tE}}$
	PI	$K_{PR} = 0{,}35 \cdot \frac{T_g}{K_{PS} \cdot T_{tE}}$ $T_n = 1{,}2 \cdot T_g$	$K_{PR} = 0{,}6 \cdot \frac{T_g}{K_{PS} \cdot T_{tE}}$ $T_n = 4 \cdot T_{tE}$
	PID	$K_{PR} = 0{,}6 \cdot \frac{T_g}{K_{PS} \cdot T_{tE}}$ $T_n = T_g$ $T_v = 0{,}5 \cdot T_{tE}$	$K_{PR} = 0{,}95 \cdot \frac{T_g}{K_{PS} \cdot T_{tE}}$ $T_n = 2{,}4 \cdot T_{tE}$ $T_v = 0{,}42 \cdot T_{tE}$
Regelvorgang mit 20% Überschwingen	P	$K_{PR} = 0{,}7 \cdot \frac{T_g}{K_{PS} \cdot T_{tE}}$	$K_{PR} = 0{,}7 \cdot \frac{T_g}{K_{PS} \cdot T_{tE}}$
	PI	$K_{PR} = 0{,}6 \cdot \frac{T_g}{K_{PS} \cdot T_{tE}}$ $T_n = T_g$	$K_{PR} = 0{,}7 \cdot \frac{T_g}{K_{PS} \cdot T_{tE}}$ $T_n = 2{,}3 \cdot T_{tE}$
	PID	$K_{PR} = 0{,}95 \cdot \frac{T_g}{K_{PS} \cdot T_{tE}}$ $T_n = 1{,}35 \cdot T_g$ $T_v = 0{,}47 \cdot T_{tE}$	$K_{PR} = 1{,}2 \cdot \frac{T_g}{K_{PS} \cdot T_{tE}}$ $T_n = 2 \cdot T_{tE}$ $T_v = 0{,}42 \cdot T_{tE}$

Bei unbekannten Regelstreckenkennwerten wird der eingesetzte Regler zunächst als P-Regler betrieben ($T_n = \infty, T_v =$ 0s). Der Proportionalbeiwert K_{PR} wird stetig erhöht, bis sich ungedämpfte periodische Schwingungen der Regelgröße einstellen. Auf der Grundlage des so ermittelten kritischen Proportionalbeiwertes K_{PRkrit} und der kritischen Periodendauer T_{krit} werden die Kennwerte des Reglers errechnet (Tab. 2.6). Dieses Verfahren kann aber nur dann angewendet werden, wenn Schwingungen der Regelgröße ohne negative Folgen in der Anlage bleiben.

Verfahren nach Chien, Hrones und Reswick

Die nach diesem Verfahren ermittelten Einstellwerte sind für Regler angegeben, die an Regelstrecken höherer Ordnung (PT_n, PT_nT_t, IT_n) eingesetzt werden.

Die Regelstreckenkennwerte der Proportionalregelstrecke K_{PS}, T_g und T_u (T_t) müssen bekannt sein. Eine evtl. vorhandene Totzeit bildet mit der Verzugszeit eine Ersatztotzeit $T_{tE} = T_u + T_t$.

Die Tabelle 2.7 unterscheidet zwischen optimalem Führungsverhalten und optimalem Störverhalten bzw. zwischen 20%igem Überschwingen und dem aperiodischen Einlaufen auf den Sollwert, wobei die Regelgröße nicht überschwingt. Angestrebt wird jeweils die kleinstmögliche Dauer des Ausregelvorgangs.

Die Einstellwerte können auch für eine Integralregelstrecke angewendet werden, wenn anstelle des Faktors $\frac{T_g}{K_{PS} \cdot T_{tE}}$ der Faktor $\frac{1}{K_{IS} \cdot T_{tE}}$ für die Berechnung des Proportionalbeiwertes herangezogen wird.

Kompensation von Zeitkonstanten (Betragsoptimierung)

In der Antriebstechnik findet häufig eine Optimierung nach dem Prinzip der Kompensation der großen Zeitkonstanten der Regelstrecke (Betragsoptimierung) statt. Diese Regelstrecken bestehen zumeist aus einer Reihenschaltung von einer oder zwei größeren und einer Vielzahl kleinerer Verzögerungsglieder mit entsprechenden Zeitkonstanten (Abb. 1).

Beim Vorhandensein zweier größenmäßig herausragender Zeitkonstanten (T_1, T_2) wird ein PID-Regler eingesetzt. Die Nachstellzeit T_n wird auf den Wert der größten Zeitkonstanten T_1, die Vorhaltezeit T_v wird auf den Wert der zweitgrößten Zeitkonstante T_2 eingestellt. Sie sind damit im Regelkreis kompensiert. Die Summe der kleinen Zeitkonstanten ($T_{erg} = T_3 + T_4 + ...$) hat Einfluss auf den Wert des einzustellenden Proportionalbeiwertes K_{PR} des Reglers (Tab. 2.8). Hat die Regelstrecke eine herausragende Zeitkonstante T_1, kann ein PI-Regler eingesetzt werden, dessen Nachstellzeit T_n die große Zeitkonstante T_1 kompensiert.

Wird die Summe aller Zeitkonstanten T_{ges} ($T_{ges} = T_1 + T_2 + T_3 + ...$) als relativ klein angesehen, kann ein I-Regler zum Einsatz kommen, dessen Integrationszeit $T_{IR} = 2 \cdot K_{PS} T_{ges}$ gesetzt wird.

Tab. 2.8 zeigt alle Einstellvorschriften nach dem Kompensationsverfahren. Bei dieser Einstellung ergibt sich das in Abb. 2 dargestellte Führungsverhalten mit einer Überschwingweite von $x_m = 4{,}3\%$, einer Anregelzeit $t_{an} = 4{,}7 \cdot T_{ers}$ und einer Ausregelzeit bis zum Eintritt in ein 2%-Toleranzband $t_{aus} = 8{,}4 \cdot T_{ers}$. Abb. 3 zeigt das Führungsverhalten eines Regelkreises bei Einsatz der verschiedenen Regler an einer Regelstrecke, deren Zeitkonstanten sich im angegebenen Verhältnis zueinander befinden.

In der Praxis lassen sich die Einzelzeitkonstanten einer Regelstecke meist nur ungenau ermitteln. Die betragsoptimale Reglereinstellung kann nach einer Grobeinstellung anhand der Sprungantwort des Regelkreises gefunden werden. Dazu wird schrittweise K_{PR} und T_n des Reglers variiert und die jeweilige Sprungantwort aufgenommen. Abb. 4 zeigt in der mittleren Spalte, mittlere Zeile, die gewünschte optimale Sprungantwort ①. Zeigt sich z. B. eine Sprungantwort der oberen Zeile, so muss der momentan eingestellte Proportionalbeiwert des Reglers K_{PR} halbiert werden. Um z. B. von einer Sprungantwort der linken Spalte zur mittleren Spalte zu gelangen, muss T_n des Reglers verdoppelt werden.

Tab. 2.8: Reglereinstellwerte nach dem Kompensationsverfahren (Betragsoptimum)

Reglertyp	Einstellwerte
I	$T_{IR} = 2 \cdot K_{PS} \cdot T_{ges}$
PI	$K_{PR} = \frac{1}{2 \cdot K_{PS}} \cdot \frac{T_1}{T_{ers2}}$ $T_{ers1} = T_2 + T_3 + T_4 + ...$ $T_n = T_1$
PID	$K_{PR} = \frac{1}{2 \cdot K_{PS}} \cdot \frac{T_1}{T_{ers2}}$ $T_{ers2} = T_3 + T_4 + ...$ $T_n = T_1, \quad T_v = T_2$

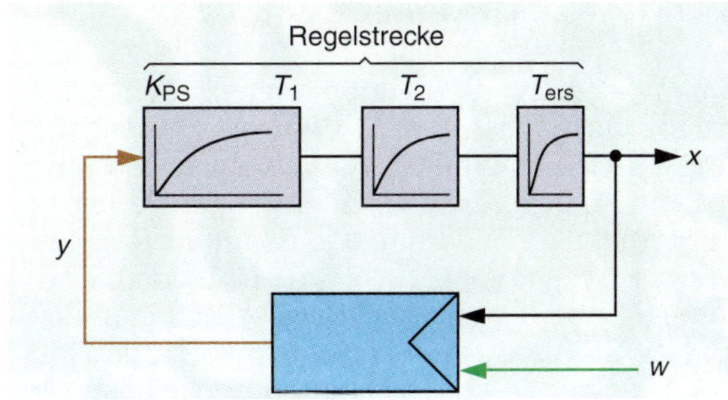

Abb. 1: Regelreis mit einer Regelstrecke höherer Ordnung

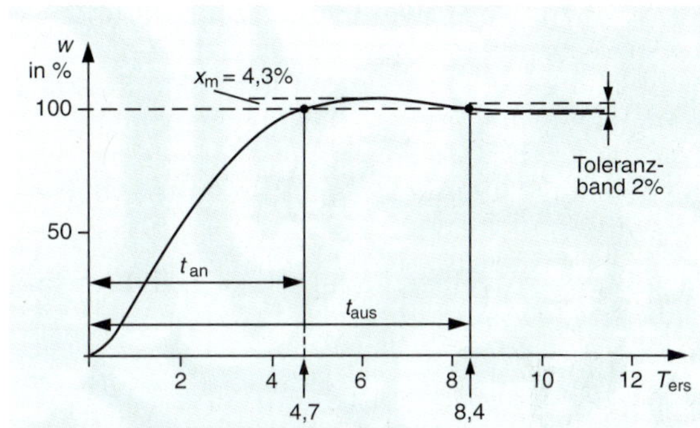

Abb. 2: Sprungantwort eines betragsoptimierten Regelkreises

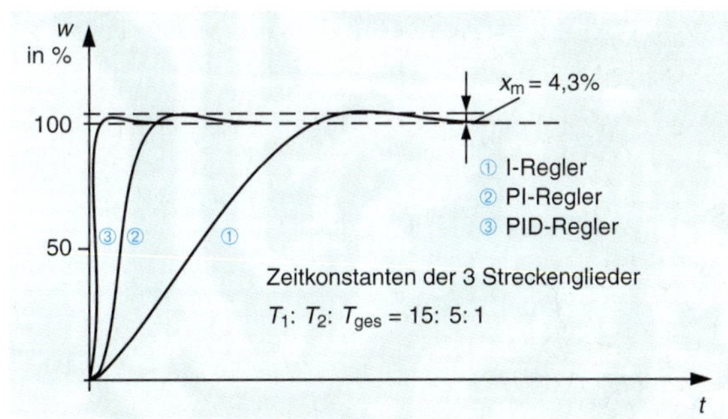

Abb. 3: Wirkung der Regler im betragsoptimierten Regelkreis

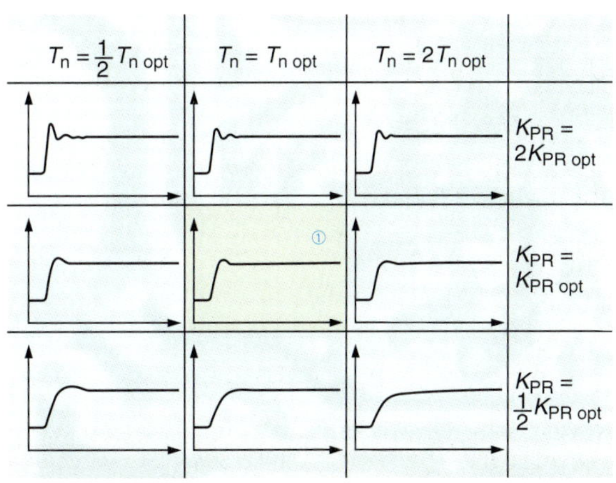

Abb. 4: Fehlabstimmung des Betragsoptimums

2.8.3 Mehrschleifige Regelkreise

In den bisherigen Betrachtungen wurde davon ausgegangen, dass eine Störung am Eingang der Regelstrecke eingreift. Sie durchläuft somit die gesamte Regelstreckenverzögerung, bevor sie als Regelgrößenänderung und damit als Regeldifferenz am Regler in Erscheinung tritt. Um die Regelgüte weiter zu verbessern ist es daher sinnvoll, die Störgröße zu erfassen, umzuformen und direkt auf den Reglereingang wirken zu lassen. Nach diesem Prinzip arbeiten die **Störgrößen-** und die **Störtendenzaufschaltung**.

Bei Regelstrecken mit großer Verzugszeit und großer Zeitkonstante besteht die Gefahr der Instabilität des Regelkreises. Durch eine **Kaskadenregelung**, d. h. eine Aufteilung der Regelstrecke in zwei Teilregelstrecken, jeweils mit eigenem Regelkreis, kann die Regelgüte erheblich verbessert werden.

Die Kaskadenregelung findet in der Verfahrensindustrie und der Antriebstechnik Anwendung.

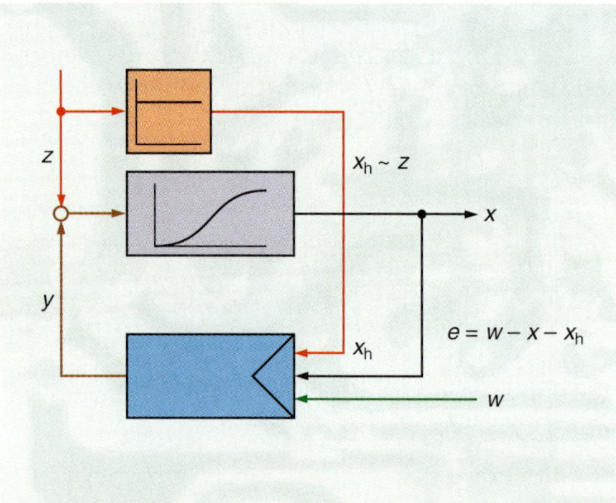

Abb. 1: Störgrößenaufschaltung

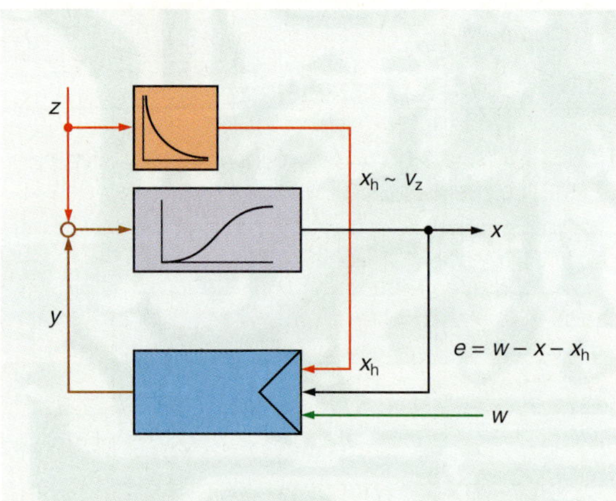

Abb. 2: Störtendenzaufschaltung

Störgrößen- und Störtendenzaufschaltung

Die am Regelstreckeneingang wirkende Hauptstörgröße z wird gemessen und als Hilfsregelgröße x_h dem Reglereingang zugeführt (Abb. 1). Die Störgröße veranlasst somit eine sofortige Stellgrößenänderung, die Verzugszeit der Regelstrecke wird umgangen. Nachteilig bie der Störgrößenaufschaltung ist die sich immer ergebende bleibende Regeldifferenz. Wenn $e = w - x - x_h = 0$ ist, folgt $x = w - x_h$, d. h. nur wenn $z = 0$ ist, kann die Regelgröße gleich der Führungsgröße werden.

Wird die Hauptstörgröße z auf ein Differenzierglied gegeben, so entsteht eine Hilfsregelgröße x_h, die der Störgrößenänderung v_z proportional ist. Bei dieser als Störtendenzaufschaltung (Abb. 2) bezeichneten Maßnahme tritt keine bleibende Regeldifferenz auf, da die Störgrößenänderung auf null zurückgeht.

Diese Maßnahmen zur Verbesserung des Regelkreisverhaltens finden in Heizungsregelungen Anwendung. Die Hauptstörgröße Außentemperatur sorgt bei sinkenden Außentemperaturen für eine höhere Vorlauftemperatur, bei steigenden Außentemperaturen wird die Vorlauftemperatur gesenkt. Die Störgrößenaufschaltung in einer einfachen Spannungsstabilisierungsschaltung (Abb. 3) beseitigt die bleibende Regeldifferenz beim Einsatz eines P-Reglers.

Die Hauptstörgröße Laststromänderung ΔI_L wird mittels eines Widerstandes R_h gemessen. Die Hilfsspannung U_h wird der Regeleinrichtung so zugeführt, dass eine Laststromerhöhung eine sinkende Lastspannung U_L suggeriert. Durch einen gezielten Abgleich des Widerstandes kann die bleibende Regeldifferenz beseitigt werden.

- Durch eine Störgrößen- bzw. Störtendenzaufschaltung kann die Regelgüte verbessert werden.

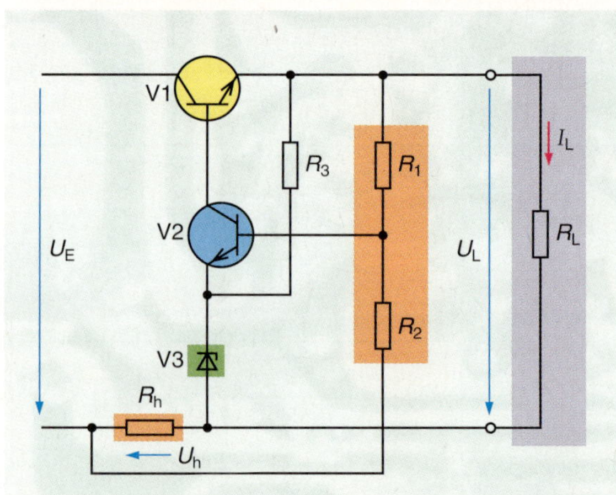

Abb. 3: Störgrößenaufschaltung in einer Spannungsstabilisierung

Kaskadenregelung

Bei vielen Regelproblemen kann mit einschleifigen Regelkreisen keine befriedigende Regelgüte erzielt werden. Eine Verbesserung kann durch das Zusammenwirken eines unterlagerten inneren Regelkreises mit einem überlagerten äußeren Regelkreis erzielt werden. Dazu wird die Regelstrecke in eine schnelle und eine langsame Teilregelstrecke geteilt (Abb. 4). Im schnellen Teilregelkreis wird die Hauptstörgröße ① meist durch einen schnellen P-Regler geregelt. Im äußeren langsamen Regelkreis werden die anderen Störgrößen ausgeregelt. Hier wird vorzugsweise ein PI-Regler eingesetzt, der jeweils die Führungsgröße für den inneren Regelkreis liefert. Der Regler im äußeren Regelkreis wird **Führungsregler**, der im inneren Regelkreis wird **Folgeregler** genannt.

Abb. 5 zeigt eine Drehzahlregelung eines Gleichstrommotors mit unterlagertem Ankerstromregelkreis. Hier werden Störungen, wie z. B. Netzspannungsschwankungen, ausgeregelt, bevor sie sich im äußeren Regelkreis bemerkbar machen.

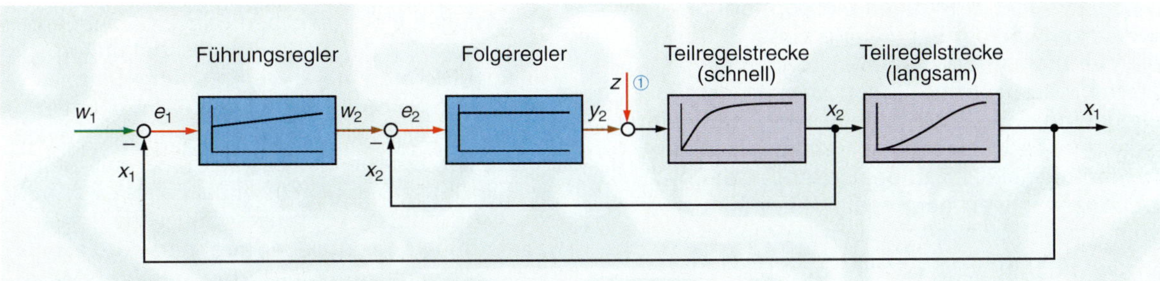

Abb. 4: Signalflussplan einer Kaskadenregelung

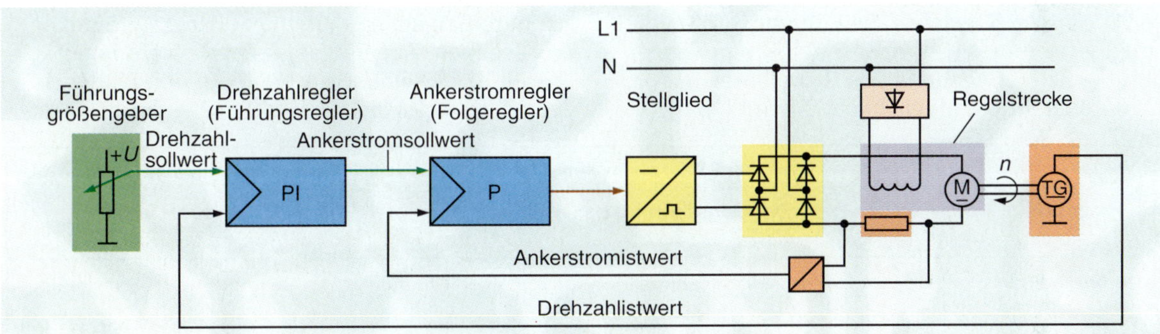

Abb. 5: Drehzahlregelung mit unterlagerter Ankerstromregelung (Kaskadenregelung)

Aufgaben zu 2.7 und 2.8

1. Wodurch kann ein Regelkreis instabil werden?
2. Erläutern Sie den Begriff Regelgüte!
3. Erläutern Sie die Begriffe Regelfaktor und Kreisverstärkung!
4. Berechnen Sie die bleibende Regeldifferenz in einem Regelkreis mit einem P-Regler an einer Regelstrecke mit Ausgleich. Gegeben ist die Kreisverstärkung $K_0 = 5$ und die Führungsgrößenänderung ist 10%.
5. Welche bleibende Regeldifferenz ergibt sich in einem Regelkreis, bestehend aus Regelstrecke mit Ausgleich und I-Regler? Erläutern Sie Ihre Antwort!
6. Welche Regler eignen sich zur Regelung von Regelstrecken höherer Ordnung?
7. Wie kann beim Einsatz eines P-Reglers an einer integrierenden Regelstrecke eine bleibende Regeldifferenz entstehen?
8. An welcher Regelstrecke kann ein I-Regler nicht eingesetzt werden? Begründen Sie dieses!
9. Muss der Proportionalbeiwert eines Reglers verkleinert oder vergrößert werden um die Überschwingweite zu vermindern?
10. Beschreiben Sie den Optimierungsvorgang bei unbekannten Regelstreckenkennwerten!
11. Unter welchen Voraussetzungen können die Optimierungsvorschriften nach Chien, Hrones und Reswick angewendet werden?
12. Bei welchen Regelstrecken wird die Methode der Kompensation von Zeitkonstanten vorzugsweise eingesetzt?
13. Beschreiben Sie die Wirkung einer Störgrößenaufschaltung in einer Spannungsstabilisierungsschaltung (Abb. 3)!
14. Welche Störgröße wird im unterlagerten Regelkreis einer Kaskadenregelung ausgeregelt?

2.9 Analoges Industrie-Regelsystem

Um die verschiedenen Mess-, Steuer- und Regelaufgaben, z. B. in der Verfahrensindustrie, mit einem Regelsystem beherrschen zu können muss dieses vielfältige Anpassungsmöglichkeiten bieten.

Abb. 1 zeigt einen Überblick über ein analoges Regelsystem. Die Regeleinrichtung besitzt Eingänge ① zum direkten Anschluss bestimmter Messfühler wie z. B. Thermoelement, PTC-Widerstand usw. Die zugehörigen Messumformer befinden sich in der Regeleinrichtung. Zur Erfassung der meisten Regelgrößen können auch externe Messumformer ② am Messort eingesetzt werden. Diese Messumformer erhalten ihre Versorgungsspannung aus einem in der Regeleinrichtung installierten Speisegerät. Der so gewonnene Istwert der Regelgröße, wie auch die evtl. erfassten Hilfsregelgrößen, werden in der Signalaufbereitung linearisiert, differenziert usw. und anschließend miteinander verknüpft ③.

Dem eigentlichen Regler werden die Regelgröße, die Hilfsregelgröße sowie die Führungsgröße im Signalbereich 0 ... 10 V bzw. 0/4 ... 20 mA zugeführt ④. Bei Verwendung des Signalbereichs 4 ... 20 mA besteht die Möglichkeit, einen Leitungsbruch bzw. einen defekten Messwertaufnehmer zu erkennen (0 mA).

Beim Regler hat man die Wahl zwischen einem kontinuierlichen (stetigen) Reglerausgang ⑤ und einem Schrittausgang ⑥. Es kann zwischen einem Festwert-, Folge-, Zwei- oder Dreikomponenten-Regler gewählt werden. Durch die Wahl der Endstufe ⑦ wird das Reglerausgangssignal (Stellgröße y) den am Stellort befindlichen Stellgeräten angepasst. Eine Umschaltung Hand/Automatik erlaubt den Einsatz des Reglers als Handstellgerät ⑧

Abb. 2 zeigt das vereinfachte Blockschaltbild eines analogen elektronischen Reglers. Es ist auf der linken Seite um die Eingangsschaltungen (Signalaufbereitung und -verknüpfung) und auf der rechten Seite um die Ausgangsschaltungen (Endstufen) ergänzt. Der hier dargestellte Regler erlaubt den Betrieb als Festwertregler mit interner Führungsgröße (w_{int}) bzw. als Folgeregler mit extern zugeführter Führungsgröße ⑨ (w_{int}). Die Regelgröße kann entweder direkt (x) oder als Signal aus einem am Messort installierten Messumformer erfasst werden (x_1). Für den Betrieb als Zwei- oder Dreikomponenten-Regler sind weitere Eingänge (x_2, x_3) für Hilfsregelgrößen vorgesehen. Alle Eingangssignale werden aufbereitet, z. B. linearisiert und auf den Einheitspegel von 0 ...10 V verstärkt.

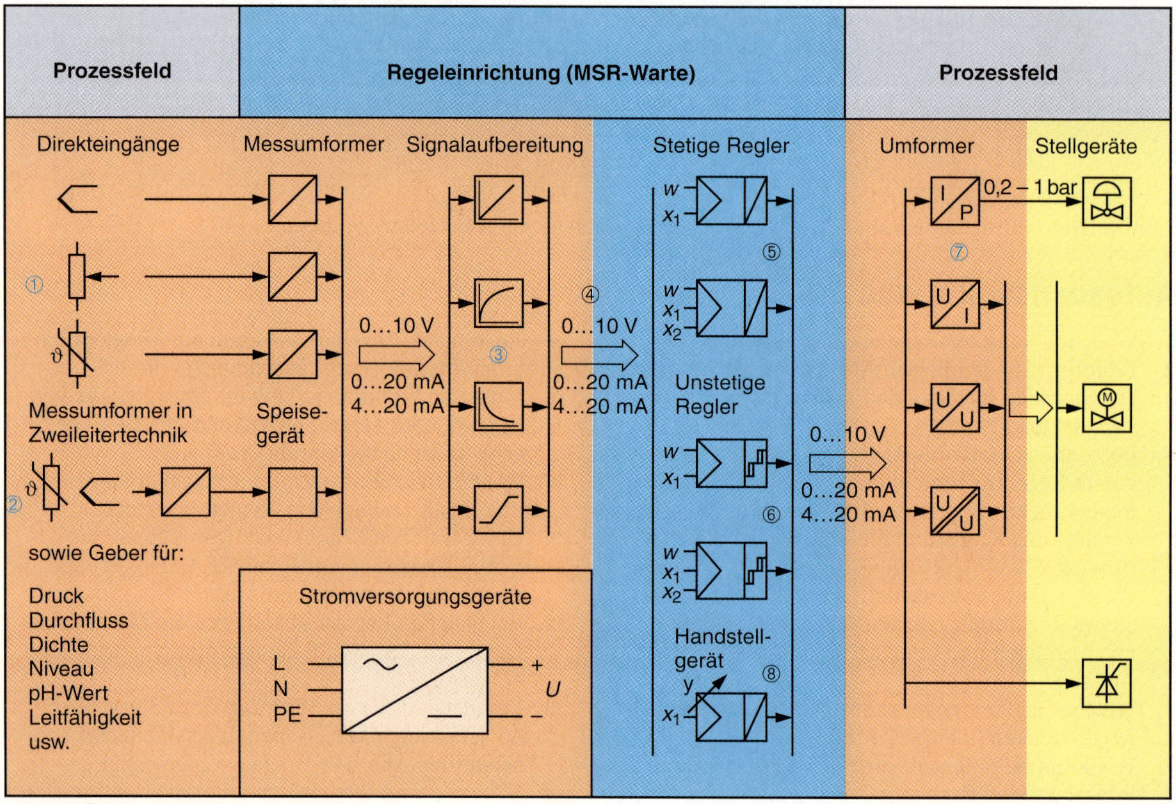

Abb. 1: Übersicht über ein Regelsystem

Am eigentlichen Regler kann der Wirksinn umgeschaltet ⑩ sowie der I-Anteil des Reglers abgeschaltet ⑪ werden. Bei Umschaltung auf Handbetrieb ⑫ wirkt der Regler als Stellgerät. Die Regelparameter K_{PR}, T_n, T_v sowie der Arbeitspunkt y_0 sind unabhängig voneinander mittels Potentiometer ⑬ einstellbar. Zusätzlich kann die Stellgröße begrenzt werden ⑭.

Als Ausgangsschaltungen stehen eine Stromendstufe mit und ohne galvanische Trennung bzw. eine Spannungsendstufe zur Verfügung.

Aufgaben zu 2.9

1. Mit welchen Signalbereichen wird innerhalb einer Regeleinrichtung sowie an den Ein- und Ausgängen gearbeitet?
2. Welchen Vorteil bieten die Verwendung des Signalbereiches 4 ... 20 mA bei einem Messwertaufnehmer?
3. In welcher Baugruppe werden die Nichtlinearitäten der Messumformer ausgeglichen?
4. Beschreiben Sie den Aufbau eines Analog-Regelsystems!
5. In welchen Fällen ist eine Wirksinnumkehrung der Stellgröße erforderlich?
6. Für welche Regelaufgaben kann der Schrittausgang (S-Ausgang) eines Reglers vorteilhaft eingesetzt werden?

Abb. 3: Analog-Regelsystem

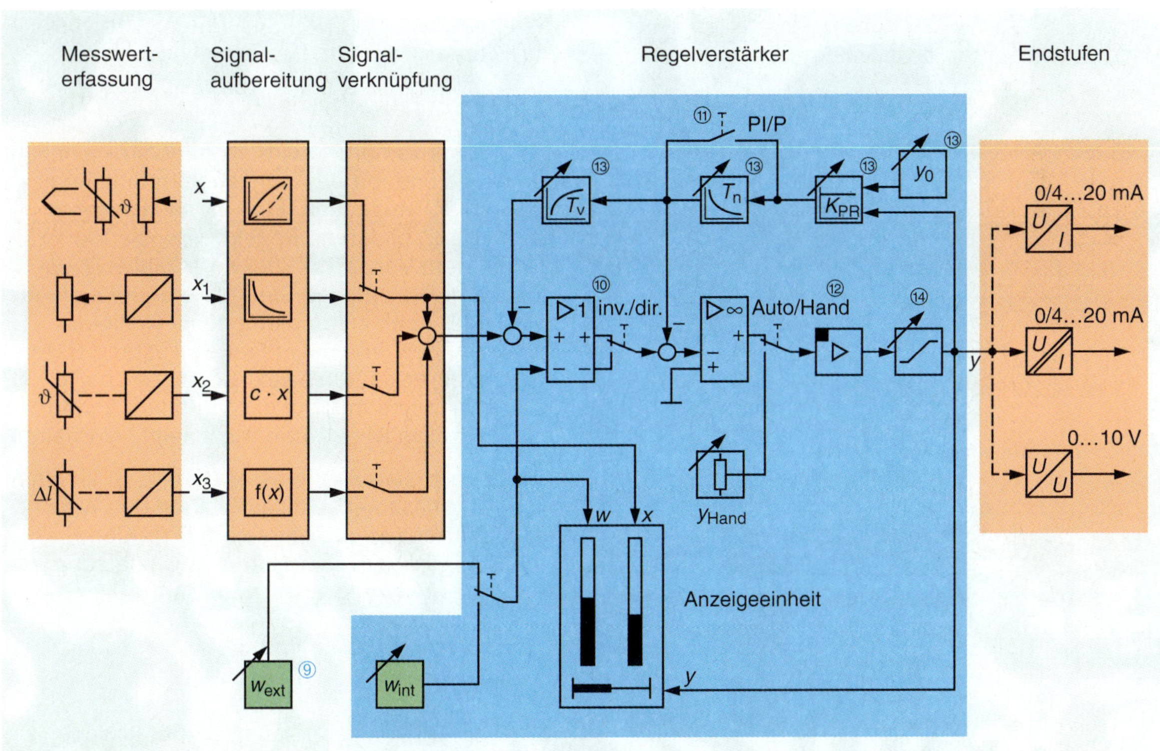

Abb. 2: Blockschaltbild eines stetigen Reglers

2.10 Digitale Regelungstechnik

2.10.1 Grundsätzliche Arbeitsweise digitaler Regler

Bei den in den vorherigen Abschnitten behandelten stetigen Reglern werden analoge Signale (w, x) mit Hilfe von analogen Rechenschaltungen in eine analoge Stellgröße umgesetzt. Unstetige Regler setzen analoge Eingangsgrößen mit Hilfe von schaltenden Baugruppen in Stellgrößen um, die nur wenige Werte annehmen können. Quasistetiges Verhalten (PI-, PD,- PID-ähnlich) lässt sich durch eine geeignete Rückkopplung erzeugen (vgl. 2.6).

Bei digital arbeitenden Reglern müssen Regelgröße und Führungsgröße in digitaler Form vorliegen. Dazu ist u. U. eine Analog-Digital-Wandlung bzw. eine Code-Umsetzung notwendig.

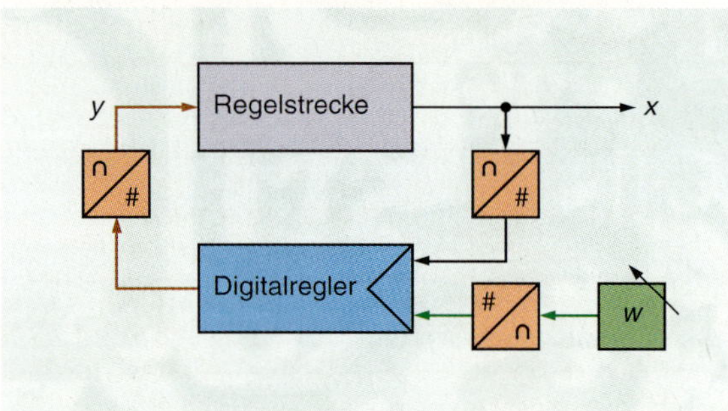

Abb. 1: Regelkreis mit digitalem Regler

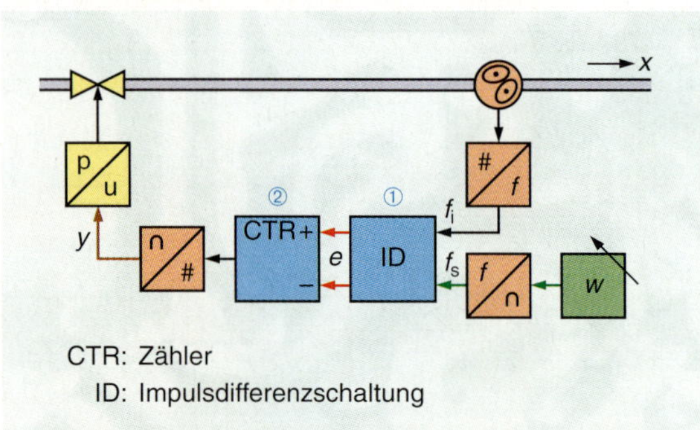

Abb. 2: Durchflussmengenregelkreis

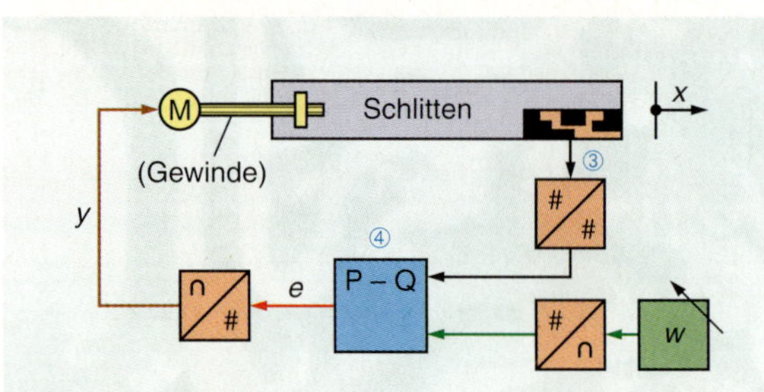

Abb. 3: Positionsregelkreis

Abb. 1 zeigt einen Regelkreis mit digitalem Regler, Analog-Digital-Wandlern für Regelgröße und Stellgröße sowie einer analog vorliegenden Führungsgröße.

Digitale Regler verarbeiten die digital codierten Eingangsgrößen (Regelgröße, Führungsgröße) nach einer durch die Hardware bzw. durch eine im Programm gespeicherte Rechenoperation, wie Multiplikation (P-Anteil), Integration (I-Anteil), Differentiation (D-Anteil) bzw. einer Kombination davon. Die sich ergebende Stellgröße muss bis zum Vorliegen einer neuen Stellgröße gespeichert und häufig wieder digital-analog gewandelt werden. Die hierfür benötigte Zeit kann sich in sehr schnellen Regelkreisen nachteilig auswirken. Die Vorteile der digitalen Regelung liegen bei der höheren Genauigkeit und der sicheren Übertragung und Speicherung der digitalen Signale. Im Fall des Einsatzes eines Prozessrechners als Regler ergibt sich eine wesentliche Kostenersparnis durch den Einsatz von Software bei Projektierung, Inbetriebnahme und Instandhaltung der Regeleinrichtungen innerhalb eines automatisierten Prozesses.

2.10.2 Einfache digital arbeitende Regelkreise

Bei einfachen digitalen Reglern ergibt sich die Reglerstruktur (P-, I-Regler) und die Größe der Regelparameter (K_{PR}, T_{IR}) aus der eingesetzten Hardware, sie sind im Betrieb nicht zu variieren.

Abb. 2 zeigt einen Durchflussmengenregelkreis mit inkrementalem Digitalregler. Die zu regelnde Größe, Durchflussmenge, wird als Impulsfrequenz (f_i) gemessen und mit der eingestellten Sollimpulsfrequenz (f_s) verglichen. Eine Impulsdifferenzschaltung ① bildet die Regeldifferenz $e = w - x$, die in einem Vorwärts/Rückwärtszähler ② gezählt wird. Die analoge Stellgröße ergibt sich aus der Digital-Analog-Wandlung des jeweiligen Zählerstandes. Im ausgeregelten Zustand treten keine Differenzimpulse auf, der gespeicherte Zählerstand und mit ihm der Ventilhub ändern sich nicht. Die Regeleinrichtung zeigt I-Verhalten.

Abb. 3 zeigt eine Positionsregelung z. B. an einer Werkzeugmaschine. Da die Position des Werkzeugschlittens häufig mit einem Gray-Code-Lineal ③ gemessen wird, ist eine Umsetzung des Codes notwendig. Die vom Subtrahierer ④ als Parallelzahl gebildete Regeldifferenz wird in eine analoge Spannung umgewandelt. Über einen Stellmotor wird die Position des Schlittens solange verstellt, bis die Sollposition erreicht ist. Der Regler erzeugt eine Stellgröße, die proportional der Regeldifferenz ist, er zeigt somit P-Verhalten.

2.10.3 Digitale Abtastregler, Rechnerregelung

Die vorher beschriebenen digitalen Regler sind durch ihre Hardware „festprogrammiert", d. h. Regelalgorithmus und Regelparameter können nicht geändert werden.

- Beim digitalen Abtastregler (Mikrocomputer, Prozessrechner) sind der Regelalgorithmus und die Regelparameter in Form eines Programms im Speicher abgelegt.

Da das Programm zur Berechnung der Stellgröße eine endliche Zeit, z. B. 50 ms benötigt, erfolgt die Signalverarbeitung nach dem Abtastprinzip.

Abb. 4 zeigt einen Regelkreis, in dem ein Mikrocomputer ⑤ die Aufgabe eines Reglers übernimmt.

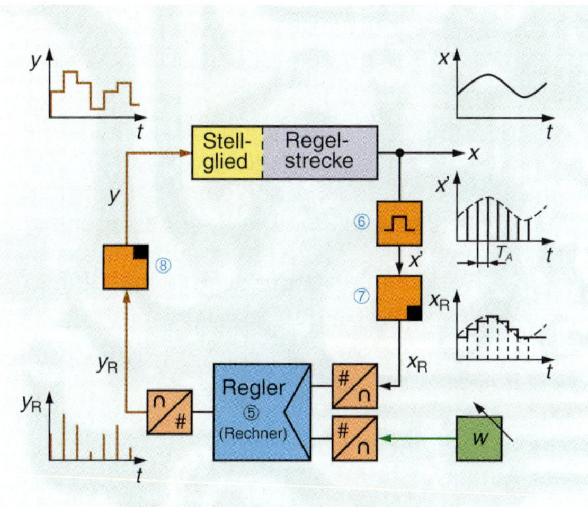

Abb. 4: Signale im digitalen Regelkreis

Der Istwert der Regelgröße wird in bestimmten Zeitabständen T_A mittels einer Abfragelogik ⑥ abgetastet und analog-digital gewandelt. Daher muss die von der Abtastlogik gelieferte Wertefolge durch ein Halteglied ⑦ (Sample- und Holdschaltung) in ein treppenförmiges Signal umgesetzt werden. Der Mikrocomputer berechnet die Stellgrößen, entsprechend der im Speicher abgelegten Reglergleichung, z. B. den PID-Regelalgorithmus. Die berechnete Wertefolge wird digital-analog gewandelt und über ein Halteglied ⑧ dem in der Regel analog arbeitenden Stellglied zugeführt.

Es werden zwei Verfahren zur Abtastung der analogen Regelgröße unterschieden.

Zyklische Abtastung (polling):

Abfrage der Messstelle in festen Zeitabständen T_A, z. B. durch ein Abfrageprogramm des Mikrocomputers.

Azyklische Abfrage (interrupt):

Messstelle wird nur bei Bedarf abgefragt. Die Abfrage wird durch eine Programmunterbrechung eingeleitet.

Der Zeitabstand zwischen zwei Abtastungen (Zykluszeit T_A) muss klein gegenüber den Zeitkonstanten der Regelstrecke gewählt werden. Bei relativ langsamen Regelstrecken, z. B. in der Verfahrenstechnik, kann ein zentraler Prozessrechner mehr als 100 Regelkreise im Zeitmultiplexverfahren bedienen (Abb. 5).

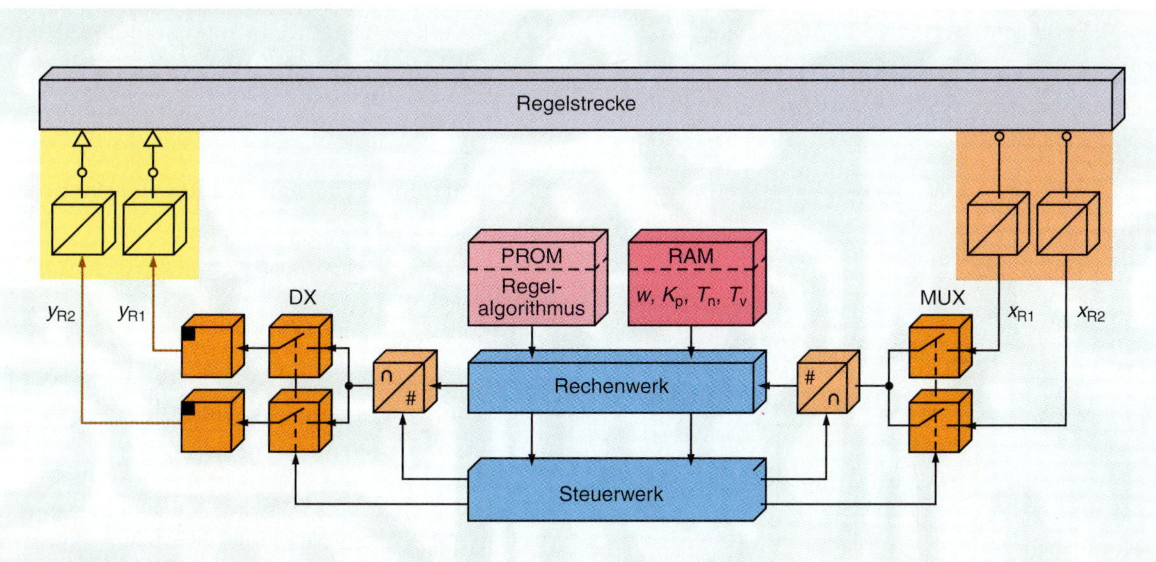

Abb. 5: Rechnerregelung für zwei Regelkreise

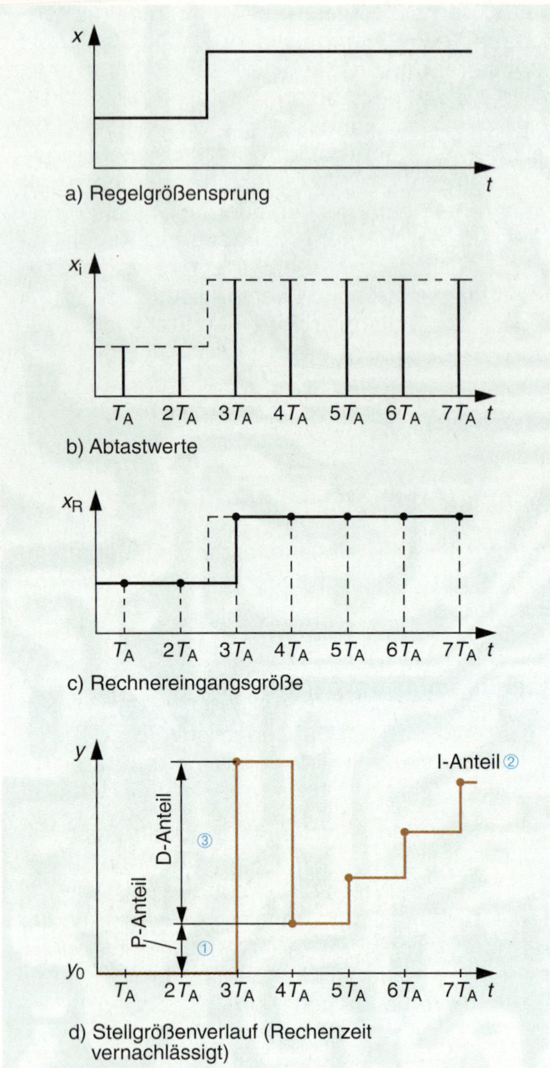

Abb. 1: Sprungantwort eines PID-Abtastreglers

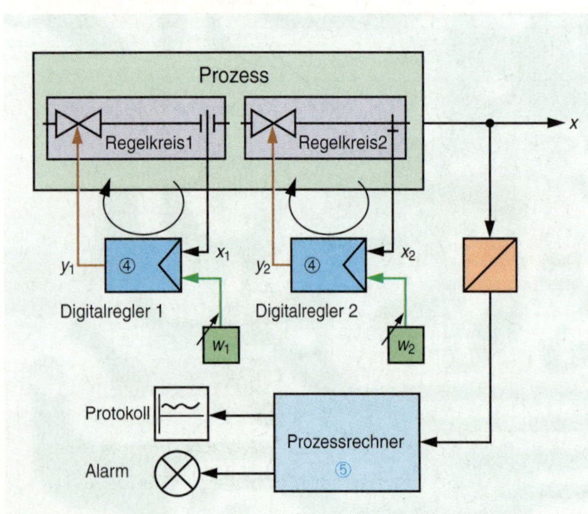

Abb. 2: DDC-Betrieb (direct digital control) eines Digitalreglers

2.10.4 Digitaler Regelalgorithmus

Die Berechnung der Stellgröße eines digitalen Abtastreglers erfolgt nach einer vom Hersteller vorgegebenen, im Speicher abgelegten Regelgleichung. Auch hier werden die Gleichungen verwendet, die zu den aus der analogen Regelungstechnik bekannten Reglerverhalten (Zweipunkt-, P-, I-, D-, PI-, PD-, PID-Verhalten) führen. Die Zahlenwerte der variablen Daten (w, K_{PR}, T_n, T_v) werden entsprechend der Regelaufgabe und der Optimierungsvorschrift ermittelt und in den Schreib-Lese-Speicher (RAM) des Reglers eingegeben. Neuere Konstruktionen bieten die Möglichkeit der **Selbstoptimierung**. In der dazu nötigen Optimierungsphase erfolgt ein sprungförmiges Verändern der Stellgröße und die Aufnahme des Regelgrößenverhaltens (Sprungantwort). Die Parameterwerte (K_{PR}, T_n, T_v) werden nach den im Festwert-Speicher (ROM) abgelegten Optimierungsvorschriften berechnet und automatisch zur Regelung übernommen.

Eine Änderung der Regelparameter, z. B. $K_{PR} = 5$ nach $K_{PR} = 10$ sowie der Reglerstruktur, z. B. PI- nach PID-Verhalten, ist durch eine Programmänderung jederzeit möglich. Die Rechnerregelung bietet zudem die Möglichkeit, Regelalgorithmen, deren Verwirklichung in analoger Technik kaum möglich wäre, im Programm zu speichern.

Abb. 1 zeigt das Entstehen der Sprungantwort eines digitalen PID-Abtastreglers, dessen Rechenzeit vernachlässigt wurde. Die Abtastung eines Regelgrößensprunges (Abb. 1a) ergibt diskrete Abtastwerte (Abb. 1b), die jeweils bis zum Vorliegen des nächsten Abtastwertes gehalten werden müssen (Abb. 1c). Abb. 1d zeigt die Sprungantwort des Digitalreglers mit P- ①, I- ② und D-Anteil ③. Die jeweils berechnete Stellgröße muss dabei bis zum Vorliegen einer neuen Stellgröße gehalten werden. Es entsteht ein treppenförmiger Verlauf der Stellgröße.

2.10.5 Betriebsarten digitaler Regeleinrichtungen

Beim Einsatz eines zentralen Rechners als Regler (Prozessrechner) werden die Einzelregelkreise über Multiplexer und synchron laufende Demultiplexer nacheinander mit der jeweils berechneten Stellgröße bedient (Abb. 5, S. 95). Als weitere Aufgaben können Steuerungsaufgaben, Alarmmeldungen, Protokollierungen und Trendmeldungen übernommen werden.

Die Entwicklung der Mikroprozessoren und deren rückläufige Preisentwicklung haben zum verstärkten Einsatz von dezentralen Digitalreglern geführt.

Der einzelne Digitalregler (Abb. 2 ④) übernimmt dabei die Regelung einer oder weniger Regelgrößen. Ein Prozessrechner ⑤ überwacht und protokolliert den Gesamtprozess.

In diesen beiden Betriebsarten wirkt die vom Digitalregler berechnete Stellgröße direkt auf das Stellglied ein. Der Regelkreis befindet sich im **DDC-Betrieb** (**d**irect **d**igital **c**ontrol).

- Als DDC-Betrieb wird eine Betriebsart bezeichnet, bei der der Digitalregler unmittelbar auf das Stellglied und damit auf die Regelstrecke einwirkt.

Im **SPC-Betrieb** (**s**et **p**oint **c**ontrol) liefert ein Prozessrechner (Abb. 3 ⑥) die Führungsgrößen für die einzelnen unterlagerten Regelkreise. Die Bildung der (optimalen) Führungsgrößen erfolgt anhand eines Vergleichs der einzelnen Istwerte mit den Werten einer gespeicherten Modellregelstrecke. Die Vorgabe optimaler Führungsgrößen für die Einzelregelkreise hilft die Regelgüte im überlagerten Regelkreis weiter zu verbessern.

Vorteilhaft ist diese Betriebsart auch bei Regelungen in Chargenprozessen, z. B. dem Abfüllen verschieden großer Getränkeflaschen. Hier können in Abhängigkeit von zeitlichen und logischen Bedingungen Führungsgrößen aus dem Speicher abgerufen und an die Einzelregler ausgegeben werden.

- Als SPC-Betrieb wird eine Betriebsart bezeichnet, bei der der Digitalregler die jeweilige Führungsgröße von einem übergeordneten Prozessrechner empfängt.

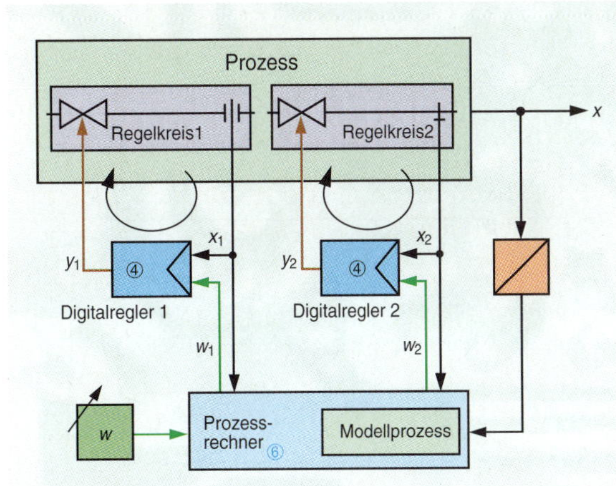

Abb. 3: SPC-Betrieb (set point control) eines Digitalreglers

2.10.6 Aufbau und Bedienung einer digitalen Regeleinrichtung

Abb. 4 zeigt den Aufbau einer digitalen Regeleinrichtung mit Mikroprozessor. Die vom Gerätehersteller entsprechend den Einsatzbereichen (Antriebstechnik, Verfahrenstechnik usw.) vorgesehenen Regelalgorithmen sind als Programm in einem Festwertspeicher (ROM) abgelegt. Der Bediener kann lediglich eines dieser Programme starten und damit den Regelalgorithmus vorgeben. Daneben muss die Gerätefunktion (Festwertregler, Gleichlaufregler usw.), die Ein- und Ausgänge sowie deren Signalform festgelegt werden. Notwendig sind ebenso Angaben zu den Grenzwerten (Alarme) und Vereinbarungen zur Schnittstelle zum Prozessrechner.

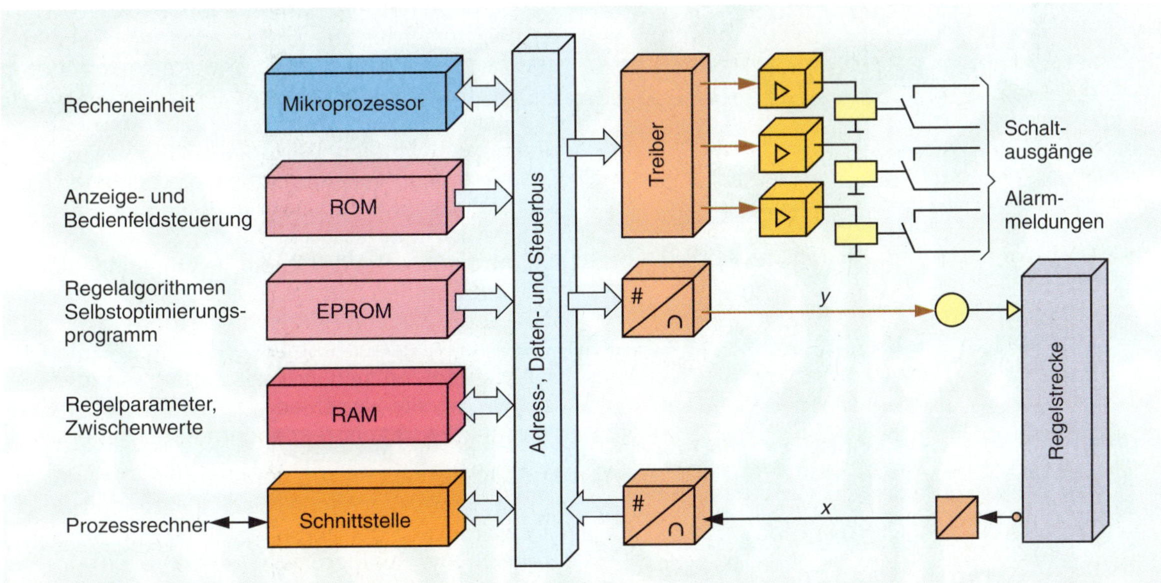

Abb. 4: Aufbau einer Regeleinrichtung mit Mikrocomputer

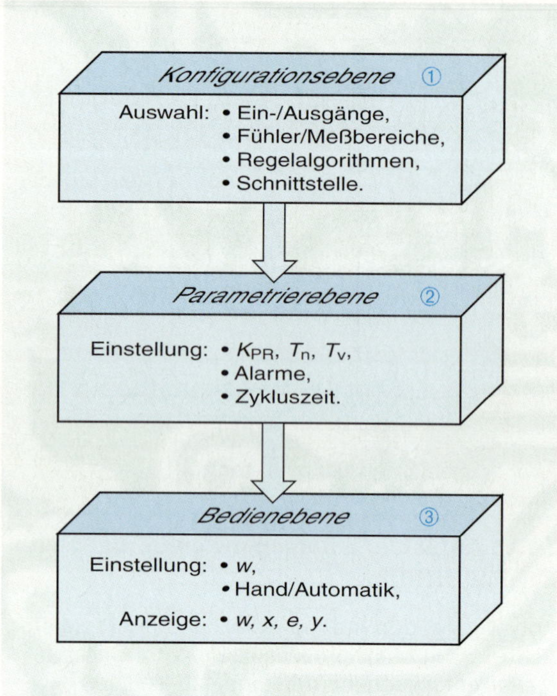

Abb. 1: Zugriffsebenen der Reglereinstellung

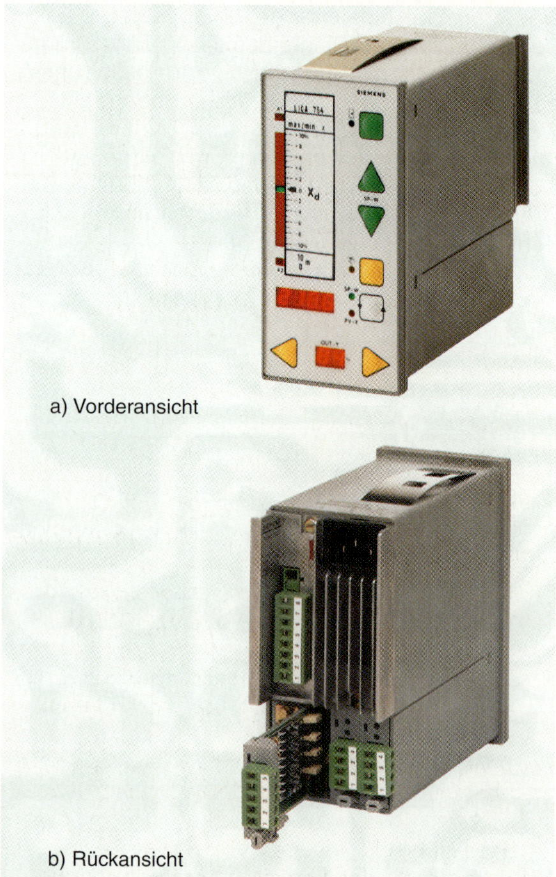

Abb. 2: Digitalregler

Die Vielfalt der möglichen Funktionen bzw. die universellen Einsatzmöglichkeiten der auf dem Markt befindlichen Regler bedingen eine Aufteilung der Geräteeinstellungen auf verschiedenen Zugriffsebenen (Abb. 1). Die höchste Ebene ist die **Konfigurations- oder Strukturebene** ①, deren Einstellungen erfolgen vor allem in der Projektierungsphase. In der **Parametrierebene** ② werden die im Betrieb variablen Regelkreisparameter eingegeben. Auf der unteren Ebene (**Bedienen und Beobachten**) ③ kann neben der Umschaltung auf Handbetrieb eine Änderung der Führungsgröße erfolgen. Angezeigt werden Führungsgröße, Regelgröße, Regeldifferenz, Stellgröße sowie Grenzwertüberschreitungen (Alarme). Wegen der möglichen Fehlbedienungen sind die Ebenen gegeneinander verriegelt. Bei einigen Reglern wird der Bediener über eine Textanzeige durch das Einstellprogramm geführt.

Abb. 2 zeigt einen modular aufgebauten Digitalregler z. B. für den Einsatz in der Verfahrenstechnik oder im Maschinenbau. Er besteht aus einem Grundgerät, in das zur Funktionserweiterung Optionsmodule eingesetzt werden können. In der Rückansicht sind die Steckplätze für zwei weitere Eingangsmodule, einen Grenzwertausgang sowie die serielle Schnittstelle zu sehen.

2.10.7 Adaptive Regelung mit einem Digitalregler

In den bisherigen Betrachtungen wurde von konstanten Regelstreckenkenngrößen (K_{PS}, T_t, $T_{1...n}$) ausgegangen. Bei einigen Anwendungen sind die Kenngrößen der Regelstrecke jedoch von den jeweiligen Betriebszuständen abhängig. Beispiel dafür ist das Problem des Aufwickelns von Stoff-, Papier- und Kunststofffolienbahnen sowie von gewalzten Blechen, wobei eine konstante Aufwickelgeschwindigkeit erzielt werden soll. Die Zunahme des Wickeldurchmessers bei jeder Umdrehung führt zu einer Zunahme des Massenträgheitsmoments und damit der Zeitkonstanten des Antriebes. Bei der Kursregelung von Flugzeugen und Schiffen tritt ein ähnliches Problem auf. Hier ist die Ruderwirkung von Geschwindigkeit, Flughöhe, Windrichtung usw. abhängig. Weitere Beispiele finden sich in der Hebe- und Fördertechnik, wo die verschiedenen Lastzustände Einfluss auf die Regelstreckenparameter haben.

Abb. 3 zeigt das Prinzip der adaptiven Regelung anhand eines Blockschaltbildes. Durch fortlaufendes Messen der aktuellen Werte von Stellgröße ④ und Regelgröße ⑤ werden die Kenngrößen der Regelstrecke ermittelt und die Regelparameter angepasst ⑥ (**Selbstoptimierung**). Die

Ermittlung der jeweiligen Regelstreckenkenngrößen erfordert, insbesondere bei nichtlinearen Regelstrecken, einen hohen Rechenaufwand.

- **Ein adaptiver Regler ermittelt ständig die aktuellen Regelstreckenkennwerte um die Regelparameter selbsttätig anzupassen.**

Abb. 4 zeigt eine adaptive Antriebsregelung mit Mikrocomputer. Hier liegt ein formelmäßiger Zusammenhang zwischen dem Durchmesser der Aufwickeltrommel und den Regelstreckenkennwerten vor. Die Aufnahme des Durchmessers erfolgt mit Hilfe einer Messrolle, deren als Spannung vorliegender Messwert analog-digital gewandelt werden muss. Ein zweiter Mikrocomputer ⑦ berechnet daraus die optimalen Regelparameter und übergibt sie in bestimmten Zeitabständen dem Regler des Drehzahlregelkreises.

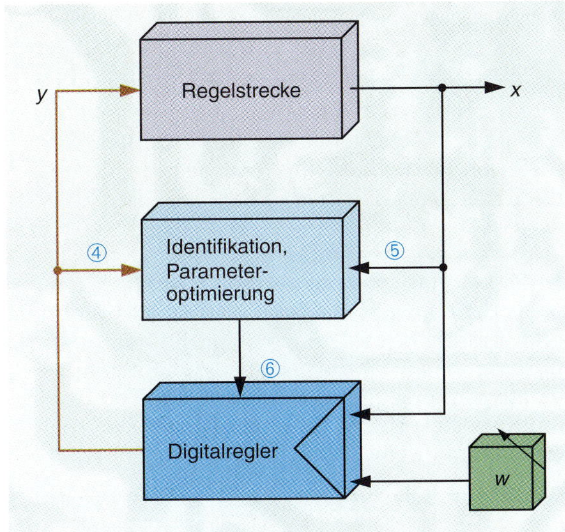

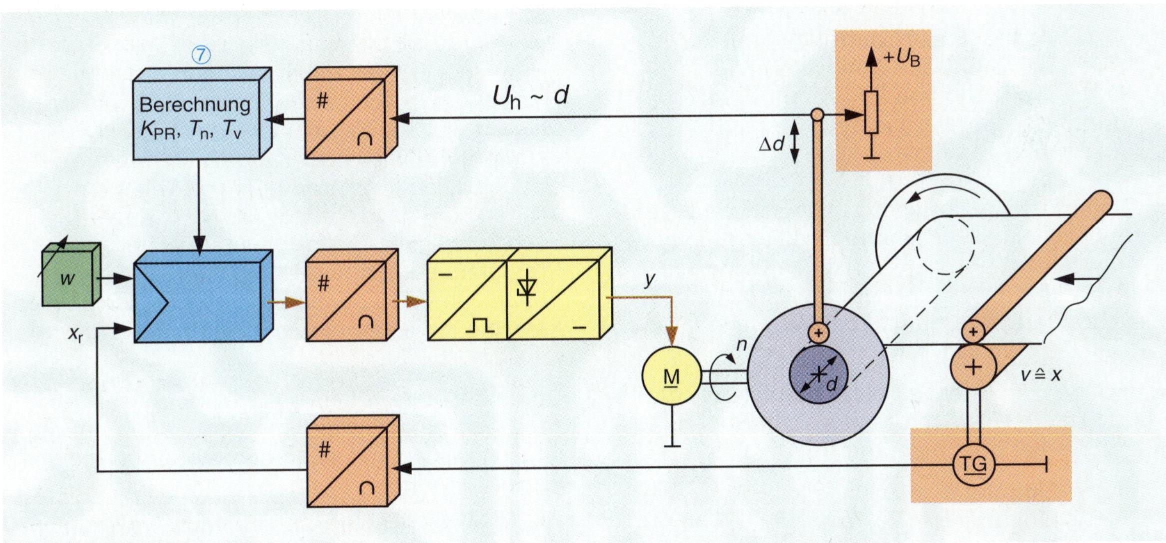

Abb. 4: Adaptive Antriebsregelung

Aufgaben zu 2.10

1. Nennen Sie die wesentlichen Unterschiede zwischen einem Digitalregler und einem Analogregler!
2. Warum muss die Stellgröße in einem digitalen Regelkreis zwischengespeichert werden?
3. Beschreiben Sie digital arbeitende Messwertaufnehmer für Drehzahl, Durchfluss und Position!
4. Warum ist bei der Positionserfassung mittels Gray-Code-Lineal eine Codewandlung notwendig?
5. Erläutern Sie den Abtastvorgang der Regelgröße!
6. Skizzieren Sie den digitalen PID-Regelalgorithmus!
7. Welche Unterschiede bestehen zwischen der zyklischen und azyklischen Abfrage der Regelgröße?
8. Erläutern Sie den DDC-Betrieb!
9. Welche Aufgaben hat der zentrale Prozessrechner im SPC-Betrieb?
10. Welche Probleme können sich beim Einsatz eines Digitalreglers an einer sehr schnellen Regelstrecke ergeben?
11. Wie und wo werden die Regelalgorithmen in einer Regeleinrichtung mit Mikrocomputer eingegeben?
12. Welche Einstellungen können auf der Konfigurationsebene eines Digitalreglers vorgenommen werden?
13. Beschreiben Sie eine adaptive Regelung!
14. Erläutern Sie den Vorgang einer Selbstoptimierung!

2.11 Fuzzy-Regler

Die Optimierung von Regelkreisen erfordert neben detaillierten Kenntnissen der Regelungstechnik eine sehr genaue Kenntnis der Regelstrecke bzw. des Gesamtprozesses. Bei komplexen Regelstrecken sind die Regelstreckenkennwerte u.U. schwer oder gar nicht zu erfassen. Extreme Nichtlinearitäten in Verbindung mit Totzeiten erschweren oder verhindern häufig den Einsatz von Prozessautomatisierungssystemen auf der Basis des PID-Regelalgorithmus. Hier muss auf das Erfahrungswissen des Bedienpersonals zurückgegriffen werden. Dieses greift hier aufgrund ihrer Beobachtung des Prozessverhaltens in den Regelvorgang ein.

Bei diesen „schwierig" zu regelnden Prozessen führt der Einsatz eines auf **Fuzzy-Logik** basierenden Reglers häufig zu erheblich besseren Regelergebnissen.

- Fuzzy-Regler (Fuzzy-Controller) sind die regelungstechnische Anwendung der Fuzzy-Logik, der von L.A. Zadeh Mitte der 60iger-Jahre erdachten „unscharfen" (fuzzy) Mengenlehre.

Im Gegensatz zur **zweiwertigen Logik** kennt die Fuzzy-Logik einen „unscharfen", d.h. kontinuierlichen (weichen) Übergang zwischen 0 und 1, Ja und Nein usw. Es wird daher möglich menschliches Erfahrungswissen und Denkweisen mathematisch darzustellen.

Ähnlich dem erfahrenen Anlagenbediener trifft ein Fuzzy-Regler seine Schlussfolgerung (Stellgröße) aufgrund einer oder mehrerer Regeln der Form

„**Wenn** **Eingang 1** im *Zustand a* **UND**
Eingang 2 im *Zustand b*
dann **Ausgang** *Aktion c*"

(„Wenn ... dann ... Regel").

- Ein Fuzzy-Regler stellt somit ein regelbasiertes System dar, bei dem eine fast beliebige Anzahl von Ein- und Ausgängen möglich ist.

Fuzzy-Komponenten werden seit längerem eingesetzt in Geräten der Konsumgüterindustrie, z. B. in Kameras, Waschmaschinen, Wäschetrocknern, Staubsaugern, Kfz-Automatikgetrieben usw.

Der Fuzzy-Regler benötigt zur Abarbeitung seiner **Regelbasis**, **Inferenz** genannt, eine Zuordnung der gemessenen „scharfen" Eingangsgrößen zu den „unscharfen" Termen der „Wenn ... dann ... Regeln", **Fuzzyfizierung** genannt. Das Ergebnis der Inferenz wird dann durch eine **Defuzzyfizierung** zu einer „scharfen", d.h. eindeutigen, Ausgangsgröße oder Stellgröße gewandelt.

Die Arbeitsweise der Fuzzy-Regelung erfolgt in drei Schritten:

- 1. Fuzzyfizierung der Eingangsgrößen
  2. Inferenz der Regelbasis und
  3. Defuzzyfizierung der Ausgangsgrößen.

Der Entwurf und die Realisierung eines Fuzzy-Reglers erfolgt meist in einem Entwicklungssystem (CAE-Tool), das neben den üblichen Fuzzy-System-Komponenten auch konventionelle PID-Regler, eine Vielzahl von arithmetischen Elementen sowie lineare und nichtlineare Übertragungsglieder zur Verfügung stellt. Es ermöglicht so den Aufbau reiner Fuzzy-Lösungen wie auch komplexer hybrider Systeme ohne jegliche Programmierkenntnisse. Nach der Off-Line-Simulation und Optimierung an Prozessmodellen kann die Implementierung auf die Zielhardware erfolgen.

Durch die Integration von Entwicklungswerkzeug, Simulationsprogramm und Code-Generator ist eine rasche und sichere Entwicklung gewährleistet.

Die Arbeitsweise eines Fuzzy-Reglers soll anhand eines einfachen und überschaubaren KFZ-Assistenzsystems zur Abstandshaltung bei Autobahnfahrten erläutert werden (Abb. 1).

Der zu entwerfende Fuzzy-Regler soll hier lediglich mit zwei Eingangsgrößen und einer Ausgangsgröße, auch linguistische Variablen genannt, arbeiten.

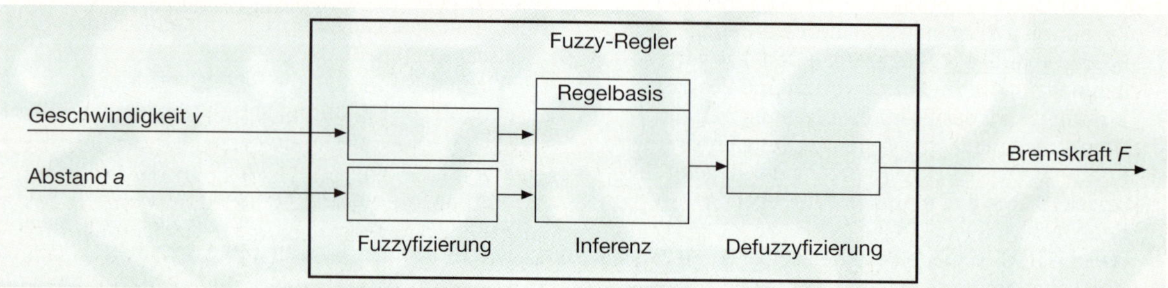

Abb.1: Fuzzy-Regler zur Abstandshaltung

Linguistische Eingangsvariablen sind hier der Abstand zum vorausfahrenden Fahrzeug und die Geschwindigkeit des eigenen Fahrzeugs. Die Bremskraft als Stellgröße stellt die linguistische Ausgangsvariable dar.

Fuzzyfizierung der Ein- und Ausgangsgrößen

Vor der Aufstellung der Regelbasis („Wenn ... dann ... Regeln") muss für jede Ein- und Ausgangsgröße die Anzahl und die Form der **Fuzzy-Sets,** sowie der gesamte Wertebereich festgelegt werden. Die Fuzzy-Sets beschreiben dabei die **Zugehörigkeitsfunktionen** (Wahrheitsgehalt) zu den Termen wie „klein", „mittel" usw. Im Bereich Fuzzy-Control haben sich als Standardzugehörigkeitsfunktionen die **Dreieck-** und die **Trapezform,** sowie für die Ränder des Wertebereichs die **Z-Form** und die **S-Form** herausgebildet. Zusätzlich können bei der Ausgangsvariablen auch **Singletons** gewählt werden (Abb. 2).

Hier wird der weiche „unscharfe" Übergang von dem **Zugehörigkeitsgrad** $\mu = 0$ zu $\mu = 1$ deutlich. In der zweiwertigen Logik könnte μ nur die Werte 0 oder 1 annehmen.

Bei der Definition der Fuzzy-Sets ist darauf zu achten, daß die Eingangsgröße im gesamten Wertebereich durch mindestens einen Zugehörigkeitsgrad zu einem Fuzzy-Set beschrieben werden kann. Üblich ist eine 100%ige Überlappung zweier Fuzzy-Sets. Jeder Eingangswert besitzt damit, außer im Randbereich, zwei Zugehörigkeitsgrade.

Abb. 3 und Abb. 4 zeigen beispielhaft die Definition der Fuzzy-Sets für den Abstand *a*, die Geschwindigkeit *v* und Bremskraft *F*.

Durch die Überlappung der Fuzzy-Sets „mittel" und „groß" ergeben sich bei der Fuzzyfizierung des Abstandes $a = 230$ m zwei Zugehörigkeitsgrade ($\mu_M = 0{,}81$; $\mu_G = 0{,}19$). Bei der Fuzzyfizierung der Geschwindigkeit $v = 190$ km/h ergibt sich ein dritter Zugehörigkeitsgrad $\mu_{SS} = 1{,}0$.

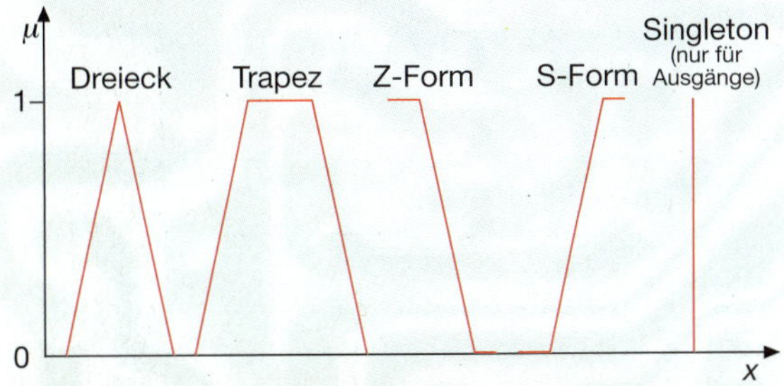

Abb.2: Standardzugehörigkeitsfunktionen

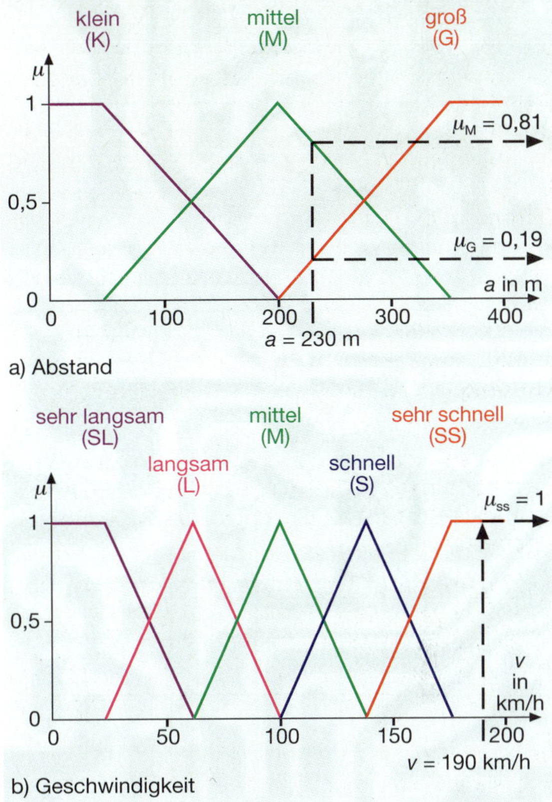

Abb.3: Fuzzyfizierung der Eingangsgrößen

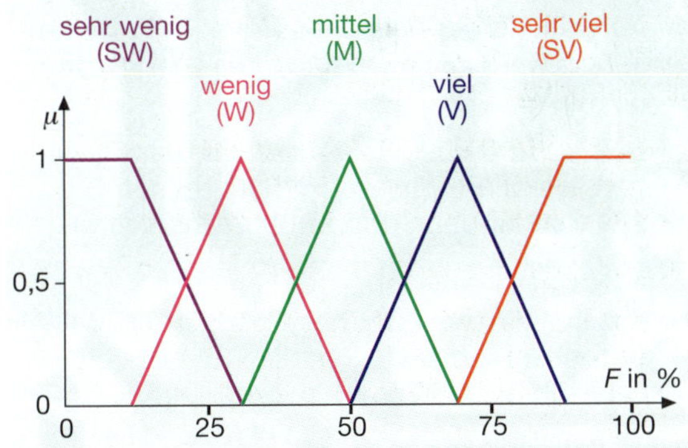

Abb.4: Definition der Ausgangs-Fuzzy-Sets

Die Regelbasis

Eine „Wenn ... dann ... Regel" beschreibt im „dann ... „- Teil das Ausgangsverhalten (Schlussfolgerung) des Fuzzy-Reglers bei einer im „Wenn ... „- Teil angegebenen UND-verknüpften Eingangssituation (Bedingungen). Die Formulierung der Regeln kann zum Beispiel mit der Unterstützung eines Experten oder eines erfahrenen Anlagenführers erfolgen.

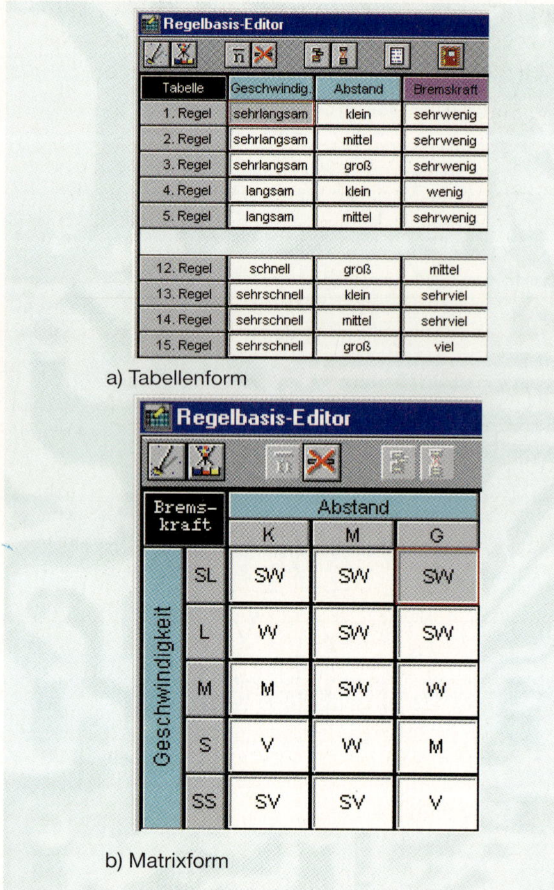

Abb. 1: Regelbasis

Die Aufstellung der Regelbasis kann in **Tabellenform**, bei zwei Eingängen auch in **Matrixform** erfolgen (Abb. 1).

- Eine vollständige Regelbasis ist dann gegeben, wenn alle theoretisch möglichen Eingangssituationen durch mindestens eine Regel erfasst werden.

Die maximale Anzahl der Regeln ergibt sich aus der Anzahl der Eingangsvariablen und der darin formulierten Anzahl der Fuzzy-Sets. Im oben beschriebenen Beispiel, zwei Eingangsvariable mit fünf bzw. drei Fuzzy-Sets, ergibt sich eine Regelbasis mit maximal 5 x 3 = 15 Regeln. Als **aktive Regeln** werden diejenigen bezeichnet, die einen Beitrag zur Bildung der Stellgröße liefern.

Im Beispiel sind das die folgenden zwei Regeln (14+15), die ihrerseits mit dem logischen ODER verbunden sind:

WENN *v* = sehr schnell UND *a* = mittel
DANN *F* = sehr viel
(ODER)
WENN *v* = sehr schnell UND *a* = groß
DANN *F* = viel.

Für diese Regeln ist jeweils der **Erfüllungsgrad** *H*, d. h. die Ausgangs-Fuzzy-Menge zu bestimmen. Aus den sich folglich ergebenen zwei Teilmengen wird die resultierende Ausgangs-Fuzzy-Menge gebildet.

Stellvertretend für eine Anzahl von verschiedenen **Inferenz-Methoden** soll hier die **MIN-MAX-Inferenz** beschrieben werden.

Während die einzelnen Regeln mit einem logischen ODER verknüpft werden, sind die Bedingungen im „Wenn ...“-Teil jeder Regel logisch UND verknüpft.

Abb. 2a zeigt die UND-Verküpfung von Fuzzy-Sets. Hier wird erkennbar, dass der Zugehörigkeitsgrad zu den UND-verknüpften Fuzzy-Sets dem Minimalwert der Einzelzugehörigkeit entspricht. Die UND-Verknüpfung wird deshalb auch **MIN-Operator** genannt.

Da der Zugehörigkeitsgrad zu den ODER-verknüpften Fuzzy-Sets dem Maximalwert der Einzelzugehörigkeit (Abb. 3) entspricht, wird die ODER-Verknüpfung auch **MAX-Operator** genannt.

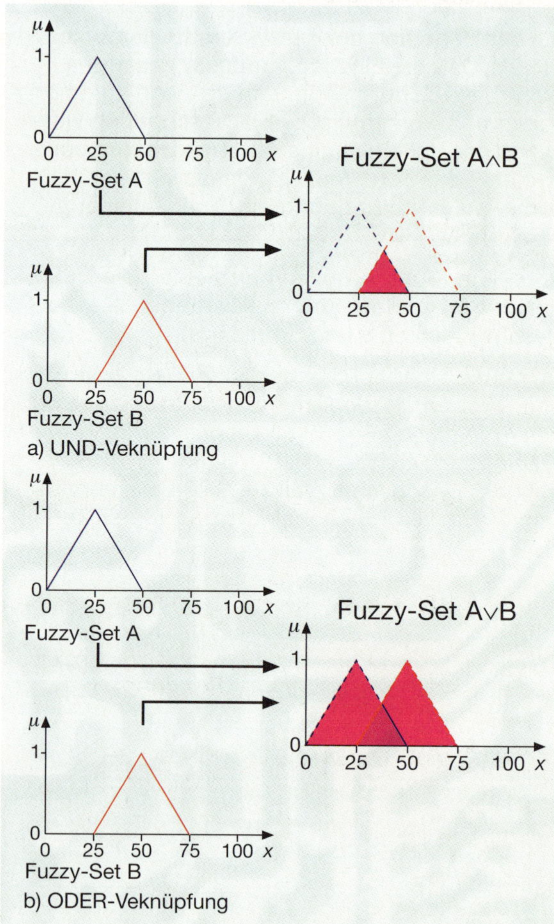

Abb.2: Logische Verknüpfungen von Fuzzy-Sets

Der durch den MIN-Operator ermittelte minimale (Einzel-)Zugehörigkeitsgrad im „Wenn ...“-Teil entspricht dem Erfüllungsgrad *H* der Regel. Das Schlussfolgerungs-Fuzzy-Set („Dann ...“-Teil) wird deshalb in Höhe (**Höhenmethode**) des minimalen (Einzel-) Zugehörigkeitsgrades abgeschnitten (Abb. 3).

Die so für jede Regel ermittelten (abgeschnittenen) Ergebnis-Fuzzy-Sets werden zum resultierenden Gesamtergebnis ODER-verknüpft, d.h. sie werden überlagert.

Die Arbeitsweise eines nach der **MIN-MAX-Inferenz** arbeitenden Fuzzy-Reglers lässt daher wie folgt beschreiben:

- Die Auswertung jeder Einzelregel der Regelbasis erfolgt mit dem MIN-Operator. Das Gesamtergebnis der Schlussfolgerung entsteht als Überlagerung der Teilergebnisse mit Hilfe des MAX-Operators.

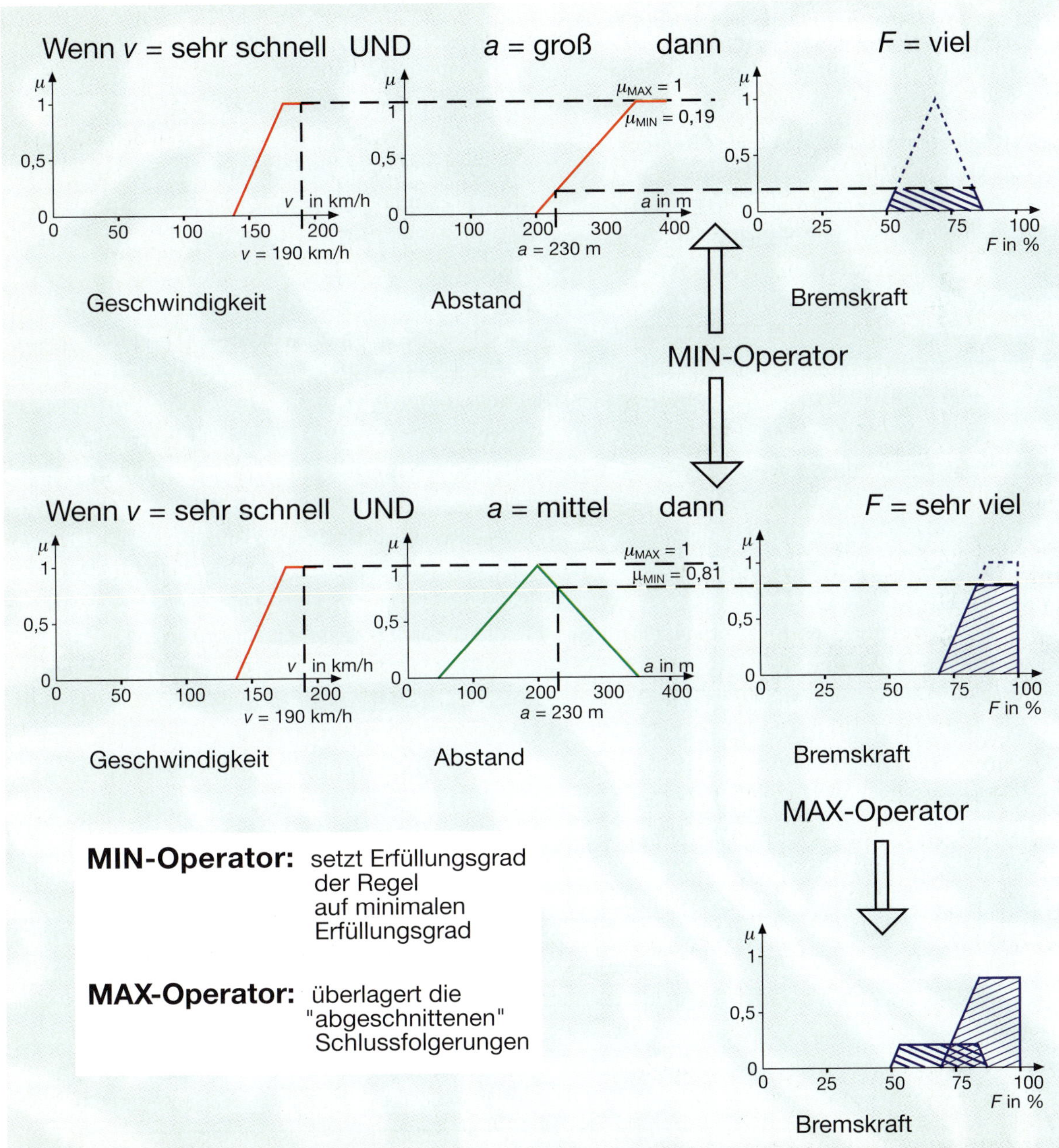

Abb. 3: MIN-MAX-Inferenz bei zwei aktiven Regeln

Defuzzyfizierung

Defuzzyfizierung bedeutet die Berechnung der eindeutigen „scharfen“ Ausgangsgröße (Stellgröße) aus der durch Inferenz entstandenen Gesamt-Fuzzy-Menge. Dabei bildet die Lage des Schwerpunktes auf der Achse der linguistischen Ausgangsvariablen den Wert der Stellgröße.

Hier eignet sich besonders die **randerweiterte Flächenschwerpunkt-Methode** (Abb. 1). Bei der Berechnung des Flächenschwerpunktes werden die sich am Rande befindenden Fuzzy-Sets über diesen hinaus symmetrisch erweitert. Ohne Randerweiterung könnte der Flächenschwerpunkt und damit die Stellgröße nicht die Minimal- oder Maximalwerte des Stellgrößenwertebereichs erreichen.

Übertragungsverhalten des Fuzzy-Reglers

Der strukturelle Aufbau des Fuzzy-Reglers als Übertragungssystem mit mehreren Eingängen und einem Ausgang ist in Abb. 2 gezeigt.

Die Bildung der Stellgröße y zum Zeitpunkt t wird eindeutig durch die zu diesem Zeitpunkt anliegenden Eingangsgrößen bestimmt.

- Der Fuzzy-Regler zeigt ein rein statisches Übertragungsverhalten, vergleichlich mit dem des P-Regler oder der Mehrpunktregler.

Das Übertragungsverhalten des Fuzzy-Reglers kann durch Modifikation der Zugehörigkeitsfunktionen (Fuzzy-Sets), der Regelbasis sowie durch die Wahl der **Inferenz-** und **Defuzzyfizierungsmethode** jedes beliebige Verhalten annehmen.

Zur Verdeutlichung des Prinzips sei der in Abb. 3 dargestellte Fuzzy-P-Regler mit einem Eingang und einem Ausgang gegeben. Eingangs- und ausgangsseitig sind jeweils drei Fuzzy-Sets, „negativ“, „null“ und „positiv“, gleichmäßig verteilt.

Stellvertretend für weitere Möglichkeiten ist der Einfluss der Überlappung der Eingangs-Fuzzy-Sets auf das Übertragungsverhalten dargestellt (Abb. 4).

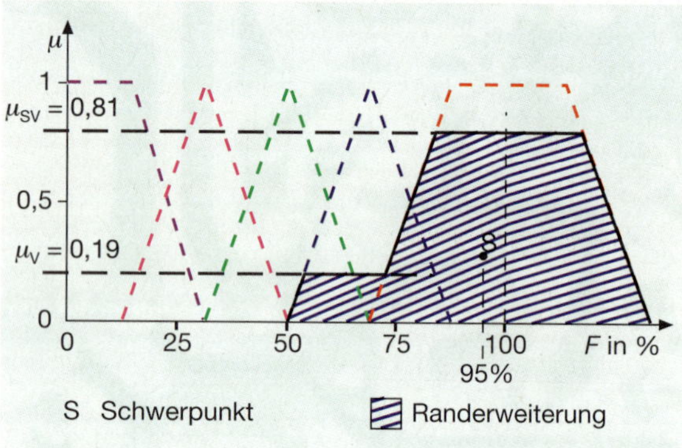

Abb. 1: Randerweiterte Flächenschwerpunkt-Methode

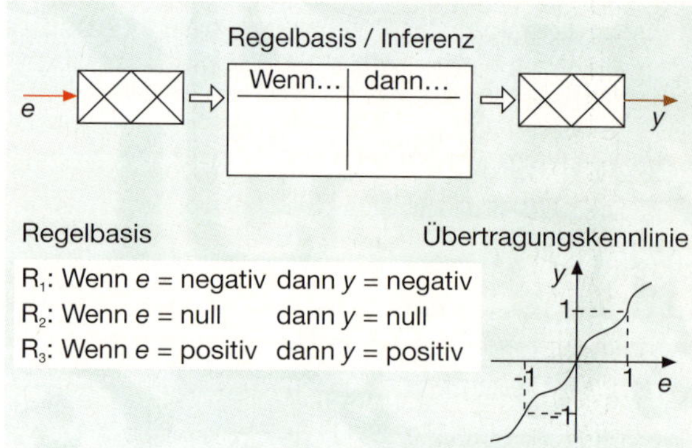

Abb. 3: Fuzzy-P-Regler mit einem Eingang

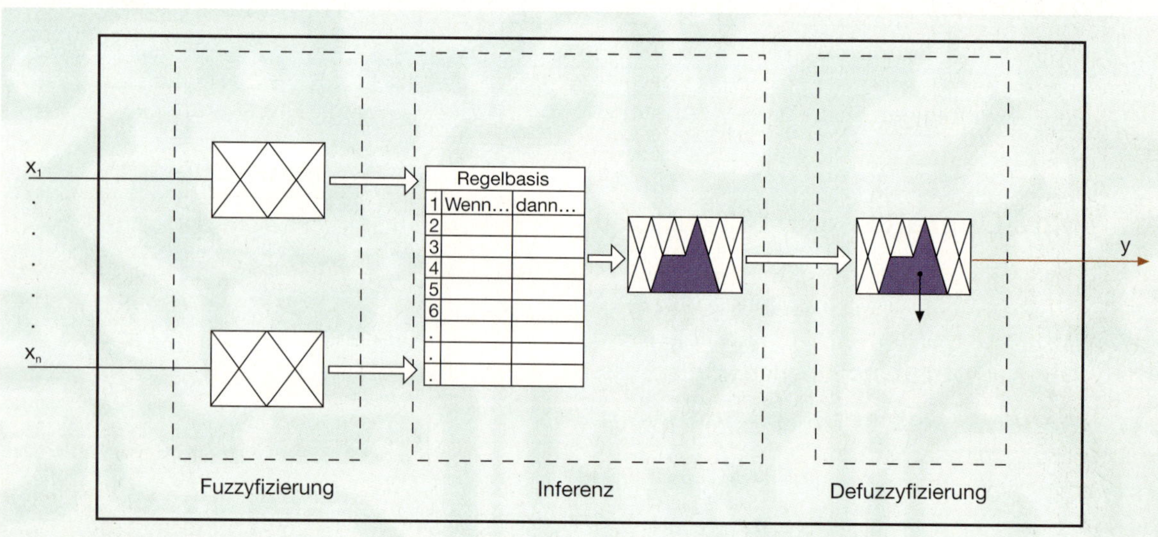

Abb. 2: Fuzzy-Regler-Struktur

Die vollständige Überlappung und gleichmäßige Verteilung der Fuzzy-Sets erzeugt ein typisches P-Verhalten mit annähernd linearer Kennlinie. Ohne eine Überlappung der Eingangs-Fuzzy-Sets entsteht ein Dreipunkt-Regler (Abb 4).

Die Überlappung der Ausgangs-Fuzzy-Sets hat dagegen kaum Einfluss auf die Stellgröße. Hier verleiht die Variation der Einflussbreite dem Ausgangs- Fuzzy-Set mehr oder weniger „Gewicht“ (Abb. 5).

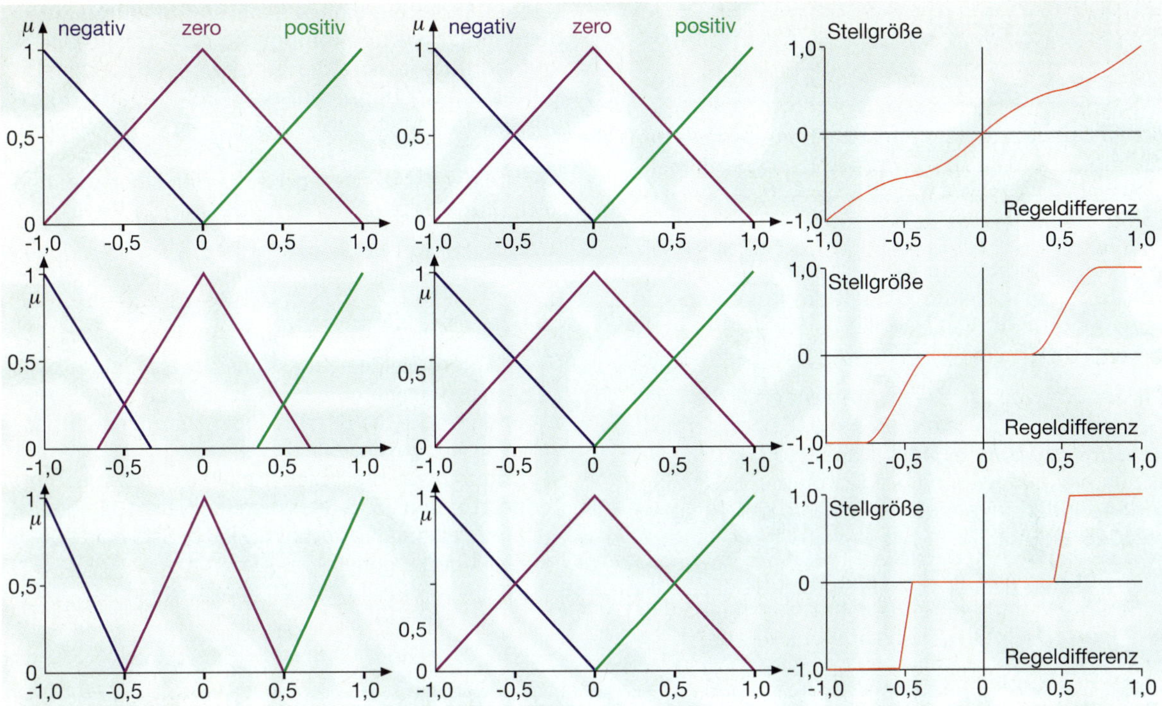

Abb. 4: Einfluss des Überlappungsgrades der Eingangs-Fuzzy-Sets

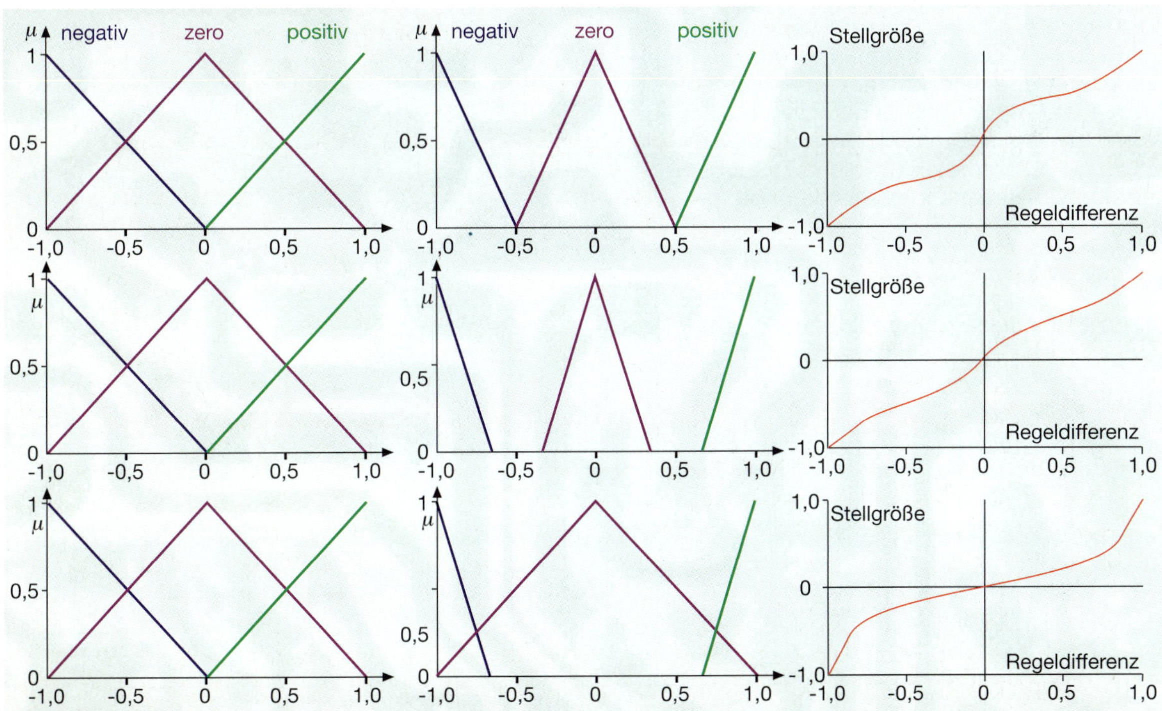

Abb. 5: Variation der Einflussbreite der Ausgangs-Fuzzy-Sets

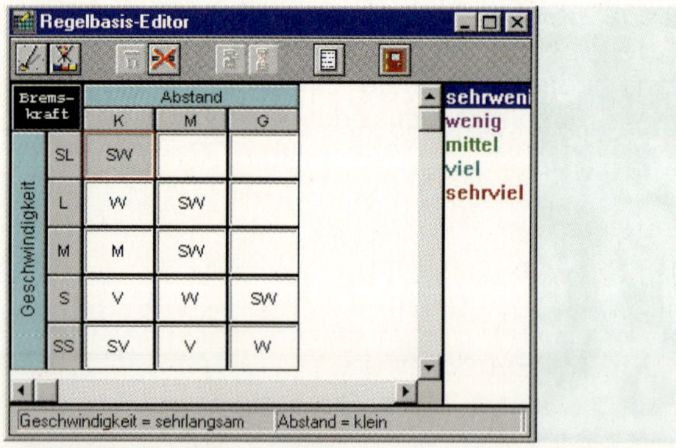

Abb.1: Unvollständige Regelbasis

Die größte Bedeutung bei der Gestaltung des Übertragungsverhaltens spielt die Regelbasis, denn sie enthält die „Handlungsanweisungen" in Form der Regeln.

Für den Entwurf ist es ratsam zunächst die Anzahl der Eingänge und die Zahl der dort formulierten Fuzzy-Sets zu beschränken. Ebenfalls wird es ausreichend sein, die im Normalbetrieb vorkommenden Eingangssituationen durch Regeln abzudecken (Abb. 1).

Bei nicht durch Regeln definierten Eingangssituationen muss dann eine Vorschrift formuliert werden, wie z.B. „letzte Stellgröße beibehalten".

Fuzzy-PID-Regler

Durch eine entsprechende **Messwertaufbereitung**, außerhalb des eigentlichen Fuzzy-Reglers, kann dem Regler eine Dynamik verliehen werden. Fuzzy-Regler mit einem, dem konventionellen PID-Regler ähnlichen Verhalten, werden **Fuzzy-PID-Regler** (Abb. 2) bezeichnet. Im Gegensatz zum linearen PID-Regler, bei dem lediglich die Parameter K_P, T_N und T_V auf den Regelkreis abgestimmt werden können, bestehen bei einem Fuzzy-PID-Regler eine Vielzahl von Möglichkeiten, das Übertragungsverhalten zu beeinflussen.

Zur Erzielung dieser **Dynamik** benötigt der Fuzzy-Regler neben der Regeldifferenz e auch die zeitliche Änderung der Regeldifferenz $\Delta e/\Delta t$ (Differenzial) sowie die aufaddierte Summe der Regeldifferenz Σe (Integral).

Abb.2: Fuzzy-PID-Regler

Der Einsatz eines Fuzzy-PID-Reglers ist aber nur dann sinnvoll, wenn seine speziellen Möglichkeiten zur Erzielung einer besseren **Regelkreisgüte** ausgenutzt werden können. In Abb. 3 sind beispielhaft die **Kennfelder** eines konventionellen PI-Reglers und eines auf eine nichtlineare Regelstrecke abgestimmten Fuzzy-PI-Reglers gegenübergestellt. An der lokalen „Verzerrung" des Kennfeldes ist die Veränderung des Übertragungsverhaltens gegenüber dem linearen PI-Regler sichtbar.

Aufgaben zu 2.11

1. Erläutern Sie den Unterschied zwischen der zweiwertigen Logik und der Fuzzy-Logik!
2. Erklären Sie die Begriffe Fuzzifizierung, Inferenz und Defuzzifizierung!
3. Ermitteln Sie die Zugehörigkeitsgrade einer Temperatur von 75 °C (Messbereich 0 bis 100 °C) zu drei gleichmäßig verteilten Fuzzy-Sets bei 100%-iger Überlappung!

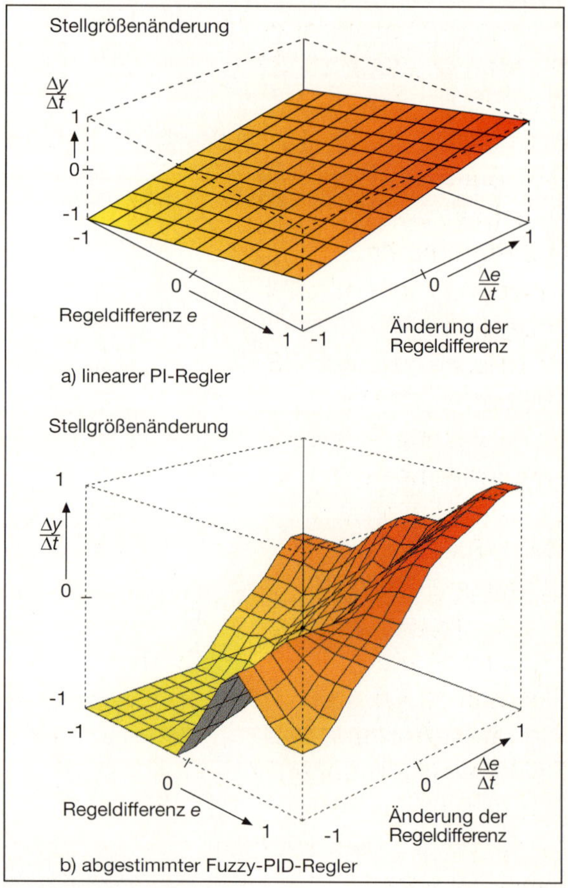

Abb.3: PI-Kennfelder

Hinweis: Ziffern vor dem Schrägstrich = Seitenzahl
Ziffern nach dem Schrägstrich = Bildnummer

Titelbild: The Stock Market, Lester Lefkowitz; Düsseldorf
Topics:
Kapitel 1: Osram GmbH; München
Kapitel 2: Robert Bosch GmbH; Stuttgart

ABB ASEA Brown Boveri; Mannheim: 31/3, 31/4
AEG; Oldenburg: 37/6
BASF; Ludwigshafen: 60/1
BIZERBA - Werke Wilhelm Kraut GmbH; Balingen: 16/2
BOARDS Technologies; Eching b. München: 43/6
Robert Bosch GmbH; Stuttgart: 19/5
Johannes Brandebusemeyer; Berlin: 60/4
C&K Components GmbH; Neuried b. München: 43/4
Datalogic GmbH; Erkenbrechtsweiler: 21/3
Gerhard Eiben; Berlin: 17/6, 20/1, 40/2, 41/3, 41/5, 42/1
Emscher Genossenschaft; Duisburg: 6/2
Fotostudio Druwe & Polastri; Cremlingen/Weddel: 27/4
Graphtec GmbH; Seefeld: 44/1
Infineon Technilogies AG; München: 18/1
LOGI GmbH; München: 43/5
Helmut Mauell GmbH; Verbert: 11/3
Moeller GmbH; Bonn: 38/2
Philips GmbH; Kassel: 93/3
Heinrich Römisch; Braunschweig: 34/1, 77/4, 78/3
SAE-Elektronik GmbH; Köln: 42/3
Erwin Sick GmbH; Freiburg: 22/1, 22/2, 23/5
Siemens AG; Nürnberg: 41/4, 98/2
The Stock Market, Lester Lefkowitz; Düsseldorf: 40/1

Zeichnungen, Satz und Layout: Firma Büscher Repro, Braunschweig
Bildredaktion: Heidrun Kreitlow